时尚消费

FASHION CONSUMPTION

张少龙　张伊娜　王铁成　李　蔚　编著

北京时代华文书局

图书在版编目（CIP）数据

时尚消费 / 张少龙等编著 . -- 北京 : 北京时代华文书局 , 2025.5. -- ISBN 978-7-5699-5942-0

Ⅰ . F723.55

中国国家版本馆 CIP 数据核字第 20255C3L42 号

SHISHANG XIAOFEI

出 版 人：陈　涛
总 策 划：张少龙
责任编辑：樊艳清
责任校对：李一之
装帧设计：程　慧　迟　稳
责任印制：刘　银

出版发行：北京时代华文书局 http://www.bjsdsj.com.cn
　　　　　北京市东城区安定门外大街 138 号皇城国际大厦 A 座 8 层
　　　　　邮编：100011　电话：010-64263661　64261528

印　　刷：三河市嘉科万达彩色印刷有限公司
开　　本：880 mm×1230 mm　1/16　　　成品尺寸：165 mm×230 mm
印　　张：19.75　　　　　　　　　　　　字　　数：240 千字
版　　次：2025 年 5 月第 1 版　　　　　　印　　次：2025 年 5 月第 1 次印刷
定　　价：98.00 元

版权所有，侵权必究
本书如有印刷、装订等质量问题，本社负责调换，电话：010-64267955。

FASHION
CONSUMPTION

目 录

第 1 章 时尚消费的本质与历史

第一节　时尚消费的定义与范围　3

第二节　时尚消费的功能与象征意义　17

第三节　时尚消费的历史发展　29

第四节　时尚消费的全球化与数字化时代　35

第 2 章 时尚消费的心理学

第一节　时尚消费与自我认同　41

第二节　社交互动与群体归属　47

第三节　情感与心理满足　52

第四节　文化传播与价值观体现　60

第3章
行为经济学视角下的时尚消费

第一节　情境决策与框架效应　69

第二节　从众行为与社会规范　74

第三节　锚定效应与价格敏感性　82

第四节　时间偏好与时尚消费　88

第4章
时尚消费的理性与非理性之辩

第一节　理性消费的视角　99

第二节　非理性消费的表现　103

第三节　时尚消费中的理性与非理性的交织　108

第四节　不同市场中的理性与非理性时尚消费　113

第五节　影响时尚消费行为的文化与社会因素　118

第5章
价值观变迁视角下的时尚消费

第一节　时尚消费观的变迁　125

第二节　多样化的时尚消费实践　133

第三节　我国时尚消费的发展现状与问题　143

第6章 时尚品牌

- 第一节　品牌建设的必要性和重要性　163
- 第二节　时尚品牌建设的四大原则　168
- 第三节　时尚消费品牌的哲学　180

第7章 欧美国家的时尚消费

- 第一节　道德伦理与快时尚：欧洲时尚消费的转变　197
- 第二节　奢侈品牌与社会地位　202
- 第三节　欧洲各地区的时尚差异　205
- 第四节　时尚之都——巴黎的发展史　212
- 第五节　纽约的时尚消费　224

第8章 中国的时尚消费：从"合群"到"本我"的转变

- 第一节　中国消费者对时尚的定义转变　241
- 第二节　从"面子"到"自我"的消费心态　247
- 第三节　时尚品牌与消费者价值观的对接　254
- 第四节　数字化与社交媒体对消费决策的影响　261

第9章
全球时尚消费的发展趋势

第一节 数字化时代时尚消费和时尚产业的发展趋势　271

第二节 社交媒体与时尚消费的融合　276

第三节 人工智能时代的时尚消费和设计　280

第四节 可持续时尚与伦理消费　286

第五节 时尚产业的全球化与本地化　298

第 1 章

时尚消费的本质与历史

第一节 时尚消费的定义与范围

一、时尚的定义

时尚，简而言之，是流行于某个特定时代的风尚，这种流行可能局限于某个社会阶层，也可能是更为普遍的、跨阶层的现象。时尚指的是在特定时间内受到人们推崇而流行的衣着方式、休闲方式、艺术活动类型（刘清平，2008）。[1] 时尚不仅仅是一种风格，还是一种表达，包含社会、文化和个人身份等多方面因素。从产生的心理机制来看，时尚的流行源于人们的模仿和从众心态（周晓虹，1994）。[2] 随着物质生活的不断丰裕，时尚逐渐成为人们的一种生活方式，在日常生活中，不论是高收入群体，还是中低收入群体，都会在各自的预算约束内（甚至会通过金融借贷的方式来扩张预算约束）追求某种（些）时尚，这种形式的消费便是时尚消费。

"时尚消费"是一个复合词，包含着"时尚"和"消费"两重内容，具体可以从如下几个角度来定义：

第一，消费内容。现代的时尚消费不仅包括服饰，还包括体育健身、旅游观光、野外探险、电脑游戏等娱乐活动，以及绘画、音乐、影视、舞蹈等艺术类时尚。在上述产品和服务中，服饰是主要的时尚消费，其他类消费品的重要性相对较低(Crane和Bovone，2006)。[3] 例

---

[1] 刘清平.简论时尚美与时尚美学[J].河南社会科学,2008(02):57－59.
[2] 周晓虹.模仿与从众：时尚流行的心理机制[J].南京社会科学,1994(08):1－4.
[3] Crane D, Bovone L. Approaches to material culture: The sociology of fashion and clothing[J]. Poetics, 2006, 34(6): 319－333.

如，麦肯锡发布的《2022中国时尚产业白皮书》中将时尚产业的产品局限于鞋服范围，[1]但中国时尚集团发布的《2021中国时尚产业消费研究报告》则分析了6大时尚消费领域的发展情况，分别是：服饰、美容美妆、文化旅游、家居装饰、汽车出行与珠宝和腕表。[2]从历史的角度看，时尚消费的范围更加广泛，甚至包括大量不健康的消费类型。例如，18世纪时假发曾在法国流行一时，作为一种消费品，假发通过社会模仿传播到不同社会阶层，成为社会地位的一种象征，同时在启蒙时代，假发还是文化转型的一种象征（Kwass，2006）。[3]相比假发这种只是让人们的头发看起来有些不自然的时尚消费，历史上还有大量以损害身体健康为代价的时尚消费。例如，紧身胸衣是欧洲自文艺复兴后三百余年间女性最重要的服饰部件，在表现女性审美方面发挥了重要作用，但是这是一种以牺牲女性健康为代价的极端审美观（周开颜，2007）；[4]长期穿高跟鞋可使腰椎生理曲度增大，易引发腰痛等疾病（郭金明等，2007）；[5]鸦片等毒品的危害尽人皆知，然而自清末至北洋时期，竟被世人"视为无上佳品"，上自政界高官，下至贩夫走卒，"莫不人携一枝，肆意狂吸"（赵廷炳，1912）。[6]综上，从消费产品或服务的类型来定义时尚消费，具有典型的时代特色，昨天的时尚消费在今天可能被弃之如敝屣，而今天的时尚消费在未来也将逐渐失去色

[1] 麦肯锡官网，https://www.mckinsey.com.cn/wp-content/uploads/2022/09/麦肯锡2022中国时尚产业白皮书.pdf
[2] http://report.dam2other.trends.com.cn
[3] Kwass M. Big hair: A wig history of consumption in eighteenth-century France[J]. The American Historical Review, 2006, 111(3): 631－659.
[4] 周开颜.从紧身胸衣和三寸金莲看中西服饰审美的殊途同归[J].装饰,2007,(10):68－69.
[5] 郭金明,张国权,阿布米力提·阿里木江.穿高跟鞋对中青年女性腰椎生理曲度的影响[J].临床骨科杂志,2007(04):332－333.
[6] 赵廷炳.烟毒论[N].时报,1912－4－21，第2版。

彩。回顾历史上的时尚消费品类变迁，我们发现时尚消费的内容内生于特定的经济发展水平、制度环境、技术水平、文化潮流等。

显然，上述消费活动并非都属于时尚消费。以服饰消费为例，从个体的角度来说，如果其服饰选择倾向于具有个体风格，则不能称之为时尚消费。例如，某个个体根据自身的偏好而非其他人的偏好选择服饰，其中没有模仿和从众心理，则其消费不属于时尚消费。相比时尚，个体的风格更稳定，不易变化，因此较少受到流行因素的影响。当然，个体的风格也可能受到时尚的影响，但当一个人具有自己的风格时，时尚对其消费的影响便较为有限，其服饰选择可能更多地受到产品细节、材质等因素的影响。因此，从内容的角度来看，时尚消费指的是服饰、娱乐、艺术等消费活动形式，且这些消费是一种具有流行特点的消费。

第二，消费心理。时尚消费的类型是不断变化的，但决定时尚消费的心理因素却具有极高的稳定性。虽然都属于消费行为，但消费者进行时尚消费与进行其他消费时的心理特征是有着显著不同的。

时尚消费的直接心理诱因是模仿和从众。从经济学的角度来看，消费行为的模仿和从众意味着新古典经济理论关于行为主体效用的假设——某个个体效用完全取决于其个人消费的绝对水平——并不成立。相反，消费中的模仿和从众心理意味着，消费者的效用至少部分取决于自身消费与他人消费的比较，这一假设至少可以追溯到19世纪末凡勃伦对炫耀性物品的开创性分析（Veblen，1899）。[1] 人们在消费活动中倾向于根据他人（例如周围的朋友、同事）的消费情况来对自身消费的效用进行评估，这与人们对相对收入的感知比对绝对收入的感知更为敏

---

[1] Veblen T. The barbarian status of women[J]. American Journal of Sociology, 1899, 4(4): 503−514.

感具有相似性。

时尚消费的根本心理原因是以符号消费的方式实现自我认同和社会认同。从动机来看，出于模仿和从众心理的消费是为了追求"面子"、社会地位。追求"面子"，便是消费者创造、维持或改变自我形象和自我认同的过程。Schiffman 和 Wisenblit（2019）在《消费者行为学》一书中指出："自我认知通常与购买产品和服务有关，因为消费者经常选择与其自我形象一致和/或增强自我形象的产品。"[1]与一般商品主要体现出的物质属性相比，时尚消费品的符号属性更为明显。甚至在一定程度上"不论如何强调时尚中符号价值的重要性都不过分，实际上，符号的价值会压倒任何'实利'的价值"（莫温和迈纳，2003）。[2]借助时尚消费品的符号价值，消费者可以进行"创造新的自我、维持现存的自我（或者防止自我的消失）、扩展自我形象（修正或改变自我）等活动"。[3]通过时尚消费，个体在追求自我认同的同时，还以实现社会认同作为重要目标。社会认同（social identity）指的是，个体对自身所属社会群体以及群体带给自身的情感和价值的认可（Tajfel,1978）。[4]作为生活于特定社会环境下的个体，其消费选择在很大程度上是为了追求某个层次上的社会认同，如果其消费行为不为社会所认同，则会使消费者陷入尴尬、被排斥、社交困难等境地。作为以展现符号价值为主的时尚消费，不同的消费符号能够使消费者获得某一种社会认同感，进而

---

[1] Schiffman L G, Wisenblit J. Consumer behavior [M]. 12th ed.Pearson Education Limited, 2019，p70.

[2] 约翰·莫温,迈克·迈纳.消费者行为学[M].清华大学出版社,2003年,第240页。

[3] Schiffman LG, KanukLL .Consumer behavior (影印版)[M].清华大学出版社,2001年,第152页。

[4] Tajfel H E. Differentiation between social groups: Studies in the social psychology of intergroup relations[M]. Academic Press, 1978.

可以使自己为某个特定群体所接受（汪新建和吕小康，2005）。[1]例如，环保主义者会通过绿色消费来实现群体认同，健身和运动爱好者可能会购买运动装备、健身器材和营养补剂，以展示他们对健康生活方式的追求，一些人可能会购买特定地区的手工艺品、传统服饰或当地特色食品，以支持并展示对该地区文化的热爱和认同，这种消费行为可以使他们感觉自己是地方文化支持者的一分子。有时候人们还会为了摆脱当下的群体认同、追求另一种群体认同而进行消费，例如，新生代农民工在情感和价值上并不认同自己属于农民工群体，因此会试图通过炫耀性消费手段来改变自己的地位，进而寻求新的社会认同（金晓彤等，2015）。[2]

综上，从消费心理的角度对时尚消费的定义为：基于模仿和从众的心理动机，以实现个体认同和社会认同为目标，在消费中更多地追求符号价值而非物质价值的消费形式。

第三，消费的属性。从经济学的角度来看，消费的属性较为单一，即在一定的预算约束下实现消费者效用的最大化，是消费者作为理性人的一种决策。但从更为广泛的角度来看，消费包括更多的属性，包括自然属性、主观属性、社会属性、文化属性和符号属性（王宁，2001）。[3]在时尚消费模式中，消费的符号属性被显著强调了。商品和服务的象征意义或文化内涵变得至关重要，商品的符号属性在很大程度上超过了其自然属性，并在消费者的购买决策中扮演着核心角色（汪新建和吕小康，

---

[1] 汪新建,吕小康.时尚消费的文化心理机制分析[J].山东大学学报(哲学社会科学版),2005,(02):155－160.

[2] 金晓彤,崔宏静,韩成."金玉其外"的消费选择背后——新生代农民工社会认同与炫耀性消费解析[J].经济体制改革,2015(01):106－110.

[3] 王宁．消费社会学[M].社会科学文献出版社，2001，第6－11，65，205页。

2005)。[1] 在时尚消费中，我们可以看到，符号价值的重要性不容忽视，甚至有时超过了商品的实用价值。假设有两款相似的服装，一款是知名设计师的限量版，而另一款是普通品牌的普通款式。从实用价值来看，两款服装可能在面料、工艺和舒适度等方面相差无几。然而，在时尚消费中，符号价值却使它们的价格和价值产生了巨大的差异。知名设计师的限量版服装，由于附带了设计师的品牌效应、限量版的独特性以及可能的社会认同和地位象征，其符号价值远远超过了其实用价值。消费者购买这款服装时，往往更多是为了追求这些符号价值，如彰显自己的品位、身份和地位，而不仅仅是为了获得服装本身的实用价值。相反，普通品牌的普通款式虽然也具有实用价值，但由于缺乏这些符号价值，其价格和价值相对较低。消费者购买这款服装时，可能更多是基于其实际的使用需求，而不是追求某种社会认同或地位象征。[2]

二、时尚消费的广泛影响

时尚消费并不仅仅是个人的物质选择，它更是个体在特定社会文化背景中进行自我表达与实现身份认同的媒介。学者指出，时尚消费不仅影响消费者的外在形象，更深刻影响他们的社交身份和文化认同，同时也传递着地位象征与社会阶层的信息。通过穿着、配饰、品牌选择等方式，个体与周围社会环境建立互动，时尚在此过程中成了沟通身份、表达态度和强化社交关系的重要工具。

[1] 汪新建,吕小康.时尚消费:意义表达与自我建构的工具[J].心理科学,2005,(04):998－1000,1013.
[2] 王宁. 消费社会学[M].社会科学文献出版社，2001，第6－11，65，205页。

（一）社交身份与文化认同

社交身份是指个体通过群体归属或认同感所宣示的社会地位。时尚作为一种视觉符号，通过消费风格和品牌选择等向外界传递个体的身份信息。例如，在全球范围内，时尚亚文化如嘻哈文化、朋克文化等，以独特的服装风格和符号语言构建出与主流文化不同的社群认同。参与这些亚文化的成员通过穿着特定品牌（如 Supreme、Off-White）服装来表达其对该文化的认同与归属感，从而构建其独特的社交身份。

文化认同则是个体通过与特定文化符号的互动，感知并表达对某一文化或亚文化的归属。在此背景下，时尚消费不仅反映了个体的审美偏好，还承载了文化认同的深层信息。例如，日本的"原宿风"时尚是一种极具个性和创造性的街头时尚风格，其通过大胆的色彩搭配与独特的设计风格，吸引了世界各地追求差异化与个性表达的年轻消费者。

（二）地位象征与社会阶层

时尚消费的另一核心功能在于其地位象征的作用，特别是在奢侈品领域，品牌成了财富、成功和社会地位的象征。奢侈品消费不仅满足了消费者对高品质的追求，更是对其社会地位的外在展示。例如，研究表明，消费者购买路易威登（Louis Vuitton）、古驰（Gucci）、香奈尔（Chanel）等奢侈品牌时，其目的不仅在于实用性或美观性，更在于通过这些品牌向外界传递成功、富有和优越等信息。

社会学家皮埃尔·布迪厄的"文化资本"理论进一步说明了时尚消费与社会阶层之间的关联。布迪厄认为，消费品尤其是时尚产品不仅是物质消费的对象，还象征了文化资本的积累与展现。通过穿着特定品牌或服装风格的产品，个体可以获得社会认可，从而巩固其在社会阶层中的位置。例如，高端品牌的定制服装或限量款手袋，往往被富裕阶层用来区别自己与大众消费者。

（三）时尚的开放态度

嘻哈时尚作为 20 世纪 80 年代在美国兴起的一种独特的亚文化表现形式，迅速在全球范围内蔓延，并逐渐演变为一种有着深刻文化内涵的时尚风格。它起源于美国的城市贫困社区，最初由非裔和拉丁裔青年通过音乐、舞蹈、绘画以及服装来表达他们的生活困境、抗议社会不公以及对自我身份的认同。这种文化的独特性在于它通过与主流文化的对抗，创造了一套与众不同的审美标准与风格表达，特别是在服饰上，嘻哈时尚极具象征性和标志性。

嘻哈时尚的早期风格以宽松的裤子、运动服、帽衫、大型首饰等为主，强调舒适性和夸张的视觉效果。这种风格起初源自嘻哈艺人的日常穿着以及街头表演者的实际需求，同时也传递出对权威和主流文化的反抗。在那个时期，嘻哈文化的追随者通过选择与主流时尚截然不同的穿戴，来表达他们对社会不公的愤怒和对主流价值观的抵制。宽松的服装不仅象征着自由和反叛精神，还成了个体与主流社会区分开来的标志。

随着嘻哈音乐的流行，嘻哈时尚逐渐成为一种具有全球影响力的潮流。许多嘻哈艺人，如 Tupac、Biggie Smalls、Jay-Z 等，凭借他们的音乐成就和标志性的穿衣风格，成为全球青年文化的偶像。嘻哈文化中的时尚元素，尤其是奢华饰品，如金项链、大型戒指和名牌运动鞋等，逐渐成为财富和成功的象征。这一变化反映了嘻哈文化的商业化进程，也表明嘻哈时尚从街头亚文化逐渐走向了主流时尚圈。

近年来，嘻哈时尚已经进入了高端时尚领域，成为许多奢侈品牌的重要灵感来源。Louis Vuitton、Gucci 等全球知名奢侈品牌纷纷与嘻哈明星合作，进一步提升了其在年轻人群中的影响力。例如，Gucci 与知名嘻哈歌手 A$AP Rocky 的合作，展示了品牌如何将街头风格与高端时尚完美结合，使其产品更加贴近年轻一代的审美需求。同时，Louis

Vuitton任命嘻哈文化的代表性人物维吉尔·阿布洛（Virgil Abloh）为其男装艺术总监，这标志着奢侈品领域对嘻哈文化的正式认可和吸收。

嘻哈时尚与高端品牌的融合，代表了时尚行业对多元文化的开放态度。嘻哈文化中的反叛精神、创造力和个性表达，与高端时尚中的精致和奢华相结合，形成了独特的时尚风格。通过与嘻哈文化的联系，奢侈品牌不仅拓展了自己的市场，还赢得了新一代消费者的青睐。

（四）奢侈品消费的多种功能

中国消费者对奢侈品牌的强烈需求，不仅体现了消费的物质层面，更反映了奢侈品作为地位象征的深层次消费特性。随着中国经济的迅猛发展，越来越多的中国消费者进入了中高收入群体，他们开始有能力购买和享受奢侈品，而这些奢侈品不再仅仅是审美选择，更成为他们在社会中展示成功与财富的重要工具。

中国奢侈品市场的迅速扩张与中国中产阶级和富裕阶层的崛起密切相关。一方面，中国一线城市，如北京、上海、广州和深圳的高收入群体成为奢侈品的主要消费者，他们将奢侈品视为在社交场合中展示成功的符号。这些消费者往往会选择国际知名品牌，如Louis Vuitton、Gucci、Chanel等，通过拥有这些品牌的商品来展示他们的经济实力和社会地位。这种现象在商业、金融和娱乐等领域的高端社交圈中表现得尤为明显，奢侈品消费不仅仅是个人的物质享受，更是一种社会互动的工具。

另一方面，奢侈品的象征意义在中国的消费文化中得到了强化。奢侈品不仅仅是质量和设计的代表，更被赋予了象征成功、财富和高社会阶层的意义。在中国，品牌和奢侈品标志往往具有较高的辨识度，这使得许多消费者在选择奢侈品时更注重商品的外在展示效果。例如，Louis Vuitton的经典花纹、Gucci的双"G"标志、爱马仕（Hermès）的铂金包（Birkin Bag）等，因其高度可识别性，成了炫耀性消费的理想选择。这类奢侈品在社交场合中无声地传递出拥有者的财富和身份地位。

除了在一线城市，奢侈品消费现象也逐渐向二三线城市扩展。随着经济的发展和城市化进程的加快，越来越多的二线城市居民也开始追求奢侈品牌的商品。在这些城市中，购买奢侈品不仅是一种满足个人欲望的方式，更是融入高端社交圈的重要途径。消费者往往通过拥有和使用奢侈品，来获得社会认可，进入某些精英社群。这种"身份消费"使得奢侈品牌在中国的地位与西方有所不同——在中国，奢侈品更强烈地表现出其社会地位象征的特性。

此外，随着全球奢侈品牌在中国市场的深耕，品牌方也意识到中国消费者对地位象征性消费的需求，并开始通过特别定制和限量版产品进一步满足这一需求。近年来，许多奢侈品牌专门为中国市场推出了限量版商品，这些商品不仅在设计上融合了中国传统元素，更通过限量发售等手段进一步提升了其在消费者心中的地位和稀缺性。

中国消费者对奢侈品的需求，不仅体现了个人的审美追求，更反映了奢侈品作为地位象征的社会功能。随着中国经济的持续增长，奢侈品消费在未来的市场潜力巨大，奢侈品牌将继续在中国市场发挥其象征财富、地位和成功的重要角色。

三、时尚与文化的关联

时尚作为文化的表现形式，深刻反映了不同文化中的价值观、传统和社会结构。它不仅仅是一种个人的穿着选择，更是社会文化变迁、阶级结构和集体认同的外在表现。不同文化背景下，时尚的表现形式和其所承载的文化意义各不相同。通过历史时期和区域的不同，我们可以看到时尚如何反映并影响了各自的文化。

（一）文化价值观的体现

时尚取向在很大程度上反映了一个社会的价值观。在欧洲文艺复兴时期，时尚成了展示财富和地位的象征。富裕的贵族通过华丽的服饰和精致的饰品来彰显自己的社会地位。法国的路易十四时期，宫廷时尚盛行，奢华的服饰不仅是身份的象征，也体现了当时贵族阶层追求奢侈生活和权力的价值观。这种通过时尚展示身份和权力的现象在当时的欧洲广泛流行，反映了社会阶层的高度分化。

相反，在日本的江户时期，时尚则更多地受到简朴美学的影响。江户时期的武士阶层强调简约与功能性的服饰，这种审美背后反映的是当时日本社会对自律、节制和武士道精神的推崇。即使在今天，日本的时尚文化依然保留了简约与优雅的传统，这种风格深受"侘寂"美学的影响，强调不完美中的美感。

（二）传统与时尚的交织

时尚风格也常常与一个社会的传统紧密联系。在印度，传统服饰如纱丽（sari）和库尔塔（kurta）至今仍然是许多女性日常生活中的重要组成部分。这些服饰不仅仅是为了美观或实用，更多是承载了印度数千年的文化与宗教传统。在重要的宗教节日和婚礼中，纱丽作为仪式服饰的象征，展现了印度文化中对传统的尊重与传承。在现代时尚的影响下，许多设计师尝试将传统的纱丽与西方的时尚元素结合，创造出现代化的印度服饰风格。

同样，在中国，传统服饰如旗袍和唐装在特定场合中被广泛使用。旗袍自20世纪初期的上海滩时尚崛起，成为中国女性优雅与知性美的象征。现代的旗袍设计则通过改良剪裁和面料，既保留了传统的风格，又赋予了其现代时尚感，展现了中国时尚在全球化时代中对传统文化的创新与复兴。

（三）社会结构与时尚表达

时尚不仅仅是个人的选择，它还反映了社会结构中的权力分布和阶级区分。20世纪50年代，西方国家的时尚逐渐成为大众文化的一部分，这一时期的大众消费文化影响了时尚的民主化。在美国，战后经济繁荣促使中产阶级崛起，时尚从精英阶层的专属领域扩展到大众消费市场。例如，Levi's牛仔裤从矿工工作服演变为青年反叛文化的象征，反映了社会结构的变化以及青少年群体对传统规范的挑战。

相比之下，在21世纪的中国，时尚则成了快速发展的经济下展示个人财富和社会地位的工具。随着中产阶级和富裕阶层的兴起，奢侈品牌如Louis Vuitton和Gucci在中国市场表现出色，这不仅仅是因为其精湛的设计美学，更因为这些品牌代表了社会精英和成功人士的身份象征。奢侈品消费在中国一线城市尤为明显，它反映了社会结构中日益加剧的财富不平等和阶层分化。

四、时尚产业的定义与结构

时尚产业是一个涵盖多个环节和复杂流程的全球性产业，其核心包括设计、生产、营销、销售和回收等环节。它的结构高度依赖于创新、供应链管理和市场需求。时尚不仅仅是个人穿着的选择，它也影响着全球经济、社会文化以及环境问题。从高端奢侈品到快时尚消费品，再到街头时尚品类，各个类别共同构成了多元化的全球时尚消费市场。

1. 设计

时尚产业的首要环节是设计。设计师通过捕捉流行趋势和市场需求来创造新的服装和配饰款式。设计不仅仅是时尚产业的开端，也是品牌形象的核心。每个季节的时装周（如巴黎、米兰、纽约和伦敦时装周）都是设计师发布其新作品的主要平台，展示了全球最新的时尚趋势。奢侈品牌如 Chanel、Louis Vuitton 等通过设计传达品牌的核心价值与高端定位，而快时尚品牌如 Zara、H&M 则依赖快速设计和生产，以赶上市场的潮流变化。

2. 生产

生产是将设计转化为现实的重要环节。全球化的时尚产业依赖复杂的供应链管理，尤其是在奢侈品与快时尚品牌之间差异明显。奢侈品牌通常保留较多的手工制作工艺，依赖高质量的原材料和精湛的技艺，生产过程较为复杂和耗时，确保其高端定位和稀缺性。相比之下，快时尚品牌则通过全球化的供应链，在发展中国家设立工厂，以低成本、大规模的方式生产流行款式，从而能够快速响应市场需求。

3. 营销

时尚产业的营销策略多样化，涵盖传统广告、社交媒体推广和明星代言等方式。奢侈品牌通常通过精美的广告大片和名人代言来提升品牌形象和消费者的身份认同。例如，Gucci 与 A$AP Rocky 的合作不仅提升了品牌的年轻化形象，还展示了奢侈品如何通过与流行文化相结合来扩展市场。快时尚品牌则更加注重社交媒体和"网红经济"，通过快速传播影响年轻消费者的购买决策。

4. 销售

销售环节包括实体零售店、电商平台和奢侈品专卖店。随着电子商务的快速发展，时尚产业中的在线销售占比逐渐提高。奢侈品牌如 Chanel、Hermès 等虽依然注重实体店的体验式消费，但也开始探索线上销售平台，以适应数字化时代的需求。快时尚品牌则在全球范围内通过大量的实体店铺和线上平台同时进行销售，极大地提升了其市场覆盖面。

5. 回收与可持续时尚

随着全球环保意识的提升，时尚产业中的回收和可持续发展问题越来越受到关注。快时尚产业因其大规模生产和快速淘汰的特点，产生了大量的废弃物，并导致环境污染问题。然而，一些品牌如 Patagonia、H&M 等通过循环经济的方式推动服装回收和再利用，以减少对环境的影响。奢侈品牌也在探索更加可持续的生产方式，通过使用环保材料和减少碳排放来保护其品牌的长期声誉。

第二节　时尚消费的功能与象征意义

时尚消费具有多重功能，包括实用功能、象征功能和心理功能，这些功能共同构成了时尚消费的复杂性与多样性。时尚不仅是外在的穿着选择，更是文化、社会阶层和心理需求的表达。

一、实用功能

时尚消费的最基本功能是满足实用需求，这一属性贯穿了人类的日常生活。从抵御环境因素到适应社会规范，时尚消费的实用功能始终是其存在的重要意义之一。以下将从气候适应、工作场合需求、文化环境的适应以及功能性与美观性的平衡等方面，详细探讨时尚消费的实用功能。

（一）气候适应：功能性与舒适性的结合

时尚消费首先要满足消费者对气候的适应需求，这也是服饰的基本功能之一。例如，在寒冷的北方地区，冬季服装如羽绒服、毛衣和大衣扮演着重要角色，这类服装不仅需要具备保暖性，还应提供舒适性和便捷性。高端品牌往往通过创新材料（如 GORE-TEX 防水布料）和高科技设计（如智能恒温技术），提升服饰的气候适应性能。与此同时，服装的美观性也得到了重视。消费者不再满足于单纯的功能性，更期待冬装在颜色、剪裁和整体设计上体现时尚元素，以满足个人风格表达的需求。

在温暖或潮湿地区，例如热带和亚热带区域，时尚服饰的设计更多考虑透气性、轻便性和防晒功能。亚麻材质的衬衫、棉质连衣裙和透气运动鞋成为当地消费者的首选。在此类环境中，服饰的实用功能不仅体现在材质和设计上，还与生活方式紧密结合，反映出地域性气候需求与全球化时尚趋势的融合。

（二）工作场合需求：规范性与时尚性的统一

在现代社会中，工作场合对着装的要求已经成为时尚消费的重要驱动力之一。许多行业都有特定的着装规范，这种规范不仅体现职业需求，还能通过服饰传达个人形象和企业文化。例如，在金融、法律等高度正式的行业，西装、衬衫和领带是标配。这类服装的剪裁讲究精准，面料注重高品质，以体现着装者的专业性和可靠性形象。颜色通常以黑色、深蓝或灰色为主，传递稳重与严谨的职业形象。

而在创意产业、科技行业等氛围较为自由的工作环境中，商务休闲装逐渐成为主流。消费者可以选择更加灵活的搭配，如将西装外套与牛仔裤结合，或者使用明亮的配色展现个性。这种服装风格在保持功能性的基础上，增加了更多时尚元素，使穿着者能够在舒适与规范之间找到平衡。

（三）文化环境的适应：传统与现代的平衡

文化背景对时尚消费的实用功能影响深远。在不同的社会文化中，服装不仅具有功能性，还承担了文化符号的作用。例如，在中东地区，女性的传统服饰如长袍和头巾需要符合宗教规范，同时逐渐融入现代设计，增加透气性和便利性。而在中国，新中式风格的服装近年来兴起，通过融入传统刺绣、立领设计等元素，满足消费者对文化认同与日常实用性的双重需求。

此外，节庆场合中的时尚消费也反映了文化适应功能。例如，春节期间的红色服装或刺绣旗袍不仅传递了喜庆的氛围，还在功能上符合冬季保暖需求。这些服饰既能体现传统文化，也能通过设计创新适应现代消费者的审美和生活习惯。

（四）功能性与美观性的平衡：时尚实用的未来趋势

在现代社会中，消费者对时尚的要求已经从单一的实用性扩展到功能性与美观性的平衡。户外运动品牌是这一趋势的典型代表，例如 Patagonia 和 The North Face 的产品不仅具备防风、防水等户外功能，还通过简约现代的设计吸引更多都市消费者。类似地，一些奢侈品牌也开始推出兼具功能性和时尚性的产品，如适合日常通勤的轻便鞋履和多功能手袋。

这种平衡趋势还体现在对可持续材料的使用上。消费者日益重视环保问题，许多品牌通过可回收面料、天然染料等方式提升服饰的功能性，同时体现社会责任感。这样既满足了消费者对产品实用性的要求，也迎合了他们对时尚价值的期待。

当然，也有一些时尚消费行为基本不考虑实用性，其背后的驱动力更多是象征意义、心理满足和文化表达。这些消费主要关注的是其他功能，如身份象征、审美表达和社交互动。例如，高跟鞋通常并不以舒适性或功能性著称，许多款式甚至可能导致脚部疼痛、不便行走或长时间穿着的健康问题。因此，女性穿高跟鞋是侧重其他功能：（1）象征性功能。高跟鞋常被视为优雅与女性气质的象征，穿着者希望通过这种鞋款传递出性感、自信或权威的信息。（2）审美功能。高跟鞋通过拉长腿部线条和提升整体比例，为穿着者提供更符合"理想美"的形象效果。（3）社交功能。在一些正式场合，如宴会或商务会议，高跟鞋被视为礼仪的一部分，其作用更多体现在社交和文化规范上。再比如，高定（Haute Couture）时装也很少考虑实用性。高级定制时装常因其极端的剪裁和设计不适合日常穿着，有些甚至无法自己完成穿戴，需要专人协助。比如，某些拖地礼服或异形设计服装几乎不适合除特殊场合以外的任何用途。其侧重艺术表现功能、文化和社会影响功能、身份象征功能等。

二、象征功能

时尚作为一种社会符号，不仅满足物质层面的需求，更承载着丰富的象征意义。无论是青睐奢侈品还是大众品牌，时尚消费行为都体现了消费者对身份、地位、文化归属甚至个人情感的表达。这种象征功能通过社会学、心理学和符号学理论得以解释，并在实践中表现得淋漓尽致。

（一）象征功能的理论溯源

时尚消费的象征功能可以从多学科理论中找到根源，包括符号互动论、鲍德里亚的消费符号理论以及社会认同理论等。

美国社会学家乔治·赫伯特·米德（George Herbert Mead）的符号互动论认为，社会生活本质上是一种符号交流的过程，人们通过符号传递信息并建立关系。在时尚消费中，商品不仅是物质工具，更是社会互动的媒介。例如，一款经典的 Louis Vuitton 手袋承载的意义远超其实用功能。购买和使用 LV 手袋不仅是为了装东西，更是为了表明拥有者的社会地位和经济实力。在全球范围内，LV 手袋被广泛认知为奢侈和成功的象征，因此成为一种"通用语言"，在不同文化和阶层之间传递信息。

符号互动论强调，消费者在选择时尚商品时，更多关注的是其象征意义如何影响他人对自己的看法。这也解释了为何消费者愿意为品牌支付溢价，因为品牌的符号价值远高于其实际功能价值。

法国哲学家让·鲍德里亚（Jean Baudrillard）的消费符号理论进一步深化了对商品象征功能的理解。他认为，在现代消费社会中，商品的符号价值已超越其使用价值和交换价值，成为消费行为的核心驱动力。消费者购买商品的主要目的是通过商品传递特定的文化信息或社会意义，而不是着眼商品的实际功能满足自身需求。例如，一件 Prada 西装并不仅仅是为了保暖或方便，更多是为了传递"精英气质"和"高品位"

的符号意义。鲍德里亚指出,时尚商品是一种文化符号,消费者购买它是为了在符号系统中找到自己的位置。奢侈品牌通过品牌设计、广告推广和价格策略,赋予商品独特的象征意义,使消费者通过购买这些符号与特定的文化精英群体建立关联。

鲍德里亚认为,符号的意义在于它们的"区隔功能"。消费者通过消费不同符号化商品,将自己与他人区分开来,例如高端时装(如 Prada 或 Gucci)与大众品牌(如 Zara 或 Uniqlo)之间的对比,形成不同的社会阶层象征。在鲍德里亚的框架下,时尚消费已经不再是"为了什么"或"需要什么",而是"象征什么"。商品成为身份表达和社会互动的语言,消费者通过符号消费参与社会的象征游戏。

社会心理学家亨利·泰弗尔(Henri Tajfel)的社会认同理论为时尚消费的象征功能提供了心理学视角。他指出,人们的自我认同部分来自所属的社会群体,而这种群体归属感往往通过外在符号得以强化和体现。在时尚消费中,商品就是这种群体归属感的直接表现。

例如,耐克(Nike)运动产品的购买者可能并非真正需要这些商品进行专业运动,而是希望通过品牌传递"Just Do It"的精神,表达个人的青春活力和运动热情。Nike 产品象征的是一种健康、积极的生活方式,消费者通过购买这些商品向外界传递"我是一名运动爱好者"的信息。

社会认同理论强调,消费者通过时尚消费一方面认同自己所属的群体,另一方面与其他群体区隔。例如,街头潮流品牌 Supreme 的粉丝群体可能希望用品牌标志强化自己对街头文化的认同,同时与主流或高端奢侈品牌的消费者区分开来。

泰弗尔的理论还帮助解释了消费者对时尚品牌忠诚的心理基础。消费者选择一个品牌，不仅是出于喜好或质量，更是因为品牌的象征意义与其社会身份高度契合。这种品牌归属感让消费者在特定的群体中找到自我价值。

（二）奢侈品牌与象征功能：地位与财富的符号

奢侈品牌和高端时装是象征功能最明显的载体，其核心作用在于传达消费者的地位、财富等信息。这种象征功能不仅依赖于商品本身的设计、材质和稀缺性，还通过商家的价格策略、广告传播和赋予文化符号形成独特的价值体系，吸引追求社会认同的消费者。

第一，身份与地位的区隔。奢侈品牌营销的核心策略是通过高昂的价格和限量生产，使其产品成为"少数人"的专属，达到身份和地位的区隔效果。首先，很多奢侈品营销采用高价策略，这种定价具有象征意义。奢侈品牌的定价远远超出其生产成本，但消费者愿意为品牌的象征价值买单。例如，爱马仕（Hermès）经典款铂金包（Birkin Bag）的高昂价格和稀缺性使其成为社会上层的象征。消费者拥有这一手袋，不仅展示了经济实力，更通过品牌背后的文化故事与设计哲学，传递了"精英阶层"的身份信号。其次，限量策略使奢侈品具有排他性。限量发售使奢侈品成为稀缺资源，进一步强化其象征意义。例如，许多奢侈品牌通过"排队订购"或"邀请制"销售产品，使消费者获得的不仅是商品本身，还有一种"被认同"的特权感。拥有这些产品往往被视为进入高端社交圈的"入场券"，如参加某些奢侈品牌商家举办的私人活动、艺术展览或慈善晚宴。

通过这些手段，奢侈品牌建立起了社会身份的区隔系统。消费者购买这些商品，不仅是为了满足个人喜好，更是为了在社会阶层中找到并巩固自己的位置。

第二，成功与品位的表达。奢侈品牌善于通过广告与品牌形象宣传，将自己的产品与成功、精致和高品位紧密联系起来,吸引那些希望通过消费展示事业成就和个人品位的消费者。

许多奢侈品牌的广告内容专注于传递成功人士的形象。例如,劳力士的广告中经常出现企业家、探险家或体育明星,塑造了一种"成功的时间管理者"的形象。消费者佩戴劳力士腕表,不仅是为了读取时间,更是为了向外界传递自己的成就感与责任感。此外,奢侈品牌通常与优雅、高雅的生活方式绑定。例如,Gucci通过其广告和品牌活动强调一种"优雅叛逆"的精神,吸引那些希望同时表达精致品位和独立个性的消费者。通过消费这些品牌,消费者不仅展示了经济实力,还传递了一种与众不同的审美与态度。

成功和品位的象征功能吸引了那些希望向外界展示自己的消费者,尤其是在竞争激烈的职场或精英社交圈中。这种功能使奢侈品牌成为社会认同的"工具",帮助消费者在群体中获得认可。

奢侈品牌的象征功能还可以从心理学的角度进行分析,特别是通过炫耀性消费理论来解释消费者的购买行为。美国经济学家托斯丹·凡勃伦(Thorstein Veblen)在其《有闲阶级论》中提出了"炫耀性消费"(Conspicuous Consumption)的概念,认为消费者会通过购买高价商品向他人展示自己的财富和地位。

奢侈品牌商品通常通过标志性设计或显著的品牌标志(Logo),强化其身份识别功能。例如,Gucci和Chanel的经典设计中,Logo往往占据显著位置,方便消费者在公共场合快速传递信息。购买和使用这些商品不仅是个人审美的体现,更是一种"向外界展示"的行为。这种行为强化了消费者的社会存在感,同时满足了消费者对自尊和他人认可的心理需求。

炫耀性消费也受到社会比较心理的推动。消费者往往希望通过拥有奢侈品牌的商品，与他人进行对比并获得优越感。例如，在某些高端社交场合，佩戴 Cartier 珠宝或使用 Chanel 香水的消费者可能会被认为更加优雅、成功或高贵，从而获得心理上的满足。

值得注意的是，炫耀性消费在不同文化背景中的表现有所不同。例如，在中国等新兴市场中，炫耀性消费更倾向于选择具有显著 Logo 的奢侈品牌商品，以满足社会对品牌地位的认知，而在欧洲市场，消费者则更注重低调奢华和品质感。

炫耀性消费解释了为何消费者会愿意为奢侈品支付高额溢价，并通过这些商品满足心理层面的需求。这种消费行为也反映了消费者在社会结构中的地位诉求和对身份认同的渴望。

（三）非奢侈品消费中的象征功能

象征功能不仅限于奢侈品，即使是大众品牌或平价商品，也承载着特定的象征意义。这些品牌通过其设计理念、品牌文化和市场定位，为消费者提供了表达身份和价值观的媒介。尤其在文化归属、群体认同和个性表达方面，非奢侈品牌的象征功能表现得尤为突出。

文化归属的象征。非奢侈品牌通过挖掘特定的文化背景，有效满足消费者对文化归属感的需求。这种归属感可以表现为对民族或地域文化的认同，也可以体现在融入全球流行文化的过程中。品牌通过独特的设计语言、产品风格和广告传播，与消费者的文化背景相契合，帮助消费者在选择商品时强化其文化身份。这使得非奢侈品牌不仅是功能性商品的提供者，更成为消费者文化认同的重要载体。

例如，中国本土品牌李宁（LI-NING）近年来在设计中融入大量中国传统文化元素，如使用中国红、书法艺术和龙凤图案。这种设计不仅展现了中国文化的独特魅力，也在全球化背景下为消费者提供了表达民族自豪感的方式。无论是国内消费者还是海外华人，通过购买和穿戴李宁的产品，不仅能够满足对中国文化认同的需求，也能够展现一种现代与传统融合的文化态度。

此外，在全球化的流行文化中，一些非奢侈品牌通过快速捕捉潮流趋势，将国际化的流行元素融入设计中，吸引追求时尚的消费者。例如，快时尚品牌通过将当季流行符号转化为亲民的设计语言，使消费者既能表达自己对潮流的认同，又能通过选择这些品牌参与全球文化的互动。品牌的这种多元化适应能力，使其象征功能更具普遍性和吸引力，在全球消费者中形成广泛共鸣。

群体认同。非奢侈品牌还通过塑造群体标志，帮助消费者实现与特定社会群体的连接。品牌的定位和设计往往隐含某种群体特征，例如年轻化的潮流群体、职场人士或注重环保的消费者群体。消费者通过选择特定品牌的产品，可以强化自己对这些群体的归属感，并在社会互动中寻找认同。

这种象征功能通过品牌的广告语言、社交媒体传播和消费者口碑进一步放大，使消费者的选择行为成为与他人建立联系的重要途径。例如，运动品牌耐克（Nike）通过其"Just Do It"的广告宣传语，成功塑造了一种积极、坚韧和自律的运动文化。选择耐克产品的消费者，往往不仅是在购买运动装备，更是在向外界传递一种"我是运动群体的一员"的信息。这种认同感在参加跑步比赛、健身活动或运动社交圈中尤为突出，帮助消费者与志同道合者建立更强的社会联系。

与此同时，这种认同感也可能带来强烈的排他性。消费者通过选择特定非奢侈品牌，不仅表达了对所归属群体的支持，还形成了与其他社会群体的对立。例如，一些年轻消费者热衷于选择街头潮流品牌，而回避主流商务休闲风格，以此展示自己对街头文化的认同和对传统风格的抗拒。这种现象进一步彰显了品牌的群体象征功能，使消费者的选择成为区分身份和建立独特标签的重要方式。

个性与态度的表达。个性化表达是非奢侈品牌象征功能的重要组成部分。这些品牌通过多样化的设计风格、独特的品牌精神以及创新的市场定位，为消费者提供了表达个人价值观和态度的工具。消费者通过选择特定品牌的产品，不仅满足了基本的功能需求，还通过服饰表达自己的独立个性、审美偏好以及对生活的态度。

例如，日本品牌优衣库（Uniqlo）以"简约设计"和"实用主义"为核心理念，吸引了那些崇尚低调和理性消费的消费者。优衣库的服装强调功能性和高性价比，同时以简洁的设计语言避免过度装饰，使消费者能够通过简单而有质感的穿着，表达自己不盲从潮流、注重实用性的生活态度。这种品牌风格非常契合希望传递内敛、自律、理性态度的消费者群体，帮助他们在日常穿搭中展现出一种"简约而不简单"的个性。

此外，一些非奢侈品牌通过限定设计或联名款的发布，为消费者提供了更具个性化的选择。例如，限量版的艺术家联名款T恤，能够让消费者通过独特的图案和设计表达自己的艺术品位或文化态度。这样的设计使商品成为消费者个性化表达的载体，进一步强化品牌的象征功能，让每一件服饰都具有更多的情感和意义。

（四）象征功能的社会影响：社交货币与文化传播

时尚消费的象征功能不仅仅局限于个人层面，还通过社会互动与文化传播发挥更广泛的影响。在现代社会中，时尚商品已成为人与人之间交流的媒介，以及文化传播的重要工具。消费者通过商品传达身份、态度或价值观等信息，同时通过这些商品实现社交互动和文化传递。这种象征功能在社交货币和文化传播两个方面表现得尤为突出。

消费者通过购买特定商品积累"社交货币"，这种象征意义在社交媒体兴盛的时代尤为明显。

社交货币是指消费者通过商品积累的社会价值，这种价值帮助他们在社会关系中获得认同与关注。在社交媒体兴盛时代，时尚商品的象征功能被放大，消费者购买的商品不再仅仅是自我消费的对象，而是向外界展示的一种符号。

消费者通过分享商品图片和相关内容，将时尚商品作为炫耀性消费的工具。例如，一位消费者在社交媒体平台上晒出新款 Dior 包袋，实际上是在展示自己的生活方式、审美品位或经济实力。这种行为通过社交媒体的扩散效应获得广泛关注，使商品的象征意义超越了其物质属性，成为社交货币的重要来源。

在社交媒体平台上，消费者的炫耀行为不仅强化了个人形象，还促进了与他人的互动。例如，晒出时尚商品的图片通常会伴随着点赞、评论或转发，这些互动不仅让消费者感受到自我价值的提升，还通过商品与他人建立了情感连接。这种现象尤其在千禧一代和 Z 世代中普遍存在，他们更加注重通过时尚商品来提升个人在社交网络中的"人设"形象。

时尚品牌也深知这一现象，通过创造"网红款"或"限量款"，进一步提升商品在社交货币中的价值。例如，一款联名设计的球鞋不仅吸引了时尚爱好者，还因为其稀缺性和话题性，在社交媒体上形成讨论热潮，进一步强化品牌的象征意义。

时尚品牌不仅是一种商业存在，更是文化传播的载体。通过独特的品牌故事和价值观，时尚商品可以传递特定的文化理念，并吸引具有相同价值观的消费者。这种文化传播功能使时尚商品超越了简单的消费品，成为消费者与品牌之间文化认同的重要纽带。

第一，品牌故事的塑造与传播。每个成功的时尚品牌背后都有一个独特的品牌故事，这些故事往往包含了品牌的文化背景、创立初心或设计理念。例如，Stella McCartney 作为一个倡导可持续发展的品牌，通过其"环保时尚"的设计理念传递了一种对地球负责任的生活态度。消费者购买这样的品牌商品，不仅是为了实用性或美观性，更是在通过商品表达对品牌价值观的认同。

第二，消费者的参与性文化传播。消费者在选择某些品牌时，实际上也在参与文化传播。例如，购买 Stella McCartney 产品的消费者往往会通过佩戴这些商品或在社交媒体上展示，传递自己对环保时尚理念的支持态度。这种行为不仅放大了品牌的影响力，还将品牌的文化价值传播到更广泛的社交圈和文化圈层。

第三，时尚与社会议题的结合。一些时尚品牌通过商品设计和广告宣传，主动参与当代社会议题，进一步强化其文化传播功能。例如，一些品牌在设计中融入性别平等、环境保护或种族多元化的元素，通过这些商品表达对社会议题的关注。消费者在购买这些商品时，实际上也在参与对这些议题的传播与支持。

第三节　时尚消费的历史发展

一、古代的时尚消费

古代的时尚消费不仅反映了个人的审美选择，更是社会阶级、权力和宗教文化的象征。在许多文明中，服饰与地位、阶级以及宗教信仰紧密相连，成为社会身份的视觉化表现。

在古代社会，服饰往往代表着阶级、身份和权力，服饰的奢华程度和材料使用严格遵循社会等级制度。在古埃及、古罗马和中国古代的宫廷中，贵族阶层通过华丽的服饰彰显他们的社会地位和权力。

在古埃及，法老和贵族阶层的服饰用黄金、亚麻和宝石装饰，象征着神圣与统治权力。法老常穿着华丽的袍子，并佩戴象征权力的头饰和珠宝，这不仅是美观的需求，更体现了他们与神灵的联系和统治的合法性。在古罗马，阶级通过服装色彩和样式来区分。元老阶级穿着带有紫色边饰的长袍（toga praetexta），紫色染料因其昂贵和稀有，被视为权力和财富的象征。罗马公民也通过服饰展示其身份，而奴隶则被严格限制着装，服饰成了阶级分化的工具。在中国古代，服饰同样是阶级的重要象征。皇帝和皇室成员的服饰讲究色彩、材质和图案的等级制度，例如皇帝穿着象征权力的龙袍，而官员的官服则根据官阶高低绣有不同的动物图案。服饰在中国古代是权力、身份和地位的直接体现，尤其在宫廷中，服饰制度极为严格，任何僭越都可能受到严厉的惩罚。

宗教和地方文化在古代社会的服饰风格中占据了重要位置，宗教信仰往往决定了人们的服饰款式、颜色和材料。在中世纪的欧洲和中国的儒家文化下，服饰不仅仅是阶级的象征，更是宗教信仰和文化规范的体现。

在中世纪的欧洲,基督教会对服饰有着巨大的影响。教会的权威不仅体现在宗教生活中,还影响了日常的穿着。例如,教士和僧侣通常穿着长袍,颜色和款式简单,表现出谦逊和宗教虔诚。女性的穿着也受到宗教道德的规范,暴露的衣物被认为是不道德的,而贵族妇女则需要佩戴面纱和长袍以显示其德行。中国儒家文化对社会秩序和伦理道德有深远影响,这也体现在服饰上。在儒家文化影响下,服饰需要符合礼仪规范,表现出等级制度的同时,还要体现谦卑和克制。例如,儒家文化中提倡的中庸之道反映在服饰上体现为,颜色和款式不能过于奢华张扬。社会各阶层的服饰都有严格的规制,从颜色到图案都有明确的礼制。

二、文艺复兴与巴洛克时期

文艺复兴时期(14—17世纪)的经济和文化复苏,使时尚成为欧洲富裕阶层炫耀财富和地位的工具。在这一时期,富裕的商人、贵族和宫廷成员通过奢华的服饰展示他们的财富和社会地位。文艺复兴以意大利为文化中心,随后扩展到整个欧洲,尤其是法国,逐渐成为欧洲时尚的中心。

法国宫廷在路易十四("太阳王")的统治下,奢华时尚达到了顶峰,奠定了法国作为欧洲时尚中心的地位。路易十四通过繁复华丽的服饰和宫廷礼仪巩固了他的权威。贵族们在宫廷中通过穿戴精致的服饰来争夺国王的青睐,这种奢华的时尚不仅反映了他们的财富,也展示了他们的社会地位。

服饰的奢华化在文艺复兴和巴洛克时期逐渐变得更加明显,尤其是在法国和意大利。绣有金线的丝绸、贵重的饰品、复杂的刺绣和华丽的装饰元素成为贵族阶层的时尚标准。贵族们通过穿戴奢侈品来展示其与平民的区别，服饰的材料、颜色和样式都体现了他们的财富和权力。例如，紫色和金色因其制造成本高昂，通常只有最富裕的阶层能够负担。

文艺复兴和巴洛克时期的时尚不仅仅是奢华的展示，还体现了设计与艺术的创新。随着文艺复兴对古典文化和个性化表达的崇尚，服饰设计也开始更加注重个性化、创新性和艺术性。巴洛克风格则更进一步，在服饰中融入了建筑和艺术的元素，追求视觉上的复杂性和动感。

文艺复兴时期的时尚设计开始摆脱中世纪的沉重和保守，更多地表现出个性和创新。服装设计师在这一时期涌现，他们为贵族量身定制服装，结合了古典美学和新兴的艺术风格。设计变得更加灵活和精致，衣物的剪裁也更加贴合人体曲线，反映出对人体美的赞美。例如，意大利的时尚设计在这一时期得到了显著发展，尤其是在佛罗伦萨和威尼斯等城市，奢华的丝绸织物和精致的刺绣成为时尚的象征。

进入巴洛克时期（17—18世纪），时尚受到了艺术和建筑的强烈影响。巴洛克风格以华丽、夸张和复杂的装饰为特征，这些元素被广泛运用于服装设计中。巴洛克时期的服饰通常具有极为繁复的装饰，如花边、荷叶边、褶皱和缎带。这种风格在法国宫廷中尤为流行，贵妇们穿着长裙和绣满珍珠与宝石的外衣，追求视觉上的震撼效果。与此同时，巴洛克风格也在男性的服装中体现出来，如繁复的军装和装饰性的佩剑，进一步展示了他们的地位和身份。

这一时期，服饰设计与艺术和建筑紧密相连。设计师们从当时的绘画、雕塑和建筑中汲取灵感，创造出极具视觉冲击力的服饰。例如，巴洛克时期的褶皱和多层次设计深受建筑学中的曲线与空间感影响，而丰富的色彩运用则来源于当时的绘画艺术。

三、工业革命与现代时尚的兴起

随着工业革命的到来，服装制造技术取得了重大突破，导致时尚消费在 19 世纪逐渐从贵族阶层扩展至大众。这一时期，纺织工业的机械化和规模化生产使得服装价格大幅下降，普通民众也能够负担得起时尚商品。之前由手工制作、耗时昂贵的服饰逐渐被机器生产的服装所取代，这使得时尚不再是贵族的专属。

工业革命带来的纺织机器，如动力织布机和缝纫机，大大加快了生产速度，并降低了成本。随着大规模工厂生产的出现，服装变得更加便宜和具有更强可获得性，消费者不再依赖定制服装，而是能够从市场上直接购买标准化的成品。例如，早期的成衣（ready-to-wear）市场开始兴起，服装制造不再局限于私人定制，这使得时尚消费的门槛降低，普通民众也能够参与到流行趋势中。

随着工厂化生产和服装市场的扩展，时尚不再仅仅是上层阶级的特权，而成为社会各个阶层的共同追求。工业革命后的消费文化促使大众开始关心时尚，流行趋势和风格不再仅仅是贵族和富人阶层的特权，而是通过大量生产的廉价服饰向社会广泛传播。这一转变不仅改变了时尚产业的结构，也影响了社会对时尚的态度，使其成为一种大众化的文化现象。

四、20 世纪的时尚变革

二战结束后，全球经济进入了繁荣期，随之而来的是消费文化的兴起。时尚产业在此期间得到了快速发展，时尚品牌如 Dior、Chanel 等迅速崛起，并成为高端时尚的代表。Dior 的 "New Look" 风格引领了战后时尚潮流，强调表现女性优雅的身形和设计的华丽，重新定义了奢华与时尚的概念。

然而，随着 1960 年代大众消费文化的扩展，时尚产业开始向大众化转型，尤其是在年轻一代的推动下，时尚逐渐变得更加平易近人。这个时期，大规模生产和快时尚的概念逐渐形成。西班牙品牌 Zara 和瑞典品牌 H&M 在 1970 年代末和 1980 年代初开始崛起，成为快时尚的代表。与传统时尚品牌不同，Zara 和 H&M 通过快速设计、生产和销售，使最新的时尚潮流能够迅速从 T 台走向大众市场。

快时尚品牌的成功在于其快速响应市场需求和潮流变化的能力。这些品牌通过压缩设计和生产周期，将时装设计从概念形成到上架的时间大幅缩短，通常只需要数周时间。这种高效的生产方式使得消费者能够以相对较低的价格购买到最新的时尚单品。例如，Zara 的商业模式基于"即看即买"的概念，消费者能够很快在店铺中找到类似于高端品牌 T 台展示的款式。

大规模生产使得服装的成本大大降低，快时尚品牌依赖全球化的供应链，将生产转移到劳动力成本较低的发展中国家。这样的生产模式不仅提高了利润率，也让快时尚品牌能够在全球范围内快速扩展，满足各地消费者的时尚需求。

20 世纪下半叶，街头时尚成为时尚界的一股强大力量。随着朋克、嘻哈、摇滚等亚文化的兴起，传统的高端时尚被打破，时尚设计逐渐融入了更多的街头元素和多元文化。

1970 年代的朋克文化以其反叛和激进的态度影响了时尚界，破洞牛仔裤、皮夹克、钉子饰品等风格象征了对社会秩序的抗议和反抗。朋克风格不仅仅是音乐文化的象征，还成为一种时尚语言，尤其在英国和美国的街头时尚中大行其道。与此同时，嘻哈文化在美国兴起，宽松的裤子、运动服和奢华的金链成为嘻哈时尚的标志。这种融合了音乐、街头文化和时尚的风格迅速传播，成为全球青年的潮流标志。

在20世纪末，全球化加速了时尚的多元文化融合。日本和韩国等亚洲国家的时尚文化逐渐走向世界，尤其是日本的"原宿风"时尚和韩国的"K-pop"文化影响了全球年轻一代的时尚观念。这些亚洲的街头风格与欧美的朋克、嘻哈、摇滚等元素相结合，打破了传统高端时尚的垄断地位，创造了更加多元化的时尚体系。亚洲品牌和设计师逐渐在国际时装周上崭露头角，日本设计师川久保玲（Rei Kawakubo）和山本耀司（Yohji Yamamoto）等人以其前卫的设计风格打入全球市场，带动了亚洲时尚文化的崛起。

随着街头时尚影响力的扩大，越来越多的高端品牌开始融入街头风格。奢侈品牌如Louis Vuitton和Gucci与嘻哈明星和街头艺术家合作，推出街头风格的奢侈品系列。这种混合风格不仅吸引了年轻消费者，还为奢侈品牌注入了新的活力和创造力。例如，维吉尔·阿布洛（Virgil Abloh）成为Louis Vuitton男装艺术总监，标志着街头时尚与奢侈品牌的融合达到了新的高度。

第四节 时尚消费的全球化与数字化时代

21世纪，时尚产业呈现出强烈的全球化特征，国际时尚品牌通过跨国设计、生产和营销，迅速进入全球市场。这种全球化的趋势使得时尚消费变得更加多元和包容。无论是奢侈品牌还是快时尚品牌，都在全球化过程中通过供应链的扩展、生产基地的全球分布，以及跨国市场的拓展，实现了迅速的商业扩张。

一、时尚产业的全球化趋势与多元化消费

过去，时尚产业的主导地位主要集中在几个传统的时尚之都，如巴黎、米兰和纽约等，但随着全球化的推动，全球时尚文化的交融与互动使得不同国家和地区的消费者能够接触到多样的时尚选择，形成了一个更加广阔和开放的市场。

许多国际时尚品牌通过跨国合作，将设计工作分散到不同国家。例如，欧洲的一些顶级奢侈品牌如Louis Vuitton、Gucci等，设计通常在本土进行，但生产却依托全球供应链，特别是亚洲国家的低成本制造优势，来实现大规模生产。像Zara和H&M等快时尚品牌，通过全球化的生产基地和供应链管理系统，确保了快速、廉价的产品供应，使消费者能够在最短时间内享受最新的时尚潮流。这种模式不仅降低了生产成本，还缩短了生产周期，使品牌能够迅速应对市场需求的变化。

与此同时，本地品牌也迅速通过电商平台打入国际市场，开辟了新的销售渠道。例如，中国的李宁和安踏等品牌，通过电商平台拓展了海外市场，在全球市场上建立了越来越强的品牌影响力。韩国的美妆品牌

如 Innisfree、Laneige 等，借助全球化的网络销售渠道，打入欧美和亚洲多个国家的市场，成为国际消费者的热门选择。这些品牌借助电商平台、全球物流系统和跨境营销，不仅提高了品牌的全球知名度，也使全球时尚市场更加多元化。

二、社交媒体与时尚传播的变革

21世纪初，社交媒体的崛起彻底改变了时尚传播的模式，社交平台如 Instagram、TikTok、YouTube 等为时尚品牌和设计师提供了全新的展示舞台。与传统时尚秀和杂志不同，社交媒体不仅大大缩短了时尚传播的时间，还让普通消费者能够参与其中，成为时尚传播的重要力量。这种传播方式打破了传统时尚传播的单向性，让时尚内容的传播更加广泛、即时和具有互动性。

社交媒体平台上的意见领袖（KOL）和网红（Influencer）的影响力日益增强，他们通过展示自己的穿搭、护肤心得、产品使用体验等内容，直接影响了全球消费者的购买决策。例如，Instagram 上的时尚博主和 YouTube 上的美妆博主通过分享穿搭、化妆技巧和护肤建议，带动了"种草经济"，即通过推荐产品激发消费欲望。这种社交媒体驱动的"口碑营销"模式极大地增强了消费者对品牌的信任感，因为粉丝们通常认为 KOL 的推荐更加真实、可信，而不是单纯的广告宣传。

与此同时，时尚品牌在社交媒体上的营销策略变得更加灵活和具有互动性。例如，Gucci、Dior 等奢侈品牌在 Instagram、TikTok 等平台上与网红合作，推出限量产品、直播带货等活动，吸引了大量年轻消费者。这些平台不仅提供了一个与消费者直接沟通的渠道，还使品牌方能够快速感知消费者的反馈，并根据潮流变化和市场需求进行产品调整。社交媒体上的即时互动，不仅增强了消费者的参与感，也帮助品牌方更好地了解目标群体的偏好，进而实现更精准的营销。

三、电子商务与数字化购物体验的演进

随着电子商务的兴起，时尚产业逐渐进入数字化时代，全球时尚消费也变得更加便捷。电商平台如亚马逊、阿里巴巴、京东等，极大地推动了全球时尚消费的便捷性。消费者不再受限于传统零售商店，通过电商平台他们可以轻松获取来自世界各地的时尚商品，享受快速、便捷的购物体验。这种模式打破了地域的限制，使得消费者能够在全球范围内购买最新的时尚商品，体验全球时尚潮流。

电商平台不仅为消费者提供了便捷的购物体验，还改变了时尚品牌的营销和销售策略。例如，亚马逊等电商平台通过全球物流系统，能够在最短的时间内将时尚商品送到消费者手中，为全球化的时尚消费提供了便利。同时，阿里巴巴旗下的天猫平台通过"双十一"购物节等大型促销活动，创造了全球时尚消费热潮，吸引了无数国际品牌参与其中，进一步推动了时尚产业的数字化转型。

虚拟试衣和增强现实（AR）等新技术的应用，进一步提升了时尚购物体验。许多电商平台推出了虚拟试衣功能，消费者可以通过3D建模技术在网上"试穿"服饰，避免了线上购物中无法真实感受商品的问题。消费者可以根据自己的身形和尺寸，看到虚拟试穿效果，做出更加理性的购物决策。这种技术的应用不仅提高了购物的互动性，还使消费者能够在不亲临实体店的情况下，获得接近真实的购物体验。

未来，随着人工智能（AI）技术的进一步发展，个性化时尚消费将

成为时尚产业发展的重要趋势。AI能够根据消费者的购物历史、偏好和浏览记录，提供个性化的时尚推荐，帮助消费者找到最符合其需求的时尚单品。这种基于大数据和AI算法的个性化推荐，将为消费者提供更加精准的购物体验，同时进一步推动时尚产业的数字化转型，开启个性化、智能化的购物新模式。

第 2 章

时尚消费的
心理学

时尚消费不仅仅是满足物质需求或彰显社会地位的行为，更深层次上满足了个体的心理需求。通过时尚消费，消费者能够实现自我认同，建立获得感和归属感，并建立或维系人际关系。这种心理功能贯穿了时尚消费的各个方面，从个性表达到社交互动，再到心理满足，时尚消费为消费者提供了一种无声却深刻的沟通方式。

第一节 时尚消费与自我认同

一、自我认同与社会认同

自我认同是个体对自身的主观认识，包括对性格、兴趣、价值观和社会角色的理解。在心理学中，自我认同被视为个体在社会环境中定义和理解自己的方式。根据埃里克森（Erik Erikson）的心理社会发展理论，[1]自我认同是个人心理发展过程中重要的一环，它帮助个体理解"我是谁"，以及"我希望如何被他人看待"。

自我认同具有内外结合的特点。自我认同是个体对自身身份、价值观和社会角色的主观理解和外在表达的结合，具有内在维度和外在维度的双重特性。这种结合构成了个体与社会环境互动的重要基础。

内在维度本质上是主观的自我理解。内在维度涉及个体对自身兴趣、性格和价值观的主观认知。它是自我认同的核心部分，包括个体对"我是谁"和"我想成为什么样的人"的清晰认识。内在维度决定了个体在

---

[1] Erikson E H. Identity youth and crisis[M]. WW Norton & company, 1968.

选择行为和生活方式时的基本倾向。例如，一个内向且注重细节的人可能会偏好简约而精致的生活方式，而一个外向且追求变化的人则更可能偏好多样化和充满活力的选择。这种内在认同为个体的外在行为提供了方向，同时也塑造了个体在社会中的行为模式。

外在维度是通过行为和外表展示自我。外在维度是个体通过行为、语言、服饰等具体形式向外界传递自我认同的途径。时尚消费是外在维度的一种重要表现形式。通过选择特定风格的服饰，个体可以将其内在认同外化为可感知的符号，向他人传递自我形象和价值观。例如，一个关注环保的人可能会选择宣示"可持续发展"理念的服饰品牌，以此传递自己对环境保护的重视；而一个崇尚极简主义的人则可能通过穿着简约设计的服装来表达其对生活美学的追求。

内外维度的结合使自我认同在心理层面和行为层面同时得以展现。时尚消费不仅是个体对内在认同的外化表达，也是一种通过社会互动获得反馈和进一步塑造认同的过程。这种内外结合的特性使自我认同成为一个动态的、不断发展的心理机制。

社会认同理论（Social Identity Theory）由社会心理学家亨利·泰弗尔（Henri Tajfel）提出，旨在解释个体如何通过所属群体定义和理解自己的社会身份。[1]该理论强调，个体的自我概念不仅源于个人特质，还深受其所归属的社会群体影响。社会认同包括两个关键过程：内群体认同和外群体区分。

内群体认同指个体对所归属群体的归属感和认同感。通过与群体共享特征（如穿着风格、语言习惯、价值观等），个体强化自身的社会身份。

---

[1] Social identity and intergroup relations[M]. Cambridge University Press, 2010.

这种认同感使个体在群体中找到归属，增强自尊和自信。例如，穿着特定品牌服饰的消费者可能通过这种方式表达对该品牌文化的认同，从而在同好者中获得归属感。

外群体区分指个体通过展示与其他群体的差异，强化自己与内群体的归属关系。这种区分有助于明确群体边界，增强群体凝聚力。通过强调与外群体的不同，个体和群体成员共同维护群体的独特性和地位。例如，某音乐流派的粉丝可能通过特定的服饰和行为方式，区别于其他流派的粉丝，以此强化自身群体的独特性。

社会认同理论在解释群体行为、偏见、歧视等社会现象方面具有重要意义。它揭示了个体如何通过群体归属感和群体间的比较，形成和维护自我概念。这一理论为理解社会行为提供了新的视角，强调了群体在塑造个体身份中的核心作用。

二、作为自我表达和社会认同工具的时尚消费

（一）"无声的语言"

时尚被称为"无声的语言"，它为个体提供了一种非语言的表达方式，通过穿戴服饰、配饰等时尚消费品传递内在的个性、情感和价值观。个体在选择特定的时尚元素时，实际上是在外化自己的兴趣、偏好和生活态度，让他人通过视觉符号解读其内心世界。这种表达方式不仅具有高度的个性化，还蕴含深刻的社会互动意义。

时尚消费是个体表达独特性的有效途径。通过选择特定的服饰风格、颜色搭配或品牌，个体可以在日常生活中传递自己的个性。例如，一个偏好简约风格的人可能通过素雅的服饰表达对极简主义生活态度的追求，而一个热爱艺术的人可能通过穿戴设计感强烈的单品体现其创意和

与众不同的审美趣味。时尚这种"无声的语言"的特性，使得个体可在群体中展现独特的自我时"此时无声胜有声"。

通过时尚消费表达个性，不仅是对外的展示，也是对内的自我认同和强化。心理学研究表明，当个体选择与自身价值观和理想形象一致的服饰时，其内心会产生积极的情感体验，增强自我认同感和信心。穿着符合自我认同的时尚单品，能让个体更加自信地面对社会互动，感受到自身形象与自我身份的高度契合。

时尚不仅是个体自我表达的工具，也是社会互动的桥梁。通过穿着与群体风格一致的服饰，个体能够融入特定的社交圈；通过独特的搭配，又能在群体中凸显个性。正因如此，时尚成了一种沟通自我与社会的无声而有效的语言。

（二）巩固自我认同

时尚消费不仅是个体表达自我的一种手段，更是自我认同形成和巩固的重要方式。在心理学视角下，自我认同是个体对自身身份、价值观和社会角色的主观理解和接受。通过时尚消费，个体可以将内在的认同外化为具体的行为和符号，进一步强化这种认同感。

心理学研究表明，穿着符合自我认同的服饰可以显著提升个体的自信心。服饰作为一种外在表达，能够影响个体对自身形象的评价。当个体选择与自身价值观和理想形象一致的服饰时，其内心会体验到一种自我强化的积极感受。例如，穿着职业装的个体可能感到自己在工作中更加专业和高效，而选择休闲风格的服饰则可能感到更舒适和自由。这种认同强化会让个体在面对社会互动时更加从容和自信。

时尚消费还与心理舒适度密切相关。当个体的服饰选择能够准确反映其内在认同时，会带来一种与自我高度契合的满足感。例如，一个崇尚环保的人穿着可持续发展品牌的服饰时，会因为自己的选择符合个人价值观而感到心理舒适。这种契合不仅增强了自我认同，还让个体更加坚定地坚持其核心价值观。

通过时尚消费，个体不仅强化了对现有身份的认同，还能够塑造新的自我形象。例如，一个希望变得更自信的人可能会尝试选择鲜艳和设计大胆的服饰，以此塑造理想的自我形象。这种行为在外部反馈的强化下，逐渐内化为个体对自我认同的一部分，形成了时尚消费与自我认同的良性循环。

（三）社会角色的表达

消费者的社会角色是其社会身份的重要组成部分，不同的角色通常伴随着相应的社会期望和行为规范。时尚消费是个体适应和强化这些角色的重要方式。通过选择符合个人社会角色的服饰，消费者不仅满足了外部环境的要求，还进一步内化了角色特质，强化了对自身社会角色的认同。

社会角色是指个体在特定情境下所承担的职责或身份，这些角色通常伴随着明确的着装期待。例如，职场中的专业角色通常要求穿着正式的商务服饰，如西装或套装，以传递专业性、可靠性和权威性。而学生这一角色则倾向于选择舒适、实用的休闲服饰，体现活力和青春特质。这种服饰选择不仅有助于个体在角色中表现得体，还帮助其在不同社会情境中适应周围的环境。

通过选择与社会角色匹配的时尚元素，消费者能够增强对自身角色的认同感。例如，穿着符合职业身份的服装可以帮助个体更自然地融入工作情境，从而强化其对自身角色的适应性和认同感。反之，当服饰选择与社会角色不符时，个体可能会感到不适，从而影响其社会表现。

许多消费者同时承担着多个社会角色，例如职场角色与家庭角色。在这种情况下，时尚消费成为平衡这些角色的重要工具。例如，一位职场母亲可能在工作时选择职业套装,在家庭场景中则倾向于选择舒适的休闲服饰,以应对不同情境的需求。通过这种灵活的时尚选择,消费者在多角色中找到平衡,并通过服饰适应不同的社会期望。

第二节　社交互动与群体归属

时尚消费具有促进社交互动与满足群体归属感的功能。个体通过选择某些品牌或风格，不仅在社交场合中建立人际联系，还能表现对特定群体的归属感。时尚是建立社交货币的重要工具。消费者通过炫耀性消费，例如在社交媒体上分享奢侈品或限量款穿搭，获得点赞与评论，进而增强对自我价值的肯定和对他人认同的感受。同时，群体归属感通过模仿群体着装风格得以强化。无论是校园中的潮流着装，还是职场中的商务着装，消费者都通过这种象征行为融入群体并获得社会认同。

一、时尚与社交货币的建立

时尚元素作为一种视觉符号，已成为现代社会中不可或缺的社交工具。个体通过选择特定品牌、风格的消费品，不仅表达了自我，还在社交场合中传递自己的形象，吸引他人的注意。尤其是在社交媒体盛行的当代，时尚表达作为积累"社交货币"的重要方式，进一步提升了其在社交互动中的价值。

社交货币是指个体通过自身行为、形象或资源在社交网络中积累的影响力和吸引力。通过时尚消费产生的时尚表达正是社交货币的重要来源之一，消费者通过精心搭配或选购流行单品，将自己的时尚品位转化为社交资本。例如，在 Instagram、TikTok 等平台上，用户上传的穿搭照片或短视频常常成为点赞和评论的焦点，这种互动不仅增强了发布者的自我价值感，还进一步提升了他们在社交网络中的受欢迎程度。

炫耀性消费在社交货币积累中扮演了关键角色。消费者通过展示奢侈品、高端品牌或限量款单品，向外界传递经济实力、品位和地位的信息。例如，一位用户晒出新款 Gucci 包袋或定制运动鞋，很可能会吸引大量的关注和讨论。通过这些炫耀性行为，消费者将自身形象与特定的品牌或趋势关联，塑造了更受欢迎的社交身份。

社交媒体为社交货币的积累提供了前所未有的舞台。平台的视觉特性和传播机制使得用户能够快速分享自己的时尚选择并获得反馈。社交媒体对社交货币的积累具有重要影响：(1) 快速传播与网络扩展。社交媒体的即时性使得时尚内容可以迅速传播。一个精心设计的穿搭视频或照片可以在短时间内获得大量点赞、评论甚至转发，从而帮助发布者扩展其社交网络。例如，用户分享的限量款单品或独特风格穿搭视频可能会被同好者关注甚至模仿。这种互动不仅增强了用户的可见度，还提升了其在特定圈层中的认同感和影响力。(2) 视觉冲击与吸引力。社交媒体良好的展示效果强化了时尚单品的冲击力。独特的设计、亮眼的配色或稀缺性高的时尚单品更容易引发社交平台上的讨论与互动。例如，一件设计前卫的外套或一双限量款鞋子能够迅速吸引用户的注意力，成为社交媒体上的热点内容。视觉上的强烈吸引力使得时尚成为用户表达个性和吸引关注的重要工具。(3) 多样性表达与持续互动。社交媒体为用户提供了展示不同风格的机会，让时尚表达拥有动态的方式。用户可以通过日常穿搭分享、节日主题风格塑造或季节性流行趋势推荐等展示多样化的时尚选择。这种持续性的动态行为吸引了更多的关注和互动，为用户积累社交货币提供了持久的动力。

社交货币不仅能提升个体的短期社交影响力，还具有长期价值。例如，一个拥有独特穿搭风格的用户可能会被视为时尚领域的意见领袖，从而吸引品牌合作或粉丝追随。这种影响力反过来又提升了社交货币的价值，使时尚消费成为自我形象品牌化的重要工具。

社交货币的建立不仅对个体有益，也反映了当代社会对视觉文化和外在表现的重视。消费者通过穿着推荐的时尚商品参与社交互动的同时，也在重塑社会对个人形象和身份的认知。在这种文化背景下，时尚不再是单纯的个人选择，而是一种社会行为和互动策略。

二、群体归属感的塑造

群体归属感是个体在社会生活中的基本心理需求之一，而时尚消费在满足这一需求方面扮演着重要角色。通过选择特定的穿搭风格或品牌，消费者能够明确自己在社会中的位置，并融入特定的社会群体。这种归属感的塑造不仅满足了个体的心理需求，还强化了群体的凝聚力和文化认同。

消费者在选择穿搭风格时，往往受到所在群体的价值观和行为规范的影响。通过模仿群体中常见的时尚元素，个体能够快速融入其中。例如，在年轻人中流行的街头文化群体，宽松剪裁衣服、运动鞋和大胆的图案设计成为典型标志。通过穿着这些特定风格的服饰，个体能够传递"我是街头文化的一部分"的信息，从而在群体中获得认同感。

这种模仿行为不仅帮助个体融入群体，还通过共享的时尚符号强化了群体的统一性。同时，特定群体的时尚风格还具有排他性，通过区分内群体和外群体，使得群体成员的归属感更加深刻。

社会认同理论指出，个体的归属感不仅来源于对内群体的认同，还通过与外群体的对比来强化。例如，职场人士在正式场合选择经典西装、简约领带和商务鞋，既体现了对职业身份的认同，也通过这一风格与非正式着装的群体（如艺术创意行业的休闲风格）进行区分。这种与外群体的对比进一步明确了个体在特定群体中的地位与角色。

三、时尚消费在社交互动中的桥梁作用

时尚作为一种外在表达方式，不仅是个体自我形象的展示，也在社交互动中起到了连接人与人的桥梁作用。通过选择适合特定场合的服饰，消费者能够传递自我信息、建立第一印象，并在进一步的互动中维系关系。这种桥梁作用体现在时尚作为话题的载体和情感连接的媒介两个方面。

时尚消费为社交场合提供了自然的话题。穿着一件新潮的外套、一双设计独特的鞋子或使用一个限量款的包袋，往往能够吸引他人的关注并引发讨论。这种互动使得消费者成为社交场景中的焦点，并为后续对话打开了空间。

心理学研究表明，个体在首次见面时通常会基于外表建立对他人的初步印象。时尚元素作为外在形象的重要组成部分，可以传递个人的审美、身份和价值观等信息。例如，一位穿着得体、搭配精致的人往往能够迅速赢得他人的好感，从而为进一步的交流创造有利条件。

时尚元素在陌生人之间的互动中，尤其在非正式场合，常被用作破冰工具。一件引人注目的单品，例如一件设计特别的夹克或一款手工制作的饰品，可能会引发"你的衣服很特别，在哪里买的？"这样的对话。这种轻松愉快的互动不仅能帮助个体化解尴尬，还促进了情感交流，使双方更容易建立联系。

在长期关系中，时尚消费作为一种象征行为，能够增强人与人之间的情感连接。例如，情侣、朋友或家人通过共同的时尚选择或风格偏好，增强彼此的情感纽带。情侣可能会选择类似风格的服饰，例如穿着颜色搭配一致的衣服或佩戴相似的配饰，向外界展示他们的亲密关系。这种行为不仅是一种视觉上的同步，也是情感上的共鸣。例如，情侣装常被

用作表达亲密关系的方式，通过选择统一的风格向外界传递彼此之间的默契与深情。朋友之间也可能通过时尚选择加强彼此的联系。例如，两位朋友可能热爱同一品牌或风格，因而形成一种独特的群体身份。这种共享的时尚喜好，不仅增加了共同话题，还增强了彼此间的认同感和归属感。一起逛街购物或讨论新款时尚单品，也成为他们维系关系的重要方式。

　　时尚消费的桥梁作用还体现在它能够帮助个体在不同的社交场合中适应环境。例如，在正式场合中，选择得体的商务装可以增强自信，赢得他人的尊重；在非正式场合中，休闲而又独特的穿搭则能够帮助个体显得更加亲近和易于接触。通过个人时尚风格的构建，个体能够更好地调整自身形象，以适应不同的社交需求，从而在互动中建立更加融洽的关系。

第三节 情感与心理满足

时尚消费不仅是一种物质需求的满足,更是一种深层次的心理体验。通过选择、购买和拥有时尚单品,消费者可以在多个层面上获得情感和心理满足。这种满足不仅体现在提升外在形象和自信心上,还贯穿于整个消费过程的愉悦体验中。

一、提升外在形象与自尊

服装和配饰作为外在形象的直接体现,不仅影响个体的外观,也深刻作用于其自我感知、心理状态以及社会互动。心理学研究表明,穿着选择与自尊和自信水平密切相关。当个体选择的服饰符合其内在价值观或理想形象时,他往往会感受到心理上的积极变化。这种影响既来自个人对自我形象的认同,也来自外界的关注和认可。

1. 外在形象与自我感知

一方面,穿着对个体自我感知的影响是直观而深刻的。服饰不仅是个体品位的象征,更是内在心理状态的外化表达。例如,得体的职业装常被认为能够提升穿着者的专业形象。当个体在正式场合中穿着笔挺的西装或剪裁精良的套装时,他往往会感受到一种专业性和掌控力的提升。这种外在形象的改变,不仅能帮助个体更好地适应场景需求,也强化了其内在的角色认同。

另一方面,一件符合潮流的时尚单品,例如一双限量款运动鞋或一件设计感强烈的外套,能够让消费者在社交场合中吸引更多关注。被人称赞或欣赏的穿着选择,能够显著增强个体的自信心,使他们在互动中表现得更加自如和从容。

2. 心理状态的积极影响

穿着符合自身价值观的服饰，不仅是一种美学选择，更是一种心理满足。当服饰选择反映出个体理想的自我形象时，心理上的认同感会增强。例如，一个崇尚简约主义的人选择极简风格的服饰，可能会感受到自身审美与生活理念的一致性。这种认同感让个体在心理上更接近理想的自我，从而带来更加积极的情感体验。

此外，研究表明，穿着亮色、设计活泼的服饰可以缓解压力、提升情绪。这种心理作用使得时尚消费不仅是一种物质需求的满足，更成为一种调节情绪的方式。

3. 社会互动与竞争力的提升

穿着对社会互动的影响体现在它能够增强个体的社会竞争力。服饰不仅是个人风格的展示，更是一种"社会信号"。在人际交往中，得体的穿着能够传递专业、可靠或与众不同的信息。例如，在求职面试中，穿着合适的职业装能够提升第一印象，让面试官感受到应聘者的认真和专业态度。同样，在非正式场合，穿着时尚单品能够引发讨论，拉近与他人的距离，促进社交互动。

时尚不仅帮助个体建立第一印象，还在持续的社交互动中巩固这一形象。被认同的穿着选择会为个体带来更多积极反馈，进一步提升其社会认可度。这种外界的肯定反过来强化了个体的自信心，形成一个正向的心理循环。

4. 外在形象与心理的互动

服装和配饰的作用远不止于外观，还通过外在形象的塑造深刻影响个体的心理状态和社会表现。个体选择与自身价值观契合的服饰，不仅满足了对美的追求，还强化了对自我形象的认同。无论是在正式场合中提升专业感,还是在社交场合中吸引关注,服饰都成为连接内在心理与外在世界的重要桥梁。这种外在形象的提升让个体在个人生活和社会竞争中更加自信,为其带来积极的心理和社会效应。

二、即时满足与情感激励

心理学中的"即时满足理论"(Immediate Gratification Theory)能够很好地解释时尚消费带来的短期情感激励。这一理论指出,当个体能够快速实现某种期待或需求时,他会体验到显著的愉悦感和满足感。时尚消费的即时性和感官愉悦特性,使其成为消费者追求即时满足的典型表现形式。

1. 购买与拥有带来的快感

购买和拥有新的时尚单品,往往能为消费者带来即时的愉悦感和成就感。这种情感满足源于"即时收获"的心理快感。例如,消费者在购买限量款手袋或尝试热门的时尚单品时,会感到自己紧跟潮流、眼光独到,从而获得心理上的优越感。这种满足不仅是对商品本身的喜爱,更是对自身品位和时尚敏锐度的一种认可。

同时,时尚商品的独特性和稀缺性也会进一步增强这种情感激励。例如,拥有一件限量发售的单品,不仅让消费者感受到商品的独特价值,还带来一种与众不同的身份认同感。这种心理满足既能增强消费者的自信心,也让其在社交场合中更加从容。

2. 购物过程的愉悦体验

时尚消费的情感激励不仅体现在商品的购买和拥有上,还贯穿于整个购物过程中。从挑选到购买再到试穿,每一个环节都能带来心理上的愉悦。例如,消费者在购物时会体验到探索和选择的乐趣,而试穿时尚单品的过程,则能够让其在不同风格中找到最符合自身形象的搭配。这种不断接近理想选择的过程,实际上也是一种即时满足的延续。

特别是在购物成功或获得折扣时,这种愉悦感会进一步放大。消费者不仅享受到拥有商品的快感,还会因自身的"成功决策"而感到满足。例如,在打折季购买心仪已久的服饰,消费者不仅感受到自己在经济上的智慧决策,还体验到一种双重成就感——既满足了对时尚的追求,又实现了物超所值的消费目标。

3. 即时满足的心理机制

即时满足的情感激励作用,与消费者的心理需求密切相关。在快节奏的现代社会中,消费者往往希望能够通过快速的行为和反馈实现短期的情感舒缓,而时尚消费正好契合了这一需求。时尚商品以其视觉冲击力和独特设计,能够在瞬间抓住消费者的注意力,而购买行为则能够让这种吸引转化为具体的满足感。这种迅速的情感回馈,不仅能缓解压力,还能在短时间内提升幸福感。

4. 长期影响与即时满足的平衡

尽管即时满足提供的是短期的情感激励,但其影响并非短暂。购买时尚单品带来的愉悦感,往往能够通过商品的使用和展示延续下去。例如,一件能够频繁使用的经典时尚单品,不仅能让消费者在购物当下感到满足,还能在日后的社交场合中持续带来愉悦体验。

即时满足是时尚消费的重要心理驱动力。无论是限量款的独特价值,还是折扣季购入的双重成就感,时尚消费通过其即时满足特性和感官愉悦特性,为消费者提供了强大的情感激励。在快速变化的社会环境中,时尚消费不仅满足了人们追求即时收获的心理需求,也通过购买过程和商品使用延续了这种满足感,使得时尚消费成为调节情绪和提升幸福感的重要方式。

三、消费过程中的愉悦体验

时尚消费所带来的心理满足感远不止于拥有商品的最终结果，还贯穿于整个购物过程的每一个环节。从挑选商品到试穿服饰，再到做出购买决策，消费者在这一过程中不断体验愉悦感，这种愉悦感源于探索、尝试和自我表达的多重心理需求。

1. 挑选商品的探索乐趣

购物过程中的第一个环节是商品的挑选，这本身就是一种满足心理需求的体验。消费者在面对众多商品时，会不断筛选和对比，尝试找到与自己价值观、审美或生活需求契合的单品。这种探索的过程会带来一种寻宝般的乐趣，不仅让消费者感到兴奋，也激发了其好奇心和创造力。挑选商品时的专注和期待感能够让人暂时摆脱日常压力，从而体验到情绪上的放松。

2. 试穿中的自我探索

试穿是时尚消费中不可忽视的重要环节，它不仅是一种功能性的行为，更是消费者探索自我形象的有趣过程。在试穿过程中，消费者能够尝试不同的风格和搭配，从而体验"扮演不同角色"的乐趣。例如，一个平时习惯穿休闲装的人，可能会在试穿职业装时感受到自己全新的形象，这种尝试不仅让他发现新的可能性，也为他在心理上带来了愉悦和满足。

此外，试穿能够让消费者更清晰地感受到服饰与自身的契合度，无论是颜色、剪裁还是面料，都在为消费者创造一种全方位的感官享受。这种互动性的体验让购物过程充满了发现自我和表达个性的可能。

3. 购物环境对愉悦感的强化

购物体验的愉悦程度很大程度上受到环境的影响。线下购物时，优雅的店铺布置、专业的导购服务和温馨的氛围能够显著提升消费者的满意度。例如，灯光柔和、陈列艺术感强的高端时尚店，能够让消费者感到自己被重视，从而增强购物的仪式感和满足感。热情的导购服务则能够为消费者提供搭配建议和购买指导，让整个购物过程更加轻松愉快。

线上购物同样在优化消费体验方面做出了努力。多样化的选择、快速精准的物流服务以及个性化推荐算法，都让消费者感到购物过程更加便捷和高效。例如，一些电商平台通过分析消费者的喜好，精准推荐其可能感兴趣的单品，让消费者感到商品"被量身定制"。这种贴心的服务让消费者体验到被理解和受重视的愉悦。

4. 购买决策的成就感

做出购买决策是购物过程中的关键环节，也是消费者体验心理满足的重要时刻。在这一节点，消费者通过权衡商品的价格、品质和实用性，最终选择心仪的单品，通常会体验到一种强烈的成就感。这种感受源于消费者对自身决策能力的认可，他认为自己不仅获得了喜爱的商品，还在经济和价值层面做出了合理安排。

购买时的成就感往往伴随着"明智选择"的心理反馈。例如，消费者在打折季购得优质商品时，不仅因为节省了开支而感到满意，还因为商品的品质或设计符合自身需求，从而获得双重满足。这种"物超所值"的体验能够显著提升消费者的心理愉悦感和满意度。

在许多情况下，消费者会将购物视为一种挑战，特别是在面对复杂的选择时。通过比较价格、评估质量以及获取额外优惠（如折扣或促销活动），他感到自己在消费过程中表现出了理性和智慧。例如，找到性价比高的经典时尚单品，既满足了对潮流的追求，又完成了"聪明消费"的目标。这种心理奖励进一步增强了购物带来的成就感。

购买决策带来的成就感并不仅限于购买当下，而是能够通过商品的使用和展示持续延续。例如，一件经典时尚单品在不同场合中的成功搭配，会不断强化消费者对当初购买决策的认可，进一步提升他的自信心和满足感。

时尚消费的愉悦体验贯穿于整个购物过程，每个环节都充满了探索、发现和满足的可能性。从挑选商品的乐趣，到试穿中的角色扮演，再到购物环境的优化和购买决策的成就感，消费者在这一过程中不断获得心理上的满足。无论是线下的沉浸式购物体验，还是线上个性化服务的贴心设计，这种愉悦感都让时尚消费成为一种缓解压力、提升幸福感的美好体验。

四、情感认同与长期满足

时尚消费不仅带来了短期的即时满足，还能够为消费者提供深层次、长期的情感认同。这种认同感超越了物质消费的范畴，延伸至文化、价值观和社会意义的领域，使时尚成为一种连接个体与社会的重要桥梁。

1. 品牌选择与价值观认同

消费者通过选择符合自身价值观的品牌，表达对特定文化或社会理念的认同。例如，选择环保时尚品牌的消费者，不仅在当下体验到购买行为的愉悦，还在长期过程中感受到参与环保事业的价值。这种行为满足了消费者对自身责任感和社会影响力的追求。例如，品牌如 Patagonia 和 Stella McCartney 因其可持续发展理念而受到欢迎，这些品牌的顾客通过消费感受到自己正在为环境保护贡献一份力量。这种情感认同超越了商品本身，成为连接消费者与品牌的纽带。

2. 文化归属感与身份认同

通过时尚消费，消费者还能够强化自己的文化归属感和身份认同。

例如，选择融入传统文化元素的现代设计品牌，不仅是对个人审美的表达，也是对民族文化认同的彰显。一些品牌通过将地方特色、传统技艺融入设计，赢得了关注传统文化的消费者。这种选择让消费者在全球化的时尚市场中找到自身文化的存在感和自豪感，从而实现长期的情感满足。

3. 时尚消费的社会意义

长期情感认同还体现在消费者对社会议题的关注中。选择支持性别平等、多样性或慈善事业的品牌，可以让消费者将自己的时尚消费行为与更广泛的社会价值联系起来。例如，通过购买部分收入捐赠慈善机构的限量款服饰，消费者会感到自己正在参与一种有意义的行动。这种认同感增强了消费者的幸福感，使时尚消费成为一种社会价值的实践。

4. 长期认同与个体幸福感的提升

长期的情感认同让消费者在时尚消费中找到物质与精神之间的平衡。时尚消费不仅是外在形象的塑造工具，也成为消费者表达自我、实现价值观的渠道。例如，一个热衷于创新设计的人，通过支持独立设计师品牌，能够感受到自己对创意行业的支持，这种认同感在使用商品时得以持续强化，进一步提升了消费者的幸福感。

第四节　文化传播与价值观体现

时尚元素作为一种独特的视觉语言,是文化传播的重要媒介,不仅反映社会文化趋势,还推动了价值观的形成和传递。通过精彩设计、精致营销和精准品牌定位,时尚行业在全球化背景下连接了多样化的文化体系,使其成为一种跨文化交流的桥梁。时尚品牌通过设计语言和营销活动向消费者传递文化价值观。例如,可持续发展的品牌通过环保型设计吸引关注社会责任的消费者,帮助他们通过时尚消费表达自己的环保态度。

一、时尚与价值观的结合

时尚不仅是一种外在表现形式,更是传递和推动特定价值观的重要途径。通过设计、营销和品牌定位,时尚品牌在影响消费者行为的同时,也对社会价值观的传播和塑造发挥着重要作用。如今,越来越多的时尚品牌利用其文化影响力,倡导可持续发展、性别平等和多样性等理念,使时尚消费超越了物质范畴,成为一种社会价值观的积极表达。

1. 推动可持续发展的价值观

在全球环境问题日益突出的背景下,许多时尚品牌通过推广可持续发展理念影响人们的消费选择。例如,Patagonia 和 Stella McCartney 等品牌在设计中使用可回收材料、采用低碳制造工艺,并提倡减少不必要的消费。这些品牌通过创新的设计和明确的品牌定位,将"可持续时尚"深植于消费者的意识之中。

这种价值观的传播不仅改变了消费者的时尚消费观,还促使他们关注环境问题,支持更加负责任的消费行为。消费者选择这些品牌的产品,不仅因为它们满足了美学需求,还因为它们体现了对环保事业的支持。这种消费行为已不再局限于购买商品本身,而成为消费者对承担社会责任的主动参与和表达。此外,可持续时尚的传播还推动了整个行业对环保技术的重视,促使更多品牌开始探索更加环保和可持续的设计和生产方式。

2. 推动性别平等和多样性

时尚品牌还通过设计和营销活动推动性别平等和包容等社会价值观的传播。例如,Gucci 等品牌在广告和产品设计中模糊性别界限,推出无性别系列,挑战传统的性别分类。这些产品不仅在设计语言上具有前卫性,还通过倡导包容多样的文化价值观,吸引了更多具有前瞻意识的消费者。

选择这些品牌产品的消费者,不仅是为了展示自己的时尚品位,更是在表达对性别平等和包容的支持态度。例如,无性别服饰不仅打破了性别限制,还鼓励消费者以更豁达的方式看待个人身份和表达方式。这种多元价值观的传播,让时尚成为推动社会进步的重要力量。

3. 时尚与消费者的互动

通过传递这些特定的价值观,时尚品牌与消费者之间建立了更深层次的情感连接。消费者选择符合其价值观的品牌,实际上是在通过时尚消费表达自身的态度。例如,购买支持环保的品牌是对可持续发展理念的认同;选择强调多元文化的产品,则是对包容性和平等的积极回应。

这种互动不仅提升了消费者的购物体验,还为品牌塑造了更高的文化价值。品牌通过设计和营销的创新,不仅满足了消费者对美的追求,还帮助消费者通过购买行为参与到更广泛的社会对话中。

时尚与价值观的结合,使得时尚消费不仅停留在物质层面,更成为一种表达社会责任和参与社会议题的途径。通过推动可持续发展、性别平等和包容性等理念,时尚品牌在影响消费者选择的同时,也为社会价值观的传播和塑造作出了积极贡献。这种结合使时尚消费成为消费者与品牌之间的深层次互动，也为时尚行业在社会进步中发挥更大作用提供了契机。时尚因此不只是生活方式的体现，更是社会价值的象征。

二、民族与地域文化的传播

时尚作为一种独特的表达媒介，不仅展示了个人的品位和风格，更是连接地域文化与全球市场的桥梁。通过将传统文化元素融入现代设计，时尚品牌赋予本土文化以新的生命力，同时使这些文化在全球范围内得到更广泛的传播。

1. 传统文化与现代设计的结合

许多时尚品牌通过创新设计，将民族文化符号融入服饰和配饰中，创造出兼具传统底蕴和现代美学的时尚单品。例如，中国的设计师品牌在国际时装周上展示了以传统刺绣、山水画和书法为灵感的服装设计，这些作品不仅表现了中国文化的精髓，还通过现代化的剪裁和工艺吸引了全球时尚界的目光。这种结合让全球消费者感受到中国文化的深厚底蕴，同时也使传统艺术以更亲近现代生活的方式被接受和传播。

类似地，日本的和服元素被重新演绎并融入当代时尚中。宽松的剪裁、折叠的样式以及传统和服的图案，被日本设计师以现代时尚的形式重新定义，不仅吸引了日本本地消费者，还在国际市场中引发了广泛关注。这种创新让和服文化走出了传统场合，成为全球时尚的重要元素。

2. 文化传播与消费者的认同

通过购买具有民族或地域文化特征的时尚单品，消费者能够表达对本土文化的认同，同时参与到文化的跨地域传播中。例如，消费者选择印有山水画元素的现代服装，不仅是在表达个人的美学观念，也是在支持本土文化的现代化转型。这种购买行为不仅彰显了消费者对传统文化的欣赏，也体现了他们对文化多样性和可继承性的关注。

此外，国际市场的消费者也通过这些设计感受到不同文化的魅力。例如，西方消费者购买融合非洲图案和色彩的服饰，不仅是对独特设计的欣赏，更是对非洲文化的认可与尊重。通过这种跨文化的时尚选择，消费者得以体验不同文化的美学，并建立对多元文化的理解和包容。

3. 跨文化交流与文化多样性

时尚在全球化进程中成为跨文化交流的重要平台。通过设计合作、文化联名和国际推广，不同国家的品牌和设计师能够向世界展示其独特的文化元素。例如，Louis Vuitton与非洲艺术家的跨界合作，将非洲传统图案与奢侈品牌的现代设计结合，创造出既具有文化深度又符合国际审美的作品。这种设计不仅为奢侈品牌注入了新的活力，也让非洲文化走向了更大的国际舞台。

这种跨文化的时尚交流，不仅促进了文化的多样性，也让消费者体验到了不同文化的融合之美。通过时尚这一媒介，地域文化不再局限于本土，而是通过服饰这一"流动的文化符号"与全球消费者建立联系。

4. 民族文化传播的意义

民族与地域文化通过时尚得以传播，不仅是文化自信的体现，也是文化包容性的体现。消费者通过支持和选择具有文化元素的时尚单品，既满足了审美需求，也在潜移默化中推动了文化的传播与认同。例如，当代年轻人在重要场合选择融入传统刺绣或织物的服饰，既表现了对传统文化的尊重，也展现了他们对文化传承的认同和支持。

同时，这种文化传播让更多人意识到文化多样性的价值。通过时尚，全球化进程中的文化对话更加深入，人们对其他文化的理解和包容也得到了增强。

三、全球化背景下的跨文化交流

在全球化的背景下，时尚消费成为连接不同文化的重要纽带。品牌通过设计语言和营销策略将多种文化元素融合在一起，为消费者提供跨文化体验。例如，Louis Vuitton 与非洲艺术家的跨界合作，将非洲传统图案融入现代设计，展示了文化交流的可能性。消费者在选择这些品牌时，不仅是在购买商品，更是在参与跨文化的对话。

此外，快时尚品牌通过迅速捕捉全球潮流，将多样化的设计引入市场，进一步推动了文化的交流与融合。这种全球化的时尚模式，使得不同地域的消费者能够轻松接触到来自其他文化的时尚元素，例如亚洲的韩流风格、西方的街头文化等。通过欣赏、体验和选购时尚商品，消费者得以体验不同文化的美学和价值观，从而增强了对多元文化的理解和包容。

四、时尚文化传播的社会意义

时尚行业作为文化传播的重要媒介，其社会意义远超视觉艺术的范畴，不仅通过商业经营推动了审美文化的发展，还在更广泛的层面上促进了文化多样性的融合和社会价值观的认同。通过设计、营销和跨文化合作，时尚行业在连接全球消费者的同时，也为社会带来了深远的积极影响。

1. 推动文化多样性与包容性

时尚文化传播的首要意义在于促进文化多样性和包容性。通过融合不同地域和民族的文化元素，时尚行业打破了文化间的隔阂，为全球消费者创造了交流与理解的机会。许多品牌通过融入亚洲、拉美等地区的文化元素，将当地特色推向全球市场。这种传播方式不仅丰富了时尚的表现形式，还增强了人们对多元文化的理解和包容。

通过时尚推广，消费者可以在日常生活中融入和体验其他文化的美学。例如，穿着含有民族图案的现代化服饰，既展示了时尚态度，又表达了对多样文化的认同。这种包容性帮助不同文化在全球化进程中保持其独特性，同时通过时尚语言进行对话和融合。

2. 促进社会价值认同

时尚作为一种文化传播工具，不仅关注美学，还承担着推动社会进步的责任。例如，支持可持续发展的品牌通过创新设计和宣传活动，将环保理念传递给消费者，唤起更多人对环境问题的关注。品牌如 Patagonia 和 Stella McCartney，通过强调可持续材料和低碳生产工艺，引导消费者选择更加负责任的消费模式。这种文化传播不仅增强了消费者的环保意识，还推动了全社会对环境保护的共识。

此外，时尚品牌也通过设计语言和营销活动推动性别平等、包容性和社会公平。例如，Gucci 推出无性别服饰系列，强调性别包容性，促进消费者对性别平等的认同；Ralph Lauren 通过支持 LGBTQ+ 群体的公益活动，用时尚语言传递平等与尊重的社会价值。时尚文化传播的社会意义在于不仅让消费者在选择时尚商品时感受到与品牌价值观的一致性，也让时尚成为推动社会议题的重要载体。

3. 时尚文化传播与全球化的互动

在全球化的背景下，时尚行业通过跨文化合作和创新设计，进一步增强了文化间的相互理解。例如，东西方设计师之间的合作将中国传统文化元素（如山水画、刺绣）融入国际时尚舞台，同时也将西方的极简设计和剪裁带入亚洲市场。这种文化的双向传播，使得时尚行业不仅是产品的交换，更成为不同文化之间的桥梁。

时尚行业还帮助消费者通过购买行为参与全球化进程。例如，购买含有本地文化元素的国际品牌商品，不仅是支持全球时尚产业的行为，也是一种促进文化交流的行为。这种互动让消费者在日常生活中实现了文化的分享与传递，进一步加深了对全球化的认同。

4. 时尚作为社会文化的催化剂

时尚文化传播的社会意义在于它能够跨越审美的边界，推动文化多样性融合和社会价值的认同。在促进文化包容性方面，时尚通过设计和跨文化合作，让不同文化在全球化中找到共同点，同时保持各自的独特性；在促进社会价值认同方面，时尚品牌通过设计语言和传播活动关注环境保护、性别平等和社会公平等议题，让消费者通过购买行为参与到更广泛的社会对话中。

通过时尚消费，消费者不仅满足了对美的追求，也在更深层次上实现了文化交流与社会价值认同。作为文化传播的重要媒介，时尚行业连接了个人、社会与全球，成为推动文化融合和社会进步的重要力量。

第 3 章

行为经济学视角下的
时尚消费

行为经济学为理解消费者在时尚消费中的决策过程提供了独特的视角。传统的经济学假设消费者是完全理性的决策者，总是以最大化效用为目标。然而，行为经济学指出，消费者在现实中的决策往往受到心理偏差、情感驱动和社会规范的影响。时尚消费尤其如此，消费者在购买时尚产品时常常不是根据理性计算，而是被情感、社会影响和认知偏差所驱动。本章从行为经济学的角度分析消费者的时尚消费行为，并结合专业文献报告的研究成果进行探讨。

第一节 情境决策与框架效应

一、框架效应

框架效应（Framing Effect）是行为经济学和心理学中的重要概念，指个体的决策和判断会受到信息呈现方式的影响，即使信息的实质内容相同。这一现象最早由阿莫斯·特沃斯基（Amos Tversky）和丹尼尔·卡尼曼（Daniel Kahneman）在1979年提出，他们通过实验发现，人们在面对相同的决策问题时，因信息表述方式的不同而表现出不同的风险偏好。

在经典的"亚洲疾病问题"实验中，参与者被告知一种疾病将导致600人死亡，并需在两种方案中选择其一。当方案以"拯救生命"的正面框架呈现时，参与者倾向于选择确定性较高的方案；而当方案以"死亡人数"的负面框架呈现时，参与者更倾向于选择风险较高的方案。这表明，信息的表述方式会显著影响个体的决策倾向。

框架效应的研究不仅限于风险决策领域，还扩展到健康行为、市场营销和环境保护等多个方面。例如，在健康领域，研究发现，正面框架（如强调健康益处）比负面框架（如强调健康风险）更能有效地促进健康行为的采纳。在市场营销中，产品信息是正面还是负面表述会影响消费者的购买意愿。

关于框架效应的理论解释，最具影响力的是前景理论（Prospect Theory），由卡尼曼（Kahneman）和特沃斯基（Tversky）于1979年提出。该理论指出，人们对损失的敏感度高于对收益的敏感度，即"损失规避"现象。因此，负面框架下的损失描述会引发更强烈的情绪反应，导致人们更倾向于冒险以避免损失。[1]

此外，研究还发现，框架效应受多种因素影响，包括个体的认知风格、文化背景和情境因素等。例如，不同文化背景下的人可能对正面或负面框架有不同的敏感度，这需要在实际应用中予以考虑。

框架效应揭示了人类决策过程中的非理性成分，强调了信息呈现方式对决策行为的深远影响。理解和利用框架效应对于政策制定、健康传播和市场营销等领域具有重要的实践意义。

二、框架效应与消费者购买行为

在时尚消费中，框架效应对消费者决策的影响尤为显著。行为经济学家Tversky和Kahneman的研究表明，消费者在不同情境下对相同信息的反应可能大不相同。例如，当同一商品被标注为"仅剩5件"或"折

---

[1] Tversky A, Kahneman D. Judgment under uncertainty: Heuristics and biases[J]. Science, 1974, 185(4157): 1124−1131.

扣倒计时"时，消费者更可能迅速行动，而不会理性地评估自己是否真正需要该商品。时尚行业正是利用了这一心理特点，通过制造"稀缺性"和"限时特惠"来激发消费者的购买冲动。

（一）限时优惠与损失规避

限时优惠是时尚品牌最常用的促销策略之一，通过制造时间限制，利用框架效应引发消费者的紧迫感，进而影响其购买决策。标签如"限时折扣""仅限今日""倒计时"等不仅让消费者感到时间窗口非常短暂，还在其心理上施加了强烈的压力，迫使他们加速决策过程。这种紧迫感常常导致消费者忽略对商品的实际需求，仅因不想错失优惠而冲动消费。面对"限时"或"限量"的标签，消费者会认为如果不立即购买，就可能错过这个"划算"的机会，进而感到潜在的损失。

这一现象的心理机制可以用"损失规避"（Loss Aversion）来解释。行为经济学家 Tversky 和 Kahneman 的研究表明，人类对损失的敏感度远高于对收益的敏感度。当消费者看到"限时折扣"的信息时，会认为如果不立即购买，将会遭受"未来需要用更高价格购买"这一潜在损失。这种对损失的过度敏感会促使消费者立即采取行动，以避免这种感知中的风险。

快时尚品牌如 Zara 和 H&M 非常善于利用这一策略。他们在促销活动中设置明确的时间限制，例如"48 小时限时特惠"或"折扣结束倒计时"，通过视觉上明确的时间警示强化消费者的紧迫感。消费者在这种时间压力下，往往没有足够时间理性评估自己对商品的实际需求或商品的性价比，而是出于害怕"错过"的心理而快速做出购买决策。

限时优惠的紧迫感不仅能够刺激消费者的购买欲望，还能加速商品的销售周转，特别是在库存商品清理或新品推广阶段。这种策略通过操控消费者的心理，使得品牌在短时间内获得更高的销量，同时强化了"快节奏消费"的品牌形象。在这种框架效应的影响下，消费者的决策过程更多地受到情境塑造的引导，而非基于真实需求的理性判断。

（二）稀缺性与限量款

稀缺性策略是框架效应在时尚消费中的另一重要应用，通过限定商品数量或生产周期，品牌创造了一种"稀缺"的心理效应。这种策略利用消费者对稀缺资源的天然偏好，促使他们认为稀缺性赋予了商品更高的价值，进而激发购买欲望。

1. 奢侈品牌的稀缺性策略

奢侈品牌如 Louis Vuitton、Gucci 等通过限量生产、独家定制等方式，成功将稀缺性转化为品牌高端形象的象征。当商品被标注为"仅限100件"或"独家定制"时，消费者往往会认为这是一个不可多得的机会。这种认知让消费者在购买决策中忽略商品的实际功能或价格合理性，而更多关注其稀缺性所代表的地位和身份认同。

稀缺性策略还增加了商品的附加值。对于限量款商品，消费者不仅购买了产品本身，还获得了一种与众不同的身份标志。这种心理驱动使得限量款商品在二级市场中的溢价空间显著提高，同时进一步强化了品牌的高端定位。例如，某些限量款手袋在发布后迅速售罄，其市场转售价格甚至远超原价。这种现象不仅提升了消费者对品牌的忠诚度，也让品牌在竞争中占据更高的市场地位。

2. 快时尚品牌的稀缺性应用

稀缺性策略并非奢侈品牌的专属，快时尚品牌如 Zara 和 H&M 同样广泛应用了这一策略。与奢侈品牌通过限量生产提升稀缺性不同，快时尚品牌更多地通过快速更替商品系列和缩短上架周期，制造出一种"稀缺"的消费体验。

例如，Zara 每季推出的新款商品通常在短时间内就会下架，取而代之的是下一批新设计。这种短周期的产品更迭让消费者产生一种"现在不买就永远错过"的紧迫感。即使商品并非真正稀缺，这种营造出的稀缺氛围也足以刺激消费者频繁光顾门店或线上商城，担心自己错失最新的潮流。

3. 稀缺性与消费者的非理性决策

稀缺性策略背后的心理机制可以用框架效应和损失规避理论来解释。行为经济学家 Tversky 和 Kahneman 指出，消费者对潜在损失的敏感度远高于对收益的敏感度。当消费者感受到稀缺商品可能"稍纵即逝"时，他们倾向于高估其价值，而低估自己是否真正需要该商品。这种心理促使消费者快速决策，往往在情绪和压力的作用下忽略了商品的实际性价比。

例如，奢侈品牌的限量生产常常伴随着排队、抢购等现象，这种竞争性的购买环境进一步放大了消费者的购买欲望和决策冲动。同样，在快时尚品牌的打折季或换季时，消费者为了避免"错过"，往往会购入超出实际需求的商品。这种非理性行为是稀缺性策略的直接成果。

4. 稀缺性策略的双重作用

稀缺性策略在时尚消费中的作用是双重的。对于品牌而言，稀缺性不仅能提升商品的市场表现，还能通过提高消费者的购买频率来提升整体利润。同时，这种策略还能为品牌建立更强的情感连接和价值认同感。

对于消费者而言，稀缺性策略既提供了与众不同的心理满足感，又可能导致不必要的购买行为。稀缺性的吸引力使得消费者的购买决策更多地受到情绪和情境的影响，而非基于理性判断。这种效应在奢侈品牌和快时尚品牌中表现得尤为显著。

第二节　从众行为与社会规范

时尚消费中的从众行为（Herd Behavior）是行为经济学研究的重要课题之一。它揭示了消费者在不确定的选择中，往往依赖他人的行为作为决策参考。特别是在时尚领域，从众效应非常明显，消费者的购买行为常常不是基于实际需求，而是受到周围人的影响或社会规范的驱动。这种行为尤其在社交媒体和广告的影响下被进一步放大。

一、从众行为的机制

从众行为（Herd Behavior）指的是个体在决策过程中，倾向于模仿他人的选择和行为，而不是依靠独立的判断。这种行为在个人面对复杂或不确定的决策时尤为突出，尤其是在信息不完全的情况下，个体通常依赖他人做出的决策来减少风险和不确定性。从众行为是人类的一种心理倾向，在经济学、社会学和心理学中对之都有广泛的研究。在行为经济学中，从众行为研究被视为对传统理性经济学的挑战，传统经济学理论认为个体在决策时会追求最大化效用和利益，并且基于完整的信息做出理性选择。然而，行为经济学提出，人在面对复杂、模糊或信息不完全的决策的情况下，往往会受到他人选择的影响，做出趋近社会规范和群体认同的决策，而非完全依据自身的实际需求或理性分析。

在时尚消费领域，从众行为尤为明显。时尚行业的产品和潮流具有强烈的社会和文化性质，消费者的购买决策往往不仅仅受到商品本身的功能性或实用性的吸引，更受到社会群体的影响。例如，时尚潮流的变化速度非常快，许多消费者往往无法独立评估每一个时尚单品的实际价值或用途，而是通过他人的行为、意见领袖的推荐以及媒体的宣传来做出购买决策。社交媒体的出现，加剧了这一从众效应。时尚博主、明星和网络红人等通过社交平台展示个人的时尚选择，迅速在粉丝和观众中产生影响力，形成了一种强大的社会认同感。这些意见领袖所推荐的品牌、商品或穿搭成为群体中的"潮流标杆"，许多消费者在看到身边的人或社交媒体上的他人购买这些商品时，往往会感到有必要进行模仿，以避免被视为"落伍"或"与众不同"。

从众行为的背后有着深刻的心理机制。首先，人们在面对不确定的选择时，常常依赖他人的行为来降低决策的风险。这种现象可以归因于社会认同的需求。在群体中，人们通常会感到，如果自己的选择与大多数人一致，就能减少错误的可能性并获得社会的接纳。特别是在时尚消费中，个体往往认为，跟随潮流和他人的选择可以使自己更容易融入群体，从而获得社会认同和归属感。

其次，个体有强烈的归属感需求。当消费者看到他人购买特定的时尚单品时，他往往会感到这种商品代表了一种群体认同，购买这种商品不仅能提升个人形象，还能增强与社交圈的联系。因此，时尚消费不仅仅是个人审美或功能的选择，更多是出于对群体认同和社会地位的追求。社交媒体和广告的作用在此过程中显得尤为重要，它们通过不断强化某些品牌和商品的社会价值，促使消费者在决策过程中更倾向于模仿他人的选择，成为潮流的一部分。

从众行为在时尚消费中的普遍存在，表明消费者的决策常常受制于社会和文化的影响。社交媒体和广告的加速传播，使得这种从众效应变得更加明显，消费者不再仅仅基于理性需求做出购买决策，而是更多地受到社会规范、他人行为和身份认同的驱动。

二、社交媒体与时尚消费中的从众效应

在社交媒体的推动下，时尚趋势变得高度透明且即时化。时尚博主、明星和网红等通过展示自己的品牌选择和时尚穿搭，创造出一种"潮流"氛围，鼓励追随者购买同款商品。这些潮流的迅速传播使得消费者更加依赖外部意见，而不是独立评估商品的功能性或实用性。当消费者看到其他人购买某个特定的时尚单品时，他往往会因为害怕"落伍"或错过潮流而产生强烈的从众心理。这种行为在购买奢侈品时尤其明显，因为奢侈品不仅仅是个人品位的体现，更是融入特定社交圈层的通行证。

社交媒体的出现和迅猛发展极大地改变了时尚消费的格局，尤其在从众效应的推动下，消费者的决策越来越受到社交圈和网络社群的影响。社交媒体平台，如 Instagram、TikTok、微博等，成为时尚传播的重要渠道，时尚博主、明星、网红等社交媒体上的意见领袖通过展示个人的时尚穿搭、购物清单和品牌推荐，直接影响了大批粉丝和追随者的购买决策。这些意见领袖不仅为品牌代言，还通过发布日常穿搭、时尚分享以及购买推荐等方式，创造了一个虚拟的"潮流圈子"，在这个圈子中，消费者不断受到趋势的引导和感染。社交媒体的即时性和广泛性使得潮流的传播速度空前加快，消费者在平台上看到某个商品或品牌被广泛展示和推荐时，容易产生强烈的从众心理，进而产生购买冲动。

社交媒体上的从众效应表现得尤为明显。当一个产品或品牌被大量网红或时尚博主展示，或是某个品牌推出新款并通过社交媒体进行大规模宣传时，消费者往往会感到如果自己不跟随潮流，就可能错失时尚的潮流，甚至可能与群体脱节。这种情形尤其在年轻消费者中更为常见，他们对社交圈的认同和获得归属感非常重视，希望通过与流行趋势保持一致来提升自我形象和社交地位。消费者在社交媒体上看到他人购买或

推荐的商品时，往往感到购买这些商品可以帮助自己融入特定的社交圈，获得他人的认同，甚至提升个人的社会地位。

此外，许多品牌意识到社交媒体对消费行为的巨大影响，开始通过与社交媒体博主合作，推出限量款或独家商品，以增加品牌的吸引力和市场占有率。这些限量款或独家商品往往并没有特别的功能优势，但通过社交媒体的曝光和口碑效应，迅速吸引了大量消费者的关注。消费者在看到这些商品的推广时，常常不是基于商品本身的质量或功能做出购买决策，而更多是被其背后的"潮流效应"所驱动。例如，一款由明星代言的限量版鞋，即便其价格远高于市场同类产品，也因为社交媒体的推动和流行趋势的营造，吸引了大量消费者争相购买。这些消费者的购买决策往往不是基于理性分析，而是受到群体行为和潮流文化的影响，体现了明显的从众心理。

社交媒体通过打破地域限制和信息不对称，形成了一个开放且互动性强的时尚信息传播平台，使得消费者的购买决策在不知不觉中更加依赖于他人的意见和社会趋势。通过对潮流的模仿和从众，消费者不仅是在购买商品，更是在通过消费这些商品来塑造自己的社会形象和身份。因此，社交媒体在时尚消费中的从众效应，实际上是一种群体认同和社会地位认同的体现，这种现象在全球范围内普遍存在，并且随着社交媒体的进一步发展，可能会更加深入人们的消费行为和文化认同过程中。

三、奢侈品消费中的从众行为与社会认同

奢侈品消费是从众行为在时尚消费中最典型的体现之一，尤其在东亚地区，奢侈品不仅是高质量和独特设计的象征，更承载着深厚的社会认同需求。奢侈品牌如 Gucci、Louis Vuitton、Chanel 等，由于自身的

高价格、稀缺性以及与财富、成功、社会地位紧密关联的品牌形象，使得消费者购买这些商品的行为，不仅仅是为了满足个体的物质需求，更多是为了获得社会的认同和尊重。

奢侈品牌通过其独特的营销策略和设计理念，成功将商品的功能性和外观与身份地位、成功等社会象征深度绑定。对于许多消费者而言，购买奢侈品不再是单纯的消费行为，而是一种社会行为。通过拥有这些奢侈品，消费者能向外界展示自己的社会地位、财富和成功。尤其是在社交圈中，奢侈品往往被视为一种身份的象征，它不仅代表了消费者的品位，更是一种进入某一社交阶层或群体的"通行证"。这些奢侈品牌的消费行为反映了个体在群体中的归属需求，个体希望通过增强与群体中其他成员的相似性，获得社会认同感和集体的支持。

在东亚文化圈中，尤其是中国、日本和韩国等地，社会对成功的定义往往与经济地位和拥有奢侈品的能力密切相关。许多消费者认为，拥有这些奢侈品不仅能提升个人的社会地位，也能为自己带来更多的社会认可与尊重。文化上，奢侈品往往与社会等级、财富积累和成功的标志紧密相连，消费者购买奢侈品的行为在很大程度上是为了迎合这种社会期望。尤其是在社交媒体和名人效应的影响下，奢侈品的购买不仅仅是为了享受其高品质的产品功能，更重要的是通过展示这些商品来彰显自己的独特地位。

虽然奢侈品在功能性和实用性上可能并不具有明显的优势，但其背后承载的社会认同和身份象征却足以让消费者为其支付远高于实际使用价值的价格。这种"非理性"的消费行为，往往根源于强烈的社会压力和群体行为推力。在许多消费者看来，拥有某些奢侈品牌的商品，不仅能够提升自己的形象和社会地位，还能为其带来社交圈中的认同与尊重。特别是在某些社交场合和聚会中，奢侈品成为显示个人品位和经济能力的重要工具，这种社会驱动的消费冲动超越了基于单纯的商品价值和功能评估的消费需求。

因此，奢侈品消费中的从众行为体现了消费者在追求物质满足的同时，更加重视通过消费行为来获取社会认同和归属感。随着社交圈的扩展和社交媒体影响力的扩大，奢侈品的消费不再局限于财富的象征，更成为进入某一社会阶层、获得社交认同的重要途径。社交圈中的对比和竞争也进一步推动了从众行为，使得奢侈品消费成为现代社会中不可忽视的社会现象。

四、社交压力与时尚消费行为

即使很多时尚单品（特别是奢侈品）在功能上并没有特别的优势，并且其价格远远高于实际的使用价值，消费者仍愿意为其支付高昂的费用。这种行为并非基于理性需求，而更多是出于社会压力和从众心理。这些消费者希望通过拥有奢侈品来获得社交认同、提高社会地位，从而增强自我价值感。因此，这种消费行为可以被视为"社交压力驱动的非理性消费"，消费者的决策更多是为了符合社会期望，而不是基于自身的实际需求。[1]这种现象表明，时尚消费中的从众行为深受社会文化和社交圈层的影响，是消费者寻求外部认同和地位提升的一种表现。

在这一过程中，消费者的决策行为往往超越了理性需求和功能性评估。消费者在面对奢侈品时，更多关注的是这些商品传递社会地位和身份等信息的象征意义。这些品牌，如 Gucci、Louis Vuitton、Chanel 等，

---

[1] Solomon M R, Bamossy G, Askegaard S, Hogg M K. Consumer behaviour: A European perspective[M]. 6th ed. Harlow: Pearson Education Limited, 2016.

因其高昂的价格、稀缺性以及与财富、成功、社会地位紧密相关的品牌形象，成为消费者寻求社会认同和自我提升的重要工具。许多人选择这些奢侈品并不是因为垂青其产品质量或独特的功能，而是为了通过这种消费行为向外界展示自己在经济、社会及文化层面的优势。尤其是在高端社交圈中，奢侈品成为身份的"通行证"，拥有这些商品的消费者往往被认为是成功者和高端人士。

这种现象反映了时尚消费中的非理性消费现象。在这种消费中，消费者的决策并非完全基于理性判断，而是深受社会压力、他人行为以及社会规范的影响。特别是在社交媒体高度发达的现代社会，消费者的购买决策愈发受到社交圈、名人效应、广告和网络推广等因素的驱动。社交媒体通过推送明星、网红、时尚博主等的消费行为，形成了强大的从众效应。这些意见领袖所展示的生活方式和消费选择，塑造了现代社会对"时尚"和"成功"的认知标准，进一步推动了消费者的从众行为。

尤其在东亚文化背景下，这种非理性消费行为表现得尤为显著。东亚国家如中国、日本和韩国，社会对成功的定义和对奢侈品的认同有着紧密的联系。社会普遍将拥有奢侈品牌的商品视为个人经济实力、社会地位和文化品位的象征。在这些地区，消费者往往将奢侈品的消费作为融入社会主流、获得认可的途径。即使这些奢侈品在功能性上并无显著优势，消费者仍愿意为其支付高昂的价格，以确保自己在社交圈中不被排斥，甚至通过拥有这些商品提升自我价值评价。

这种基于社交压力驱动的非理性消费行为不仅仅是一种个人选择的结果，更是群体行为的产物。消费者的购买决策往往是为了迎合社会和他人的期望，追求的是一种外部认同，而非内部需求。这种行为模式加剧了奢侈品的消费浪潮，使得奢侈品牌不断强化其社会符号功能，吸引着越来越多的消费者加入这一消费群体。最终，奢侈品消费在这些社交压力的推动下，逐渐成为一个全球性的现象，尤其是在社交媒体和广告的加持下，这一现象的影响力变得更为广泛和深远。

社交压力在时尚消费中的影响力不可忽视。消费者通过购买奢侈品获得他人认可、提升社会地位的行为，体现了现代社会中深刻的文化认同和社交需求。这种非理性消费行为，反映了文化背景、社会规范与个人选择之间复杂的相互作用。

第三节　锚定效应与价格敏感性

锚定效应（Anchoring Effect）是行为经济学中的一个关键概念，它在时尚消费中得到了广泛应用。锚定效应指的是消费者在决策过程中，往往以最初接触到的信息作为判断基准，进而忽略后续数据或信息的重要性。在时尚消费中，商家常常利用这一心理偏差来设计价格策略，影响消费者的购买决策。[1]

一、锚定效应

锚定效应指的是个体在做决策时，过分依赖最初获得的信息，这个初始信息被称为"锚点"。人们在接收到新的信息后，往往不会完全调整自己的判断，而是受到锚点的影响，即便后续信息更为准确或有力。锚定效应最早由心理学家丹尼尔·卡尼曼（Daniel Kahneman）和阿莫斯·特沃斯基（Amos Tversky）提出，[2]他们在1974年通过一系列实验验证了这一现象。该效应揭示了人类决策并非完全理性，而是更多地受到心理因素和初始信息的影响。

在时尚消费中，锚定效应得到广泛应用，尤其在定价和促销策略方面。商家通过设置较高的初始价格，利用锚定效应来影响消费者的购买决策。消费者在接触到较高的商品价格后，往往会将其视为该商品的正

---

[1] Ariely D, Loewenstein G, Prelec D. Coherent arbitrariness: Stable demand curves without stable preferences[J]. The Quarterly Journal of Economics, 2003, 118(1): 73－105.

[2] Kahneman D, Tversky A. Judgment under uncertainty: Heuristics and biases[J]. Science, 1974, 185(4157), 1124－1131.

常价格，而忽视后续折扣价与实际价值的对比，从而增强购买意愿。这一现象在奢侈品和高端时尚品牌中尤为显著。通过锚定效应，品牌能够引导消费者的价格感知，使其觉得相对较低的价格更具吸引力，即使这些商品的实际价值远低于消费者的预期价格。

二、奢侈品定价中的锚定效应

奢侈品定价中的锚定效应是奢侈品牌常用的一种营销策略，商家通过高定价来塑造消费者对商品价值的认知，从而影响他们的购买决策。

奢侈品牌通过推出价格极高的商品，将这一价格作为消费者的"锚点"。即使这些商品的生产成本或实际使用价值并没有明显超出普通商品，消费者也往往会将这些高价视为正常或理想的参考标准。当消费者看到这些奢侈品的价格时，他们通常认为，这些商品所代表的社会地位、身份象征以及品牌价值，理应与高价相匹配。因此，消费者将这些价格作为对商品价值的参照标准，而忽略了实际价格与功能之间的差距。

这种定价策略的核心在于"相对价值"的影响。一旦消费者习惯了高价商品的锚点，当奢侈品牌推出价格相对较低的商品时，他们往往会认为购买这些商品"更加划算"。尽管这些商品的绝对价格仍然较高，但由于初始的高价锚点存在，消费者会低估这些商品的实际价格水平，认为它们是"超值的"或者"相对便宜的"。这种现象反映了消费者在购买时并非依据商品的实际价值做出判断，而是受到初始价格的强烈影响。

此外，奢侈品牌往往利用稀缺性和限量的策略进一步强化锚定效应，通过推出限量版商品或仅在特定渠道销售的商品，进一步提升品牌商品的独特性和价值感。这些高定价的商品成为消费者认知中理想的

"标准",而当商家发布相对较低价的新款品牌商品时,消费者会不自觉地将其与初始的高价商品对比,认为这些商品有着更高的价值—价格比(价值/价格),进而增强购买的意愿。

通过初始高定价和巧妙的市场定位,奢侈品牌成功塑造了消费者对商品价值的认知,并通过锚定效应驱动了销售增长。这种策略不仅有效提高了奢侈品的市场吸引力,还创造了消费者在购买过程中对"超值交易"的心理错觉。

三、打折促销中的锚定效应

打折促销中的锚定效应是时尚零售和奢侈品市场中非常典型的应用。商家在打折季节前先将商品标定为较高的原价,再进行大幅折让,利用锚定效应来影响消费者的购买决策。这一策略不仅能够增加消费者的购买欲望,还能在短时间内大幅提升销量。

在打折促销活动中,商家通常会将商品的原价标得较高,然后提供大幅折扣。这种做法的核心就是通过设定较高的原价来创建一个"价格锚点",让消费者在看到打折后的价格时产生较大的心理满足感。当消费者看到原本标价较高的商品进行打折后,他们会认为自己获得了非常划算的交易,进而促使他们产生购买冲动。即便实际上折扣后的价格可能与商品的市场成本或实际价值相比并没有显著缩小,消费者仍然会认为自己得到了物有所值的商品。这种心理机制使得即便商品的折扣幅度并不如消费者所期待的那样巨大,消费者仍然会对购买产生积极反应。

特别是在快时尚品牌的促销活动中,锚定效应尤为突出。快时尚品牌常常推出大量打折商品和限时优惠,以吸引消费者的眼球,并促使他们在短时间内做出购买决策。通过不断调整折扣力度和推出限时优惠,品牌能够利用锚定效应激发消费者的购买欲望。在这一过程中，消费者的判断标准往往受到最初标出的高价格锚点的影响，从而忽略了商品的实际价值或市场成本。消费者会将打折后的价格与高价格锚点进行对比，认为自己获得了实惠，尽管折扣后的价格与商品的实际成本差异可能并不大。

这种策略在节假日促销、季末打折以及周年庆等促销活动中尤为常见。消费者的购买决策受到锚定效应的影响，使得他们在面对看似"超值"商品时，更容易冲动消费。例如，在"黑色星期五"（Black Friday）等大型购物节期间，商家通过标高原价并给予较大折扣，成功地吸引大量消费者参与购物。消费者看到商品标示的原价和折扣后的价格之间的差距，通常会产生心理上的满足感，认为自己做出了明智的消费决策。

此外，锚定效应还会在一定程度上影响消费者的价格敏感性。在打折促销中，消费者往往忽视了商品的实际价值，而更注重折扣前后的价格差异。商家通过设置较高的价格锚点，成功地削弱了消费者对价格合理性的判断，使他们更容易接受相对较高的价格。因此，商家不仅利用锚定效应提高销量，还能在消费者的购买决策中创造出"物超所值"的错觉，进一步促进消费。

四、限时优惠中的锚定效应

限时优惠和限量销售，通过巧妙的定价和促销策略产生锚定效应，有效地激发了消费者的购买欲望，在高端商品市场和奢侈品牌市场中尤为明显。限时优惠和限量销售结合了高价和折扣之间的价格对比，通过制造紧迫感和稀缺性，进一步激发了消费者的购买欲望。

在限时优惠和限量销售策略中，商家通常会通过设置较高的初始价格，将商品的价格作为"锚点"来吸引消费者。许多奢侈品牌和高端商品在推出新款时，往往将商品定价较高，并将其作为价格锚点。一旦定价设定较高，消费者就会将这一价格视为商品的正常或理想价格。当品牌开始提供限时折扣时，消费者往往会觉得这种折扣是一次难得的机会，认为自己能够以更低的价格购买到原本高价的商品，从而激发了强烈的购买欲望。即使折扣后的价格与商品的实际价值或生产成本相比并没有显著差异，消费者依然会因为锚定效应的影响，产生"超值优惠"的错觉，进而做出购买决策。

此外，与限量销售策略的结合进一步增强了锚定效应的作用。通过推出限量版商品或限量发售商品，商家营造出一种稀缺性和独特性的氛围。这种策略使得消费者产生一种现在不买将错失良机的恐惧心理，认为如果错过这个机会，自己就无法再购买到该商品或享受到优惠价格。消费者在面对这种稀缺性和紧迫性时，往往会忽略商品的实际价值，而更多地基于锚定效应和心理压力做出购买决定。例如，商家在促销时，往往会标明"限时抢购"或"仅剩最后几件"的字样，这种强调稀缺性的信息进一步刺激了消费者的购买冲动，增强了他们尽快做出购买决策的欲望。

限时优惠和限量销售的结合不仅在奢侈品市场中有效应用，还在快时尚品牌中得到广泛的使用。许多品牌会利用这些策略来吸引更多的消费者参与促销活动，尤其是在季末打折或节假日购物季节。在这些时段，消费者的购买决策往往受到大量营销信息的影响，商家通过结合限时优惠、限量销售和价格锚点的设置，能够在短期内刺激消费者产生购买欲望，增加销售量。

锚定效应在这一策略中的作用不可忽视。它通过设置高价格的初始锚点，结合限时和限量的紧迫感，促使消费者对商品产生购买冲动。这种策略不仅提升了品牌的销售业绩，还帮助商家在竞争激烈的市场中脱颖而出。消费者在面对有限的时间和商品时，往往会被这种促销策略所吸引，做出不完全理性的购买决策，最终帮助商家实现销售目标。

第四节　时间偏好与时尚消费

消费者的时间偏好也是时尚消费中理性决策与非理性决策博弈的关键因素之一。行为经济学中的时间折现（Time Discounting）理论指出，消费者通常更重视眼前可以到手的利益，而愿意放弃未来可能有的更大利益。在时尚消费中，这表现为消费者更倾向于进行即时购买，而忽略长远的财务规划或环境影响。例如，快时尚的成功在很大程度上依赖于消费者的"即刻满足"需求。快时尚品牌通过提供价格低廉、设计时尚的产品，满足了消费者对时尚趋势的快速响应。这种即时满足的需求使得消费者难以做出理性的长期规划，忽视了购买快时尚产品可能带来的环境成本或质量问题。尽管消费者知道这些商品可能会在短期内失去价值或被淘汰，他们仍然选择购买，这是典型的"时间折现"的结果。[1]

一、时间偏好

在行为经济学中，时间偏好（Time Preference）和时间折现（Time Discounting）是理解消费者决策过程的重要理论概念。时间偏好指的是个体在面对当前利益与未来利益的权衡时，往往倾向于选择即时的满足，而低估未来可能带来的更大好处。这种偏好反映了人们对短期利益的过度关注，忽视了长期的回报。与传统理性经济学中的长期最大化效用的理论相反，行为经济学认为人类决策往往受情感、认知偏差和社会文化

---

[1] McNeill L, Moore R. The sustainable imperative: Motivation, drivers and barriers in fashion retailing[J]. Journal of Fashion Marketing and Management, 2015, 19(3): 262—278.

因素的影响，而非仅仅基于理性和效用最大化。在这一框架下，消费者常常过度重视眼前消费欲望的即时满足，忽视了长期可能带来的更大利益或更多损失。

时间折现理论进一步阐述了个体在面对即时奖励和未来回报两个选项时如何赋予它们不同的价值。根据这一理论，消费者在面对即刻的回报与延迟的未来回报时，往往会对即时回报赋予更高的权重，甚至在理性上知道未来回报可能更大时，仍会倾向选择短期的利益。例如，在财务决策中，许多人宁愿选择立即消费而非储蓄或投资（以期获得未来更大的收益）。这种偏好表现出人类对未来价值有打折扣的心理，意味着个体在做决策时，会对未来回报的价值进行折现，从而偏向那些能够快速带来满足感的选择。

在现实生活中，时间偏好在许多日常决策中起着决定性作用。尤其是在消费领域，时间偏好的影响尤为显著。例如，消费者在购买商品时，往往会受到当前流行趋势的吸引，而忽视商品在未来可能失去的价值或对环境带来的潜在负担。快时尚就是这一现象的一个典型代表，消费者在面对价格低廉、款式新颖的商品时，往往优先考虑即时的时尚消费需求，而忽视了这些商品在不久后可能因质量问题或流行过时而迅速贬值。尽管消费者知道这些商品可能不耐用，甚至在购买后很快会被淘汰，他们仍然会根据即时的需求和享乐主义心态做出购买决策。

在快时尚市场中，时间偏好的作用更加突出。消费者的决策通常是基于对时尚潮流的追逐和对当前流行趋势的即时反应，而非考虑到这些商品的长远价值或其对环境的负面影响。例如，尽管快时尚品牌的商品通常价格便宜，但其质量和耐用性往往较差，消费者购买后可能很快就需要替换新的商品，这种消费模式无疑加剧了资源浪费和环境污染。消费者在这种情况下对未来的成本和负担往往视而不见，而过度关注眼前的短期满足。这种偏好表明，短期利益的追求往往主导了消费者的决策，而忽视了长远的财务规划和可持续性问题。

此外，时间偏好还可能影响消费者对长期财务管理的态度。许多人更倾向于通过短期的消费来获得满足，而忽略了储蓄或投资的必要性。即使消费者知道储蓄能够带来更大的未来回报，也还是难以抵抗即时消费的诱惑。这种短期主义的消费模式最终可能导致消费者的财务困境，尤其是在没有做出长远规划的情况下。因此，时间偏好不仅影响着消费者在时尚消费中的决策，也对他们的整体财务行为产生深远的影响。

时间偏好和时间折现理论为我们提供了理解消费者行为的重要视角，特别是在时尚消费领域。消费者往往因追求即时满足而做出不理性的决策，忽视了对长期规划和可持续性的考量。这种短期导向的消费行为不仅影响个人的财务状况，还对环境造成了潜在的负面影响。理解这些偏好及其影响因素，对于更好地指导消费者决策和推动可持续消费具有重要意义。

二、快时尚与即时满足需求

快时尚品牌的成功在很大程度上依赖于消费者对"即时满足"需求的偏好。随着社会节奏的加快和社交媒体的普及，消费者对于时尚消费的需求变得更加迫切，他们希望能够尽快地跟上潮流并展示自己的时尚品位。快时尚品牌正是通过这种"即时满足"需求，成功地将自身打造为市场潮流的领导者。快时尚品牌通过以较低的价格提供时尚的、快速更新的商品，满足了消费者对时尚潮流的快速响应需求。它们的成功不仅在于提供符合最新流行趋势的商品，还在于通过高效的供应链和大规模生产，将这些商品迅速带到市场，确保消费者能够在最短的时间内购买到与当前时尚潮流一致的产品。这种模式使消费者能够快速获得他们所追求的时尚体验，进而增强了购买欲望。

快时尚品牌的运营模式强调的是快速反应与高效生产，这意味着从设计到生产再到上架销售的周期通常非常短。这种快速的商品周转率让消费者总是能够接触到最新的时尚元素，而这些商品的价格往往较低，进一步吸引了大批消费者。消费者得到的是一个即时满足的体验，而不考虑这些商品在未来的价值或可持续性。因此，快时尚的消费模式大大削弱了消费者的理性思考，消费者更关注的是当前流行的款式和短期的时尚消费需求，而忽视了这些商品的质量、耐用性和环境影响。

这种以短期利益为导向的消费模式，正是基于行为经济学中的时间折现理论。时间折现理论表明，消费者通常会偏向选择即时的满足，而低估未来回报的价值。快时尚品牌成功地利用了这一心理机制，推崇"买到就是赚到"的消费理念。消费者在购买快时尚商品时，通常不会考虑这件商品在未来是否会迅速失去价值，或者其质量是否能够维持较长时间。即使消费者知道这些商品可能因为材质较差、设计周期短或生产工艺简陋而很快被淘汰，他们也依然会做出购买决策。消费者更多是从满足当前的时尚消费需求出发，购买那些能够快速满足他们追逐时尚需求的商品，而不是考虑长远的经济价值或商品的持久性。

此外，快时尚品牌也借助了低价格策略，降低了消费者对商品长期价值的关注。当商品的价格相对较低时，消费者往往会觉得即便商品质量不佳也没有太大损失。因此，消费者在购买时更注重眼前的满足，而忽视了商品可能带来的未来财务成本或环境影响。例如，快时尚商品往往质量较低，穿着时间较短，消费者需要频繁购买新的衣物来替代那些旧的商品，最终导致更高的消费支出。这种消费模式与消费者的时间偏好相契合，因为消费者更愿意为了短期的时尚消费享受而忽视长期的财务支出和环境代价。

快时尚品牌通过有效利用时间折现的心理机制，成功地迎合了消费者对即时满足的需求。通过快速更新的时尚商品、低价格和高效的供应链，快时尚品牌吸引了大量的消费者，尤其是在社交媒体的助推下，消费者的即时消费需求愈加强烈。然而，这种消费模式也带来了长期的财务成本和环境问题，消费者在享受即时时尚满足的同时，往往忽视了这些商品的质量问题和其对环境的潜在负面影响。随着对可持续性和环保问题的关注度增加，未来快时尚品牌可能需要重新思考如何在满足消费者即时需求的同时，也能够促进更理性和可持续的消费模式。

三、时间折现与财务规划的忽视

在快时尚消费中，消费者通常面对的是短期的时尚潮品和较低的购买价格，这使得他们在做决策时更关注眼前的满足，而忽视了商品可能带来的长期财务负担和环境影响。例如，许多快时尚商品价格较为便宜，消费者购买时不会过多考虑商品的质量、耐用性及其未来可能带来的额外支出。尽管消费者知道这些商品可能因为质量较差或款式过时而迅速失去价值，但他们依然选择购买，因为这种即时的满足感和追逐潮流的心理远远大于对未来潜在成本的考虑。

例如，消费者可能花费相对较低的价格购买多件快时尚商品，但由于这些商品质量较差、容易损坏或过时，他们可能需要更频繁地替换商品。随着时间的推移，这种重复购买的行为可能导致消费者在未来支付更多的钱，最终的财务成本可能远高于购买时的价格。这种财务上的重复负担往往被消费者在即时消费时所忽略，因为他们过于专注于当前的时尚需求，而没有进行有效的长期财务规划。消费者更倾向于享受眼前的时尚和短期满足，而不是考虑到这些商品在未来的替换和维护成本。

时间折现也导致消费者在面对大量的消费选择时，往往缺乏有效的长期规划。他们更关注当前的消费需求，而忽视了对未来财务状况的考虑。在消费过程中，很多消费者往往倾向于立即满足他们的购买欲望，而不是考虑这些选择如何影响他们的长期财务健康。长期来看，这种过度重视即时满足的消费模式可能会导致消费者忽视储蓄和投资的重要性。尽管消费者知道节省和投资能够带来更好的未来财务状况，但他们更倾向于满足当前的消费需求，而不愿意为未来可能带来的经济负担做出准备。这种"即时满足"的消费模式最终可能导致他们没有足够的储蓄来应对未来的财务需求或不可预见的支出。

消费者在面对现代消费环境中的大量选择时，往往会受到各种促销活动、广告和社交媒体的影响，这进一步加剧了他们的即时消费行为。商家通过打折、限时优惠和"今日特价"等手段，营造出一种短期的消费冲动，迫使消费者在有限的时间内做出购买决策，这种紧迫感往往使得消费者忽视长期财务规划。时间折现效应在这种情况下变得更为明显，消费者可能会在不合理的时间或财务压力下进行购买，而不去评估未来的经济负担或财务影响。

时间折现效应使得消费者在快时尚消费中过于注重即时满足，而忽略了商品的长期价值和可能带来的财务成本。这种消费模式不仅影响了消费者的短期支出，还可能对他们的财务健康和储蓄、投资决策产生深远影响。为了改变这种现象，消费者需要更理性地评估每一项消费决策，考虑到长远的财务规划和可持续消费，从而避免陷入过度消费的陷阱。

四、时尚消费的环境成本与可持续性问题

快时尚的消费模式不仅对消费者的财务状况产生影响,也对环境造成了深远的负面影响。快时尚品牌的成功建立在快速更新迭代的基础上,采用大规模生产、低成本策略来满足消费者对时尚趋势的即时需求。这种商业模式虽然在短期内能够迅速获得市场份额和消费者青睐,但却加剧了资源浪费和环境污染。大量低价商品的生产和销售,造成了不可忽视的环境成本。这些商品往往由廉价、低质量的材料制成,这些材料不仅不耐用,且难以回收和处理。因此,快时尚产业在提高产量和销售速度的同时,忽视了长远的环保和资源节约问题。

消费者的时间偏好是快时尚消费模式得以广泛传播的一个重要原因。行为经济学中的时间偏好和时间折现效应表明,个体在面对当前的选择时,通常会偏向即时的满足而忽视未来可能带来的负面影响。消费者在购买快时尚商品时,往往专注于眼前的时尚需求和低廉价格,忽视了这些商品在生产过程中可能造成的资源浪费,或是最终对环境带来的污染。即便他们知道大量生产和消费会导致更多的纺织品垃圾和污染,许多消费者还是更倾向于追逐潮流和即时的消费满足,而非考虑这些商品的环境成本。

时间折现效应在此起着重要作用。当消费者在选择购买快时尚商品时,他们的决策通常更侧重于当下的短期利益——享受最新的时尚款式和低廉的价格,而忽视了这些商品可能带来的长期环境影响。快时尚商品的价格低廉、款式新颖,使消费者对其产生强烈的购买欲望。尽管许多消费者知道这些商品质量较差,使用寿命较短,很快会被淘汰,甚至成为"垃圾",但他们仍然选择购买。这种消费行为正是由于对未来环境负担的低估和对即时满足的过度追求造成的。

从长期来看，快时尚消费模式对环境的破坏是显著的。大量的低质量商品不仅增加了纺织品垃圾的产生，还加重了资源的消耗。快速生产和过度消费加剧了土地、能源和水资源的紧张，同时也加剧了二氧化碳排放和环境污染。每年，全球有大量的衣物进入垃圾填埋场，而这些衣物中的很多材料都难以回收或分解，最终对土壤和水源造成污染。消费者的时间偏好使他们在购买时忽视了这些潜在的负面影响，导致了资源的浪费和污染的加剧。

行为经济学中的时间偏好和折现效应也提醒我们，如何在即时满足和可持续发展之间找到平衡，可能是未来时尚消费市场需要关注的一个重要议题。为了应对这一挑战，快时尚品牌可能需要考虑将可持续发展纳入其商业模式中，推动更加环保的生产和消费模式形成。此外，消费者也需要提升对环保和可持续性问题的意识，学会在满足短期消费需求的同时，做出更加理性和长远的决策。通过教育消费者和改变消费者的时间偏好，推动更加可持续的消费模式，才能有效减缓时尚产业对环境的负面影响。

快时尚消费模式虽然满足了消费者对即时时尚需求的渴望，但其对环境的影响不可忽视。消费者的时间偏好使他们过度关注当前的满足而忽略未来的环境代价，这使得可持续发展成为时尚行业亟待解决的重大问题。在未来，如何平衡短期消费需求与长期环境责任，将是时尚产业和消费者共同面临的挑战。

第 4 章

时尚消费的理性
与非理性之辩

第一节 理性消费的视角

理性消费是指消费者在做出购买决策时，基于信息、逻辑和理性分析，以最大化效用为目的来选择产品或服务。在时尚消费中，理性消费表现为对商品采取功能性、实用性、价格敏感性与可持续发展意识的综合考量。通过对时尚商品的设计、质量、价格和长远价值的评估，消费者能够做出符合自身需求和社会责任的选择。

一、功能性与实用性在时尚消费选择中的作用

在理性消费中，功能性与实用性是两个核心的评估标准。对于时尚产品来说，虽然外观和设计是诱发购买动机的重要因素，但功能性和实用性常常决定着产品是否能够长期满足消费者的需求。服装、鞋履、配饰等不仅仅是时尚的象征，它们在日常生活中有良好的功能性也至关重要。

例如，冬季时装不仅需要时尚美观，还必须具备保暖、防风、防水等实际功能。消费者在选择外套时，可能会优先考虑材料的保暖性、透气性和耐用性，而不是仅仅根据颜色或款式的时髦程度做出选择。同样，对运动服装的选择也常常基于功能性考虑，消费者更关注其舒适性、排汗能力和对运动的支持作用，而不是单纯追随某一流行趋势。

此外，具有功能性保障还体现在不同的生活场合和职业需求中。例如，商务人士需要的职业装必须兼具正式性和舒适性，而不是只追求时尚。许多理性消费者倾向于选择高质量、耐用的经典款式，这样不仅能够多次穿着，还能避免频繁购买带来的浪费。这种对功能性和实用性的

重视使得他们的时尚消费更具理性，也有助于延长服装的生命周期，从而减少环境负担。

瑞典品牌 Fjällräven 因其耐用、实用的户外服装而闻名，尤其是它的 Kånken 背包成为理性消费的代表产品。该品牌强调产品的功能性，设计简洁、耐用，能够满足消费者的实际需求，如防水、轻便和高承载能力。许多消费者选择 Fjällräven，不仅仅是因为其设计时尚，还因为它在户外活动中的实用性，使其在各种气候条件下都能提供可靠的保护和支持。

二、价格敏感性与价值驱动的决策

价格敏感性是时尚消费中的一个重要方面，尤其是在理性消费的框架下，消费者往往会仔细衡量商品的价格和所能提供的价值。当消费者面对高价格的时尚商品时，通常会通过分析其长远价值来判断是否值得购买，而不仅仅是被当下的欲望或冲动所驱动。

在理性消费中，价格敏感性并不一定意味着消费者总是选择最便宜的商品，而是通过价格与价值的平衡来决定购买目标。高质量的时尚商品，尽管价格较高，但由于其具有更好的材料、设计和工艺，往往具有更长的使用寿命。因此，理性消费者在做出购买决策时，通常会考虑到产品的成本效益，即"每次穿着成本"。例如，一件高端的羊绒大衣，虽然初始价格昂贵，但如果能够穿多年，其每次穿着的成本可能比廉价的快时尚外套更低，后者可能因为质量较差而需要频繁更换。

这种价值驱动的消费模式与快时尚的"低价快速消费"形成鲜明对比。快时尚品牌如 Zara、H&M 通过提供低价、快速更新的时尚款式，吸引了大量年轻消费者。然而，越来越多的消费者意识到，这种模式往往导致产品质量不佳、使用周期短，且在长期内成本更高。同时，低价时尚产品背后的道德和环境成本也逐渐引发消费者的关注，促使他们更倾向于通过理性消费来减少浪费，选择更加持久且有价值的产品。

美国户外品牌 Patagonia 以其高质量和对可持续发展的承诺而闻名。尽管 Patagonia 的产品价格较高，但其耐用性和环保性使其成为许多理性消费者的首选。Patagonia 不仅生产长久耐用的户外服装，还提供产品修复服务，鼓励消费者延长产品使用寿命，减少资源浪费。消费者在购买该品牌的产品时，往往会考虑到其"每次穿着成本"，从而做出更加经济、理性的消费决策。

三、可持续时尚的理性选择：环保意识与责任感

随着全球环保意识的提升，越来越多的消费者在时尚消费中融入了可持续发展的理念。可持续时尚（sustainable fashion）不仅仅是一种消费趋势，更是一种基于社会责任和环保意识的理性选择。消费者不仅关注产品的设计和功能，也开始重视其生产过程对环境的影响，以及品牌是否遵循道德生产的原则。

环保意识已经成为推动理性时尚消费的重要力量。许多消费者意识到，时尚行业是全球第二大污染源，仅次于石油行业，时尚产业的生产链条涉及大量的水资源消耗、化学物质使用、碳排放等环境问题。因此，理性消费者在购买时尚商品时，越来越多地考虑到这些产品对环境的影响，倾向于选择那些以环保材料生产、减少碳足迹并具有可持续生产链的品牌。

例如，许多消费者开始选择使用有机棉、再生聚酯等环保材料制成的服装，避免购买需要大量水资源和化学品制成的常规纺织品。此外，

越来越多的时尚品牌，如 Patagonia、Stella McCartney，因其对环保和社会责任的承诺，受到理性消费者的青睐。这些品牌通过透明的供应链管理、使用环保材料以及支持二次循环使用等措施，成为可持续时尚的典范。

消费者还会考虑到时尚品牌是否通过道德采购支持工人权益。快时尚行业因其低成本的全球供应链，常常面临涉嫌劳工剥削的指控，特别是在发展中国家。理性消费者会倾向于支持那些坚持公平贸易原则、确保工人获得合理工资和良好工作条件的品牌，从而在时尚消费中体现出对社会责任的关注。

Stella McCartney 是时尚行业内可持续发展的先驱之一。该品牌从不使用动物皮革和毛皮，所有产品均采用环保材料，并致力于减少碳足迹。McCartney 的设计不仅具备时尚感，还融入了环保理念，赢得了理性消费者的喜爱。许多消费者选择 Stella McCartney，正是因为其在道德和环保方面的坚守，体现了他们对社会责任的关注。

第二节　非理性消费的表现

非理性消费是指消费者在做出购买决策时，并非基于理性分析和经济利益最大化，而是受情感、社会影响、品牌形象等因素的驱动。时尚行业尤其容易促成非理性消费行为，因为追求时尚不仅涉及个人的美感和功能需求，还与身份认同、社会地位、情感表达等密切相关。非理性消费的表现可以通过情感驱动、品牌效应、身份象征、冲动购买等多种方式体现。

一、情感驱动的消费：社会认同与自我表达

时尚消费往往与情感需求紧密相连，尤其在个人的社会认同和自我表达方面。消费者购买时尚产品不仅是为了满足功能性需求，还希望通过追逐时尚来表达自我个性，融入某个社交圈，或获得他人的认同。追逐时尚本质上是一个社会现象，它反映了消费者与周围世界的互动。

人类作为社会性动物，渴望被他人接纳和认可，时尚消费便成为满足这一需求的重要工具之一。穿戴流行品牌或紧跟时尚潮流可以帮助个体在社交群体中获得认同，特别是当时尚与某个特定群体或亚文化紧密相关时。例如，青少年往往通过穿着流行的运动鞋、帽衫或名牌服装来寻求同伴的认同。这种非理性消费行为背后是社交心理学中的"从众效应"：个体为了与群体保持一致，会倾向于模仿他人和购买群体中的流行

时尚物品。[1]

在工作场合中，时尚物品也是一种社会符号，传达着个体的专业性和社会地位。许多人为了展示其职场能力，选择购买高端品牌的职业装，以此获取同事、客户或上司的认可。所以追逐时尚而产生的消费行为更多是出于情感上的社会认同需求，而非纯粹出于功能性考虑。[2]

与此同时，追逐时尚也是自我表达的重要途径。通过选择特定的服装、配饰或化妆品，消费者能够展示自己的个性、价值观和生活态度。例如，街头文化的追随者可能选择宽松的运动服和嘻哈风格的配饰来传达他们对主流文化的反叛，而热衷于环保的消费者则可能选择穿着由有机材料制成的衣物，向他人传达对可持续发展的信念。

时尚的这种象征意义使得消费者更倾向于非理性地追求某些特定的风格和品牌，即使这些商品在功能上并无特别之处。消费者愿意为具有象征意义的商品支付高额费用，因为这些商品能够帮助他们塑造和强化个人形象，满足其情感和心理需求。[3]

二、品牌效应与身份象征：奢侈品的非理性吸引力

奢侈品消费是非理性消费的典型表现之一。在奢侈品市场中，消费者不仅为商品的功能性或实用性买单，更重要的是为了拥有商品所代表的身份象征和社会地位。奢侈品牌如 Louis Vuitton、Chanel、Gucci 等，

---

[1] Tokatli N. Global sourcing: Insights from the global clothing industry—the case of Zara, a fast fashion retailer[J]. Journal of Economic Geography, 2008, 8(1): 21—38.

[2] Fletcher K. Sustainable fashion and textiles: Design journeys[M]. 2nd ed. London: Routledge, 2014.

[3] Solomon M R, Bamossy G, Askegaard S, Hogg M K. Consumer behaviour: A European perspective[M]. 6th ed. Harlow: Pearson Education Limited, 2016.

其成功很大程度上依赖于品牌效应和消费者对身份象征的渴望。

奢侈品牌通过长期的市场营销、广告宣传和品牌文化建设，成功地将其商品与"奢华""地位""成功"等概念紧密联系起来。品牌的附加价值远远超过了产品的实际生产价值，这使得消费者愿意为品牌支付很高的溢价，即使同样功能的产品在市场上有更便宜的替代品。例如，一款奢侈品牌的皮包，尽管其功能可能与其他皮包相同，甚至在质量上没有显著区别，但其品牌所传递的高端形象、稀缺性和独特设计让消费者愿意为其支付数倍的价格。

品牌效应还通过"光环效应"增强消费者对商品的认知。当一个品牌在某些方面（如设计、名人效应等）获得消费者的高度认可时，消费者往往会对该品牌的所有产品产生积极的看法，即便某些产品并不符合其实际需求或价格过高。奢侈品牌通过名人代言、限量款产品等方式强化品牌的吸引力，使得消费者在情感上更容易受到品牌形象的影响，而不是理性地分析产品的实际价值。

奢侈品不仅是一种消费品，还是一种身份象征。消费者通过购买奢侈品，能够向周围的人传递他们的社会地位、经济实力和成功形象。在许多地方的社会文化中，奢侈品消费被视为成功的标志，这使得奢侈品牌成为社会阶层分化的象征。

例如，许多富裕阶层的消费者通过购买高端品牌的奢侈品来彰显其经济实力和社会地位。这种非理性的消费行为背后隐藏着社会学上的炫耀性消费现象，即个体通过展示财富和地位来获得社会认可。法国社会学家皮埃尔·布迪厄的"文化资本"理论指出，奢侈品不仅是物质财富的象征，也是文化资本的表现。拥有奢侈品的消费者被认为更具优雅品位和文化素养，这使得奢侈品在许多社会场合中成了必不可少的身份标志。

三、冲动购买与时尚潮流的诱惑

冲动购买是非理性消费的另一典型表现，尤其在时尚消费领域更为普遍。时尚潮流瞬息万变，消费者在面对时尚趋势和市场营销的强烈影响时，往往会产生冲动购买的行为。这种购买行为通常并非经过理性思考和规划，而是出于一时的情感刺激或外部诱因。

时尚行业的特性之一便是周期短、变化快。每一季的时装周都会引领新的时尚趋势，快时尚品牌则迅速跟进，将最新的潮流款式推向市场。这种快速更新的模式给消费者带来了强烈的时间压力，促使他们尽快购买最新款式，以免错过时尚潮流。

冲动购买行为通常是在这种时间压力下发生的，消费者往往被市场营销、广告和社交媒体上的"网红效应"所驱动，迅速做出购买决策，而没有经过充分的理性思考。特别是在快时尚品牌的强大营销攻势下，消费者更容易陷入"购买即潮流"的陷阱，忽略了对商品的实际需求或商品的长期价值。

冲动购买背后有多种心理动因，其中之一是情感上的即时满足。消费者在购买新商品时，往往会体验到一种短暂的兴奋和满足感，这种情感驱动使他们难以控制自己的消费行为，尤其是在面对时尚商品时。时尚行业采取"稀缺感"和"限时优惠"等营销策略，进一步强化了这种冲动购买的动机。例如，许多时尚品牌推出限量款商品或打折促销活动，促使消费者在短时间内做出购买决策，以免"错失良机"。

冲动购买不仅是非理性消费的表现，也是消费者在现代社会中应对信息过载和选择过多的方式之一。面对大量的时尚商品和无尽的消费选择，消费者有时会放弃理性的权衡，直接通过情感驱动做出快速购买决策。虽然冲动购买能够带来即时的满足感，但往往会导致购买后的悔意，尤其是当消费者发现商品并不能真正满足其需求时。

在时尚消费中，非理性消费行为广泛存在，并表现为情感驱动的社会认同与自我表达、品牌效应与身份象征的追求以及冲动购买与时尚潮流的诱惑。消费者在做出购买决策时，常常受到外部环境、品牌形象、情感需求等多种因素的影响，难以保持完全理性。尽管这种非理性消费能够为消费者带来短暂的情感满足和社交认同，但也可能导致过度消费、资源浪费和经济压力。因此，理解和合理控制消费者的非理性消费行为，不仅是时尚品牌的营销课题之一，也是社会可持续发展的关键议题。

第三节　时尚消费中的理性与非理性的交织

在时尚消费中，理性与非理性消费行为并不是泾渭分明的两种状态，而是常常交织在一起。消费者在购买时尚产品时，既会考虑产品的实用性和性价比，也容易受到情感、社会认同和潮流的影响。随着科技、文化和市场的不断变化，消费者的时尚消费行为越来越复杂，理性和非理性的界限日渐模糊，呈现出"感性理性"的混合状态。本节将探讨时尚消费中如何平衡功能需求与情感需求、社交媒体对消费行为的放大效应，以及个性化与定制化时尚的双重作用。

一、"感性理性"消费：如何平衡功能需求与情感需求

时尚消费中的"感性理性"作用是指消费者在购买决策中，既追求商品的功能性和实际价值，又受到情感需求、审美风格和自我表达欲望的影响。在这种消费行为中，消费者不仅仅是理性的计算者，也希望通过拥有时尚商品获得情感上的满足和社会认同。

对于许多消费者来说，功能性是时尚消费中的重要考量因素。功能性时尚产品不仅要满足日常生活中的实用需求，还应具备耐用性和质量保证。例如，消费者在选择户外运动装备时，可能会优先考虑衣物的防水性、透气性和保暖性，而不仅仅是其外观和风格。此时，功能性成为购买决策的主导因素，反映了理性消费的倾向。

然而，功能需求并不总是唯一的决定因素。在时尚领域，消费者也会关注产品的设计、颜色、搭配和时尚度，这些情感和审美因素往往与功能需求并行。例如，许多消费者在选择冬季大衣时，既要求其保暖、

防风，又希望大衣的款式能够展示个人风格，符合当前的时尚潮流。因此，"感性理性"消费不仅仅是功能需求的简单满足，它还要兼顾情感需求，如时尚性、身份表达和自我认同。

时尚消费中的情感需求与个人的身份认同、社会认同和情感表达密切相关。消费者常常通过时尚产品展示自己的个性、价值观和生活方式。例如，选择环保品牌或可持续时尚的消费者可能希望通过消费表达自己对环保事业的支持；而选择奢侈品的消费者则可能通过产品传达其社会地位和成功的信息。

在这种情感驱动的消费行为中，功能性不再是唯一的考量，消费者更多地从情感角度出发，购买能够提升自我价值感、带来社交认同的产品。这种消费行为往往不是完全理性的，消费者会被品牌、广告和社交群体的影响所驱动，但它也并非完全非理性，因为这些情感需求同样是消费者生活中的重要组成部分。因此，"感性理性"消费体现了消费者在情感需求与功能需求之间的权衡和选择。

二、社交媒体对时尚消费行为的放大效应

社交媒体的兴起，尤其是 Instagram、TikTok 和 Pinterest 等平台，极大地改变了时尚消费的传播和行为模式。社交媒体不仅加速了时尚潮流的传播，还通过网红经济、用户生成内容和社交互动影响了消费者的购买决策，放大了非理性消费的影响。

网红在社交媒体上的影响力日益增强，他们通过展示自己的穿搭、时尚理念和品牌推荐，直接影响了追随者的购买决策。许多品牌通过与时尚博主和网红合作，推动产品的销售增长和曝光。与传统广告相比，网红的推荐更加个人化，且通过社交媒体平台的互动性，迅速获取了消

费者的信任和关注。

网红经济使得消费者更容易受到外部的时尚潮流影响，导致冲动消费和非理性购买行为的增加。例如，当网红在 Instagram 上展示一款限量版手袋时，粉丝们可能会因为网红的个人魅力或时尚影响力而产生购买冲动，尽管他们并不真正需要该商品。这种非理性消费行为不仅体现在时装领域，还扩展到美妆、配饰和生活方式产品的消费中。

除了网红的影响，普通用户生成的内容（UGC）也在时尚消费中扮演了重要角色。用户通过社交媒体分享自己的穿搭照片、购物体验和产品评价，形成了一个巨大的社交数据库，供其他消费者参考和借鉴。UGC带来的真实感和互动性，使得消费者在购物前能够参考其他人的使用体验，增强了购买的信心。

社交媒体上的用户生成内容在某种程度上推动了"从众效应"的形成。消费者在看到大量用户推荐某款商品后，容易产生心理上的认同感，从而跟随大多数人的选择。这种行为往往会放大非理性消费的现象，消费者可能因为追随潮流或获得社交认同而做出不必要的购买决策。

社交媒体的互动性使得时尚潮流的传播更加快速和广泛。过去，时尚潮流由时尚杂志、设计师和明星引领，而如今，任何人都可以通过社交媒体参与时尚趋势的创造和传播。时尚潮流因此变得瞬息万变，消费者很容易被新兴的趋势所吸引，产生购买冲动。

这种快速的潮流更新常常促使消费者做出冲动消费决策，尤其是在快时尚领域。快时尚品牌如 Zara 和 H&M 通过快速跟进潮流，推出与社交媒体上流行款式相似的产品，刺激消费者在短时间内做出购买决策。社交媒体的放大效应使得消费者难以保持理性，往往在情感驱动下购买符合潮流的商品，而非根据实际需求做出选择。

三、个性化与定制化时尚的双重作用

随着科技的发展和消费者对个性化需求的提升,个性化和定制化时尚成为一种新趋势。个性化时尚指消费者根据个人喜好进行选择和搭配,而定制化时尚则是指消费者通过参与设计、选材等过程,获得独一无二的产品。这一趋势既体现了时尚消费中的理性选择,也带有非理性情感的色彩。

个性化时尚的兴起满足了消费者追求独特性和差异化的需求。与批量生产的快时尚商品相比,个性化时尚更能体现消费者的个人风格和品位。在理性消费的框架下,消费者会根据自身的需求和使用场景,选择适合自己的服装款式、颜色和材质,从而避免了因为盲目跟风而冲动购买。

此外,个性化时尚还能够减少过度消费和资源浪费。消费者在选择个性化商品时,通常会更加重视质量和长远使用价值,这与快时尚的短期消费形成对比。个性化时尚能够帮助消费者获得更好的性价比,也让他们在时尚消费中更加理性。

定制化时尚是一种更特殊的个性化时尚。然而,它在满足消费者理性需求的同时,也带有浓厚的情感因素。定制化时尚往往能够给予消费者独特的情感满足感,因为每一件定制商品都是专属于个人的,它不仅满足了消费者的实用需求,还成为其自我表达和情感投射的载体。例如,定制化的婚纱、礼服或鞋履能够让消费者在重要场合中展现最具个性和情感的自我,这种购买行为往往不是基于理性分析,而是为了满足特定情感场景的需求。

在这一过程中,消费者可能会投入较多的金钱和时间,尽管他们可能只在有限的场合使用这些定制商品。这种非理性的情感驱动消费表现

为对个性和情感的极度重视，超越了实际的功能需求。

时尚消费中的理性与非理性交织表现在多个层面，包括"感性理性"消费、社交媒体对消费行为的放大效应，以及个性化与定制化时尚的双重作用。消费者在做出时尚购买决策时，不仅考虑功能性和实用性，还会受到情感需求、社会认同和潮流趋势的影响。在这个过程中，理性与非理性并非对立，而是共同作用，影响着消费者的时尚选择。

随着社交媒体、网红经济和个性化时尚的发展，消费者的时尚消费行为将变得更加复杂和多样化。未来的时尚消费模式将继续在理性与非理性之间寻找平衡，既满足消费者的实际需求，又提供情感上的满足和自我表达的途径。

第四节　不同市场中的理性与非理性时尚消费

时尚消费的行为涉及多重因素，其中理性与非理性消费往往交织在一起。在全球市场中，不同的文化、经济水平和消费习惯影响了消费者的决策方式。理性消费通常以功能性、价格效益和可持续性为导向，而非理性消费则更多受到情感驱动、社会认同、身份象征等心理因素的影响。本节将通过不同市场的案例，分析理性与非理性消费在时尚中的具体表现，包括功能性与可持续时尚的理性消费、奢侈品与社会地位驱动的非理性消费，以及快时尚市场中的冲动与实用消费交织等现象。

一、理性消费案例：功能性与可持续时尚

在时尚消费中，理性消费行为体现为消费者根据产品的实际用途、质量、可持续性和长期价值做出购买决策。随着环保意识的提高，越来越多的消费者选择功能性强且具有可持续性的时尚产品。

理性消费通常发生在消费者对功能性和实用性的要求更高的场合。例如，在户外服装、运动服装和工作服等领域，消费者往往更关注产品的功能性特点，而不是仅仅依赖品牌或设计的吸引力。以瑞典户外品牌Fjällräven为例，该品牌的Kånken背包不仅因其耐用、轻便和防水功能而广受欢迎，同时其简洁的设计也赋予了产品较长的生命周期。消费者购买这些产品时，主要基于其实用性和长时间使用的价值，而不是为了展示品牌或追随潮流。

此外，运动服装品牌如Nike和Adidas的技术驱动产品也是理性消费的典型案例。消费者购买运动服装时，通常会考量其舒适性、透气性、

支撑力等功能特点。对这类产品的购买决策不仅是为了满足运动需求，还可能出于健康和安全方面的考虑。

在全球气候变化和资源紧张的背景下，消费者对可持续时尚的需求逐渐增加。可持续时尚产品通常包括使用有机材料、减少碳排放、符合公平贸易标准等特点。消费者选择这些产品时，更多考虑的是它们对环境和社会的长期影响，而不仅仅是价格或短期需求。

Patagonia 是可持续时尚领域的领先品牌之一。该品牌不仅通过环保材料和低碳制造来减少对环境的影响，还通过回收和再利用计划鼓励消费者将旧衣物送回品牌进行翻新和再销售。这种以可持续性为核心的时尚消费方式使得消费者更加注重购买的长期效益和社会责任。

另一典型案例是英国的 Stella McCartney 品牌，创始人坚决拒绝使用动物皮革和毛皮，坚持使用环保材料。购买该品牌的消费者不仅看重其高端设计，还因为其环保理念而选择支持该品牌。这种消费行为不仅是理性需求的体现，也反映了消费者对社会责任的认同。

二、非理性消费案例：奢侈品与社会地位

非理性消费通常与情感、身份认同和社会地位密切相关。奢侈品消费是非理性消费的典型表现，消费者在购买奢侈品时，往往不仅仅是为了满足功能需求，还是为了展示其社会地位和成功。

奢侈品市场中的非理性消费表现得尤为明显。奢侈品牌如 Louis Vuitton、Chanel 和 Gucci 等，通过长期的品牌建设，将自身与财富、地位和成功紧密联系在一起。这种品牌效应使得消费者愿意为奢侈品支付高额溢价，尽管这些商品在功能上与普通商品并无显著区别。

奢侈品不仅是物质财富的象征，还是文化资本的一部分。社会学家

皮埃尔·布迪厄提出的"文化资本"理论指出，消费者通过拥有奢侈品展示其文化素养和生活品位，这一现象在全球范围内的富裕阶层中普遍存在。例如，购买 Hermès 的 Birkin 包不仅是为了使用它的功能，更多是为了展示个人的财富和审美品位。在某些社交圈层中，拥有奢侈品成为一种不可或缺的身份象征。

奢侈品的非理性消费行为往往受到社会压力的驱动，尤其在注重"面子"的文化习俗中表现得更为显著。消费者可能会因为社交圈中的奢侈消费氛围而感到压力，进而产生非理性购买行为。这种从众效应在许多发展中国家尤其明显，富裕阶层的消费者通过购买奢侈品来展示他们在社会中的地位，寻求他人的认可和尊重。

例如，在中国，奢侈品市场近年来快速增长，特别是在一线城市，奢侈品不仅是财富的象征，也是成功的标志。许多消费者选择购买奢侈品并非为了满足其功能性需求，而是为了获得社会认同和展示个人成就。这种消费行为背后的驱动力更多来自外部的社会压力，而非个人的实际需求。

三、快时尚中的冲动与实用消费交织现象

快时尚市场中的消费行为体现了理性与非理性的交织。快时尚品牌如 Zara、H&M 和 Uniqlo 通过快速响应时尚潮流、提供价格适中的商品，吸引了大量消费者。然而，快时尚市场中的消费者行为既有理性的一面，也存在大量冲动消费。

快时尚的成功在于其能够提供符合潮流的时尚产品，且价格相对低廉，满足了消费者对时尚的即时需求。消费者在选择快时尚产品时，往往出于性价比的考虑，认为以低价获取最新款式是一种理性的选择。特

别是在年轻消费者群体中,快时尚提供了一个低成本追求时尚的途径。

例如,Uniqlo的服装以其基本款、实用性和高性价比而闻名。消费者在购买时主要考虑的是产品的舒适性、耐用性和价格适中,能够满足日常生活的功能性需求。这种理性消费行为使得快时尚消费在全球市场中占据了重要地位,特别是在经济条件有限的消费群体中。

然而,快时尚也因其快速变化的潮流和低价策略,容易引发消费者的冲动购买行为。快时尚品牌通过频繁更新商品,制造一种"错过即失"的紧迫感,促使消费者迅速购买新款。这种消费模式导致消费者在购物时很容易忽略实际需求,单纯因为商品价格低廉或紧跟潮流而做出冲动决策。

例如,Zara每隔几周就推出新系列,鼓励消费者不断更新自己的衣柜。许多消费者在面对新款时,可能会因为其时尚设计和价格低廉而冲动购买,而不考虑该商品是否真正适合自己或具有长期价值。这种冲动消费行为不仅导致了过度消费,还可能在短时间内对环境造成负担,特别是由于快时尚产品的质量通常较低,消费者往往会在短期内丢弃这些商品。

快时尚消费中的理性与非理性常常相互交织。消费者在购物时,可能同时考虑到产品的实用性和价格优势,但也容易在面对潮流诱惑时产生冲动购买的行为。由于快时尚消费品通常采用低价策略,消费者在购买时往往不会过多考虑商品的长期价值,认为即使产品质量较差,也不会造成太大的经济损失。

这种交织现象反映了现代时尚消费中的矛盾心理:消费者一方面追求性价比和实用性,另一方面又容易被时尚潮流和低价吸引,做出短期、非理性的购买决策。

不同市场中的理性与非理性时尚消费表现出多样性。功能性与可持续时尚提供了理性消费的典型案例，消费者在决策时注重实用性、长期价值和社会责任。奢侈品消费则更多反映了非理性消费，消费者通过奢侈品展示其社会地位和身份，受到情感和社会压力的驱动。快时尚市场中的理性与非理性消费行为交织在一起，消费者既考虑到价格和实用性，也常常受到潮流和低价诱惑的影响，做出冲动购买决策。未来，随着消费者社会责任意识的提高和时尚行业的发展，理性与非理性消费的平衡将继续影响全球时尚市场的格局。理解这些不同市场中的消费行为，有助于品牌更好地应对消费者需求，同时推动更可持续的时尚消费模式。

第五节　影响时尚消费行为的文化与社会因素

时尚消费行为不仅仅是个人品位的表现，它还深受文化和社会因素的影响。在全球化和多样化的背景下，时尚消费行为体现了不同文化背景中的价值观、审美取向、社会规范、社会阶层以及身份认同等复杂因素。在时尚消费中，文化和社会因素决定了理性与非理性消费行为的动态平衡。本节将从不同文化对理性与非理性消费的影响、社会阶层与时尚消费选择的差异等角度，详细探讨这些因素如何塑造人们的时尚消费决策。

一、不同文化对理性与非理性消费的影响

文化是影响时尚消费行为的重要因素之一。文化不仅反映了人们的审美偏好，还决定了他们如何看待时尚消费中的理性与非理性因素。在不同的文化背景中，消费者在时尚消费中展示的理性与非理性行为可能截然不同。例如，在某些文化中，追求奢侈品被视为社会地位的象征，而在另一些文化中，理性消费和简约生活方式可能受到更多的推崇。

西方文化，尤其是欧美文化，强调个人主义和自我表达，这直接影响了时尚消费中的非理性行为。在这些文化中，时尚不仅是穿着的选择，更是展示个人身份、个性和价值观的工具。例如，在美国和欧洲，消费者倾向于通过时尚来展示自我，与主流时尚潮流或亚文化潮流建立联系。这一过程常常带有明显的非理性消费倾向，因为消费者可能会为了追赶潮流而购买不必要的商品，或者为了展示个性而购买独特的高端时尚单品，即使这些商品在功能上并不具有更多优势。

例如，近年来在欧美文化中流行的"街头时尚"（Street Fashion）和"运动休闲风"（Athleisure）风潮，正是消费者将自我表达与时尚消费结合的体现。年轻消费者愿意为限量版运动鞋或联名品牌商品支付高价，不仅因为这些商品具有时尚价值，还因为它们在社交圈子中能够传递出特定的身份信号和个性表达。这种消费行为常常超越了功能性和理性考量，更多是出于自我形象的塑造和社交认同的需求。

与西方文化的个人主义不同，东亚文化（如中国、日本和韩国）更加强调集体主义和社会关系中的身份认同。在这种文化背景下，时尚消费更多体现为社会地位的展示，特别是在追求奢侈品的非理性消费行为中尤为明显。在这些国家，拥有奢侈品不仅仅是个人品位的表现，更是个人在社会阶层中的位置象征。

例如，在中国，奢侈品消费一直处于快速增长的状态，特别是在经济崛起之后，越来越多的消费者将奢侈品视为成功的象征。许多消费者为了获得社会认同，倾向于购买知名奢侈品牌，如 Louis Vuitton、Chanel 和 Gucci 等，即使这些产品的价格远远超过其实际功能价值。这种非理性消费行为不仅是个人对奢华生活方式的追求，也是社会文化中的"面子文化"在时尚消费中的体现。

日本的"名牌文化"也展现了类似的文化影响。在日本，许多人认为拥有奢侈品牌是一种社会地位的象征，而在社交场合中，佩戴知名品牌的商品能够提升个人的社会形象。这种文化中的集体主义价值观强化了人们对奢侈品的非理性消费倾向，尤其在与职业、家庭和社交关系密切相关的场合中。

随着全球化的发展，不同文化背景中的时尚消费行为逐渐融合。消费者不仅受到本土文化的影响，还会通过互联网和社交媒体接触到全球范围内的时尚潮流。这种文化融合在一定程度上模糊了理性与非理性消费之间的界限。

例如，西方的个人主义时尚文化逐渐在全球范围内传播，东亚国家的年轻一代也开始追随这种"自我表达型"的时尚消费方式。在中国、日本和韩国，越来越多的年轻消费者通过社交媒体接触到全球时尚潮流，他们不仅仅追求本土的奢侈品品牌，还会追随来自欧美的街头品牌和限量版时尚产品。这种全球化的时尚消费行为常常伴随着冲动和非理性消费的增加。

二、社会阶层与时尚消费选择的差异

社会阶层在时尚消费中的作用至关重要。不同社会阶层的消费者往往展示出不同的消费行为和偏好，高收入群体可能更加注重奢侈品牌的购买，而低收入群体则更倾向于选择性价比高的快时尚品牌。此外，社会阶层还影响了消费者对理性与非理性消费的态度。对于某些阶层来说，追求时尚可能是一种展示财富的方式，而对于其他阶层，时尚消费更多是一种满足基本需求和追求实用性的行为。

在高收入群体中，奢侈品消费常常被视为社会地位和身份的象征。奢侈品牌如 Hermès、Prada 和 Dior 不仅通过其高端的设计和稀缺性吸引消费者，还通过价格和营销策略将自己与"富裕""成功""高贵"等象征紧密相连。高收入阶层的消费者往往愿意为奢侈品支付高额溢价，因为这些产品不仅满足了他们对高质量和精致设计的需求，还能够帮助他们在社交场合中展示自己的经济实力和社会地位。

布迪厄的"文化资本"理论指出，奢侈品消费不仅是一种经济资本的展示，也是一种文化资本的象征。在许多社会中，高收入阶层通过购买奢侈品来展示他们的文化品位和审美能力。例如，在欧洲的富裕阶层中，选择经典而低调的奢侈品牌，如Celine或Bottega Veneta，不仅是为了展示财富，还传递出他们对精致生活方式和高雅品位的追求。这种消费行为体现出理性与非理性消费的交织，消费者既满足了自身对高端产品功能性的需求，又通过产品实现了情感抒发和社会认同。

与高收入群体不同，中低收入群体在时尚消费中往往更加注重性价比和实用性，快时尚品牌因此成为他们的主要选择。快时尚品牌如Zara、H&M和Uniqlo通过快速生产、价格低廉的时尚产品吸引了大量消费者，满足了他们对时尚潮流的追求，同时提供了经济实惠的选择。

在中低收入群体中，理性消费更多表现为对功能性、价格和质量的权衡。消费者可能会选择性价比高的商品，而不是追求高端奢侈品。然而，快时尚品牌的低价策略也容易引发冲动消费。由于价格相对低廉，消费者在购物时常常忽略对产品的实际需求和长期价值的考虑，容易因为追逐潮流或低价优惠而购买过多商品。

随着社会经济的不断发展，许多国家中产阶级的规模不断扩大，社会阶层流动性增强，时尚消费行为也发生了相应的变化。在一些快速发展的经济体（如中国和印度），大量中产阶级消费者开始向奢侈品市场进军，推动了奢侈品牌的快速增长。

这种社会阶层的变化带来了时尚消费的升级。中产阶级消费者在经济条件改善后，开始更加注重品牌、设计和产品的象征意义，逐渐从快时尚消费者转向奢侈品消费者。然而，在这一过程中，非理性消费现象也更加普遍。许多消费者为了获得社会地位的提升和他人的认同，可能会超出自己的经济能力去购买奢侈品，甚至通过分期付款等方式实现他们对奢侈品牌的追求。

三、社会因素对理性与非理性消费的平衡作用

文化和社会因素不仅影响了消费者的时尚选择，还决定了他们如何在理性与非理性消费之间找到平衡。在理性消费中，社会的规范和文化的影响使得消费者更倾向于选择能够提供长期价值和功能性保障的商品；而在非理性消费中，社会压力、身份认同和文化象征则常常推动消费者做出情感驱动的购买决策。

例如，在环保意识较强的北欧国家，消费者在时尚消费中倾向于选择可持续品牌和环保产品，追求功能性与社会责任的平衡。这种消费行为更多受到社会文化中对环保和简约生活方式的倡导，体现了理性与责任消费的结合。而在经济快速发展的东亚国家，消费者往往因为社会压力和"面子文化"的影响，倾向于通过奢侈品展示社会地位，这种消费行为则更多地带有非理性消费的色彩。

时尚消费行为深受文化和社会因素的影响，不同文化背景和社会阶层中的消费者在理性与非理性消费之间表现出显著差异。西方文化中的个人主义推动了自我表达和潮流驱动的非理性消费，而东亚文化中的集体主义和社会地位的象征性则加强了奢侈品消费中的非理性倾向。同时，不同社会阶层的消费者在时尚消费中展示出对功能性、价格和品牌象征的不同重视。通过理解文化和社会因素对时尚消费行为的影响，可以更好地理解全球时尚市场中的复杂消费现象。

第5章

价值观变迁视角下的
时尚消费

第一节　时尚消费观的变迁

对于时尚消费，学术界从早期以批判态度为主，逐渐过渡到客观认识时尚消费的积极作用，并重点探讨时尚消费的理性、健康发展方向。

一、对时尚消费的批判

早期，学术界对时尚消费持批判态度，主要关注其表面化、浪费资源、促进物质主义等负面影响。研究者通常将时尚消费视为社会不良现象的一种表现，并呼吁减少消费、反对过度消费等。这种态度反映了对于消费主义的批判和对社会问题的关注。

针对时尚消费的批判之一是，这种消费方式不重视商品或服务的"使用价值"，夸大其"时尚价值"，造成了浪费。在农业时代，人们对商品的需求主要是各种食品，因此消费价值主要体现为使用价值，且很少出现对使用价值的浪费。进入到工业文明和数字文明时代，伴随着食品支出在总支出中比重的不断下降，大量消费更多体现为消费者对符号价值的追求，而较少体现为消费者对使用价值的追求。部分学者提出，这种使人的基本需要和使用价值背离的时尚消费，不仅贬低了商品或服务的使用价值，而且导致了整体性的挥霍消费，是对可持续发展观的背离（刘福森和蓝海，2002）。[1] Hopkins 和 Kornienko（2004）进行的理论研究表明，当人们消费"地位"商品（positional good）时，消费者选择体现为一种战略性消费选择，因为一个人的效用取决于其他人的消

---

[1] 刘福森,蓝海.消费主义文化价值观的后现代解读[J].自然辩证法研究,2002,(09):61-64.

费选择。基于博弈论分析工具，Hopkins 和 Kornienko 得出结论，在对称纳什均衡中，每个人在"地位"商品上支出都会过高，特别是在更加富裕的社会中，几乎所有人在炫耀性消费上支出都会更多，同时每个收入水平的个体的效用都会比较低。[1]

针对时尚消费的批判之二是，这种消费方式创造了一种新的不平等关系。在对经济不平等问题进行分析时，除了收入之外，还要考虑消费不平等的重要性。相比收入不平等，消费不平等是否能够更好地度量人们的福利情况？对于经济学家来说，利用消费不平等理论来分析福利问题具有更大的吸引力。Modigliani 和 Brumberg（1955）提出的生命周期假说[2]和 Friedman（1957）提出的永久收入假说[3]成为解释人们如何做出消费决策的重要理论，表明厌恶风险的家庭更喜欢平滑消费流而不是波动消费流。因此，当消费者面临意外冲击时，收入的波动程度往往要高于消费的波动程度，这种收入与消费波动不一致的情况得到了部分实证研究的支持，例如，Slesnick（1994）的研究表明，消费不平等的扩大幅度比收入不平等更为温和；[4] Krueger 和 Perri（2006）的研究表明，在 1980—2003 年期间，收入的方差从 0.35 增加到 0.57，而消费的方差仅从 0.18 增加到 0.24。[5] 换句话说，收入和消费方面的不平

---

[1] Hopkins E, Kornienko T. Running to keep in the same place: Consumer choice as a game of status[J]. American Economic Review, 2004, 94(4): 1085−1107.

[2] Modigliani F, Brumberg R. Utility Analysis and the Consumption Function: An Interpretation of Cross-Section Data[M]. In Post-Keynesians Economics, ed. K. Kurihara, New Brunswick: Rutgers University Press,1955.

[3] Friedman M. Theory of the consumption function[M]. Princeton university press, 2018.

[4] Slesnick D T. Consumption, needs and inequality[J]. International Economic Review, 1994: 677−703.

[5] Krueger D, Perri F. Does income inequality lead to consumption inequality? Evidence and theory[J]. The Review of Economic Studies, 2006, 73(1): 163−193.

等都在加剧,但收入不平等的幅度要大得多。是不是可以由此下结论:消费不平等程度相比收入不平等程度更低,因此,如果从消费的角度来观察福利情况,那么不平等程度看起来没有那么高?就时尚消费而言,部分学者并不同意上述结论。袁芃(2007)认为,时尚消费创造出了一种新的不平等的关系,以"时尚""消费"面目出现的新的社会身份区隔系统,以另外一种方式生产或再生产着不平等的社会身份体系。[1] 上述不平等关系存在的前提是,不同收入水平的消费者只能消费符合自身"社会身份"的物品,不会消费高于自身阶层的物品。实际上,低收入群体会为了获得社会认同,而进行时尚消费,正如凡勃伦指出的:"社会的任何阶层,甚至是赤贫阶层,都不会放弃所有习惯性的炫耀性消费。除非面临着生存需求的压力,否则人们不会放弃所有的炫耀性消费。在收起最后一件小饰品或最后一件代表财富服饰之前,人们会忍受肮脏和不适。"例如,金晓彤和崔宏静(2014)指出,即使是收入较低的农民工,也会进行炫耀性消费,且炫耀性消费成为新生代农民工获得社会认同的一种路径。甚至,在某些情况下,低收入消费者会通过购买仿制品来追求社会认同。然而,低收入群体进行"地位"商品消费的时候,虽然可以满足其对社会认同的需求,但也会导致其有限的资源被更多地用于时尚消费、炫耀性消费,以至于在健康、教育、人力资本积累等方面的支出下降,从而对低收入群体产生负面影响(Van Kempen,2003)。[2]

　　针对时尚消费的批判之三是,时尚消费与可持续发展理念相悖,对生态环境并不友好。时尚产业的基本特点是快速生产、快速消费和快

[1] 袁芃.时尚的祛魅——时尚、现代性与消费的当代合谋的解读[J].哲学动态,2007,(01):29—34.
[2] Van Kempen L. Fooling the eye of the beholder: Deceptive status signalling among the poor in developing countries[J]. Journal of International Development: The Journal of the Development Studies Association, 2003, 15(2): 157—177.

速更新，以服鞋产品为最。从原材料的获取、生产制造到产品的包装运输，都对环境造成了不可忽视的影响，比如水资源浪费、化学品污染、能源消耗等。在时尚消费蓬勃发展的过程中，越来越多环境影响开始浮出水面。例如，根据联合国发布的有关报告，每年有85%的纺织品最终被消费者丢弃，某些类型的衣服洗涤会使大量微塑料被排放到海洋中（UNECE，2018）。[1] 时装生产中排放的二氧化碳占全部人类活动排放的二氧化碳总含量的10%，且导致河流等水源被污染（Ikram，2022）。[2] 在当前的时尚消费领域中最容易引发人们对生态环境担忧的便是快时尚产品。快时尚指的是模仿当前奢华时尚趋势的低成本服装系列（Joy，2012），[3] 因其具有快速、时尚、低价的定位，快时尚品牌能为更多人提供支付得起的时尚消费（Mazaira，2003）。[4] 快时尚虽然有时被誉为时尚消费的"民主化"，即所有阶层的消费者都可以获得最新款式，但与这种消费相关的环境风险却隐藏在"每件服装的整个生命周期中，从高耗水棉花的种植，到将未经处理的染料释放到水源中，再到工人的低工资和恶劣的工作条件，快时尚纺织品所涉及的环境和社会成本是普遍存在的"（Bick，2018）。[5] 这也带来了环保时尚消费是不是一个伪命题的

[1] UNECE: United Nations economic commission for Europe. https://unece.org/info/publications/pub/2072; 2018.

[2] Ikram M. Transition toward green economy: Technological Innovation's role in the fashion industry[J]. Current Opinion in Green and Sustainable Chemistry, 2022, 37: 100657.

[3] Joy A, Sherry Jr J F, Venkatesh A, et al. Fast fashion, sustainability, and the ethical appeal of luxury brands[J]. Fashion theory, 2012, 16(3): 273－295.

[4] Mazaira A, González E, Avendaño R. The role of market orientation on company performance through the development of sustainable competitive advantage: the Inditex‐Zara case[J]. Marketing Intelligence & Planning, 2003, 21(4): 220－229.

[5] Bick R, Halsey E, Ekenga C C. The global environmental injustice of fast fashion[J]. Environmental Health, 2018, 17: 1－4.

疑问，这是因为，快时尚等时尚消费以持续刺激消费者的购物欲望、使其频繁购买新款式为主要特征，如果时尚品牌或时尚消费强调环保意识，则二者存在着显而易见的矛盾。

二、对时尚消费积极作用的认识

随着时间的推移和研究的深入，学术界逐渐开始客观认识时尚消费的复杂性，并认识到它也具有积极的作用。一些研究开始探讨时尚消费对经济发展、创意产业、就业创造等方面的正面影响。同时，学者们也开始重视消费者的主体性，研究他们的消费行为背后的动机、意义和影响。

从宏观意义的角度来看，伴随着经济不断发展，消费将成为经济增长的主要驱动力，推动时尚产业发展有利于释放消费潜力，也有助于传统产业的转型升级。消费在大多数国家是总需求中最大的组成部分，也是经济活动随时间波动的重要原因。

从世界各国居民最终消费占GDP的比重来看（图1），我国居民消费比重不仅显著低于各主要发达经济体，而且也低于同一发展水平的"金砖国家"。2022年，美国、欧盟、日本居民消费占GDP比重普遍在50%以上，美国和英国两国更是常年保持在60%的水平以上。巴西、印度、南非和俄罗斯四国居民消费占GDP比重也长期高于50%，且前三个国家2022年比重均高于60%。相比之下，我国居民最终消费占GDP比重自2004年以来呈现下降趋势，一直低于40%。

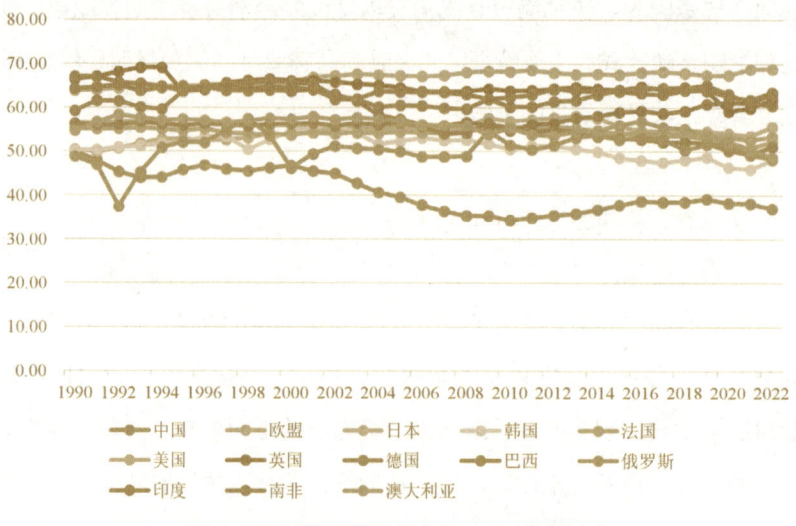

图 1 世界各国居民最终消费占 GDP 比重（%）

数据来源：世界银行。

    扩大国内需求，进而形成投资和消费之间的良性循环，是当前我国新发展格局的战略基点，从长期来看，消费和投资之间的平衡关系也是一国经济持续发展的驱动力量。马克思在《〈政治经济学批判〉导言》中写道："产品在消费中才得到最后完成。一条铁路，如果没有通车、不被磨损、不被消费，它只是可能性的铁路，不是现实的铁路。没有生产，就没有消费，没有消费，也就没有生产，因为如果这样，生产就没有目的。"从当前我国宏观经济发展的局面来看，推动国内消费需求总量的增加与层次的提升，才能为新兴产业的发展、新科学技术的运用提供市场空间，为产业结构升级、新质生产力的培育提供内生动力，更好推动经济的高质量发展，实现发展动能的转化（高培勇等，2024）。[1]

[1] 高培勇,隆国强,刘尚希,等.扎实推动高质量发展,加快中国式现代化建设——学习贯彻中央经济工作会议精神笔谈[J].经济研究,2024,59(01):4－35.

作为整个消费领域中最具活力、最能体现消费者更高需求层次的内容，时尚消费是推动产业转型升级的重要力量。主要体现在如下几个主要方面：(1) 创新驱动。时尚消费者通常对新鲜感和创新性有较高需求。这促使产业不断创新，从设计、材料到生产工艺都需要不断更新，推动了产业技术和设计水平的提升。(2) 品牌价值。时尚品牌在建立品牌形象和树立价值观念上有着深远的影响力。消费者愿意为品牌溢价买单，这驱动了企业更加注重品牌塑造和产品质量，提升了产业整体的竞争力。(3) 供应链升级。为了适应快速变化的市场需求和消费趋势，时尚产业需要建立灵活高效的供应链系统，包括原材料采购、生产流程、物流配送等方面的升级和优化。(4) 数字化转型。随着互联网和智能科技的发展，时尚消费者的购物方式发生了根本性的改变，从线下实体店到线上电商平台的转移，推动了产业的数字化转型，包括电子商务、虚拟试衣间、智能客服等方面的创新应用。(5) 可持续发展。随着消费者对环保和可持续发展的关注增加，时尚产业也在逐渐转向可持续发展的方向，包括采用环保材料、倡导快时尚与慢时尚相结合、减少环境污染等方面的举措，这种转变推动了产业结构和经营模式的升级。

在《沃霍尔经济：时尚、艺术和音乐如何改变了纽约》(*The Warhol Economy: How Fashion, Art, and Music Drive New York City*) 一书中，Currid-Halkett (2009) 探讨了时尚、艺术和音乐如何推动了纽约市的经济发展。[1] Currid-Halkett 认为，纽约相对于其他城市的优势并不在于传统上认为的金融、法律、公司总部等领域，这些因素在其他城市中也同样存在，但纽约独具特色的时尚、艺术、音乐成为其经济发展的

---

[1] Currid-Halkett E. *The Warhol Economy: How Fashion, Art, and Music Drive New York City*-new edition[M]. Princeton University Press, 2009.

驱动力。虽然时尚产业与其他产业一样可以创造就业和收入，但同时时尚产业还以无形的方式发挥着重要作用。纽约的时尚产业、艺术气息吸引着来自不同行业的、不同背景的企业和个体，因为在纽约，这些投资者和普通劳动者不仅能够获得经济上的收益，还被纽约的活力和创造力深深吸引。特别是对于具有高水平人力资本的人群而言，纽约的时尚、艺术等文化氛围更是吸引这些群体聚集的重要因素，Currid-Halkett 指出，正是纽约对高水平人力资本的聚集能力从根本上使其免于成为制造业经济的荒地之一——类似克利夫兰、底特律和匹兹堡的命运。

在《时尚与城市：文化经济在三个西欧城市发展战略中的作用》(*Fashion and the City: The role of the 'cultural economy' in the development strategies of three Western European cities*) 一书中，Pandolfi（2015）探讨了文化，特别是时尚在安特卫普、米兰和阿姆斯特丹三个西欧城市发展中的战略作用。[1] Pandolfi 认为，时尚产业在城市的发展战略中扮演着多重角色，既具有明显的经济意义，又带来了广泛的社会和文化发展机遇。时尚产业被认为具有显著的经济影响，一方面，时尚产业的发展刺激了城市内衰退地区的再开发，提升了整体的土地价值，另一方面，时尚产业在吸引游客、中产阶级工作者和企业等方面发挥了关键作用。此外，时尚产业聚集也为当地经济带来了就业机会和经济活力，这些因素共同推动了这些城市的经济发展。其次，时尚产业还带来了积极的社会影响。例如，时尚产业的产品或服务为城市内居民的身份认同、融合和社交提供了重要机会。

---

[1] Pandolfi V. *Fashion and the City: the role of the 'cultural economy' in the development strategies of three Western European cities*[M]. Eburon Uitgeverij BV, 2015.

第二节 多样化的时尚消费实践

时尚产业承载着人民对美好生活的向往,许多城市都把培育时尚消费产业作为消费升级、提升城市影响力的重要举措。

一、北京:传统+现代的时尚之都

作为国际大都市,北京一方面有着数百年沉淀下来的历史、传统和文化,另一方面也是一个走在时尚前沿的大城市,这使得北京得以塑造出独一无二的"传统+现代"的混合时尚基因。从政策上看,将北京打造为时尚之都,一方面缘于时尚产业承载着人民对美好生活的向往,另一方面也缘于北京肩负着建设国际消费中心城市的历史使命。

北京是一个传统与现代交织融合,进而衍生出独具特色的时尚文化的城市。北京有着丰富的历史文化遗产。如故宫、天坛、颐和园等。这些古迹不仅是中国古代文明的瑰宝,也是北京传统文化的重要载体。每年都有大量国内外游客慕名而来,感受北京深厚的文化底蕴。北京的老字号传承着数百年的技艺和文化,如同仁堂、全聚德、王麻子等。这些老字号以其独特的商品和优质的服务,成为北京文化的重要组成部分。北京的住宅文化独具特色。胡同和四合院是北京传统的住宅形式。这些古老的街巷和建筑不仅承载了北京的历史记忆,也展现了独特的居住文化。如今,虽然高楼大厦林立,但胡同和四合院依然是北京城市风貌的重要组成部分。北京的饮食文化丰富多彩,既有传统的京菜,也有来自全国各地的美食。北京烤鸭、豆汁焦圈、炸酱面等都是北京的传统美食,深受市民和游客的喜爱。然而,北京并不满足于仅仅停留在传统文化的传承上，它更是一个走在时尚前沿的大城市。近年来，北京在时尚产业方面取得了长足的发展。新兴的创意设计、多元化的摄影文化、青年创业的氛围、购物体验的创新以及网络新媒体的崛起等，都为北京的时尚产业注入了新的活力。

2021年9月，北京发布了《北京培育建设国际消费中心城市实施方案（2021—2025年）》的通知（以下简称《实施方案》），《实施方案》确定了在2025年"基本建成国际消费中心城市，成为彰显时尚的购物之城、荟萃全球风味的美食之都、传统文化和现代文明交相辉映的全球旅游目的地、引领创新生态的数字消费和新型消费标杆城市"的总体目标。在时尚消费领域，《实施方案》确立的重点任务包括打造彰显文化时尚魅力的消费地标，将王府井步行街打造成为独具人文魅力的国际一流商业街区，将前门大栅栏商圈打造成为以"老字号+国潮"为特色的传统文化消费圈，将华熙LIVE·五棵松培育成为以"时尚+多元业态融合"为特色的夜间消费集聚区。

为贯彻落实《实施方案》，北京市商务局于2022年9月印发了《关于加快引导时尚类零售企业在京发展的指导意见（2022—2025年）》的通知（以下简称《指导意见》），《指导意见》旨在"构建符合首都功能定位的时尚产业发展格局"，主要目标是"力争到2025年，本市时尚消费繁荣度显著提升，初步构建具有国际竞争力的时尚消费品牌矩阵、首发中心和总部高地，人才培育、产业布局、公共服务等支撑体系逐步完善，基本建成彰显时尚的购物之城"。

根据《实施方案》和《指导意见》，北京打造时尚之都的基本思路是，通过引进时尚零售来推动时尚消费，以此作为先行领域，进而培育时尚创意、研发设计、总部管理等高价值产业环节。首先，引进时尚零售是打造时尚之都的重要起点。时尚零售不仅为城市带来最新的时尚趋势和潮流商品，还通过多元化的购物体验吸引消费者，提升城市的时尚氛围。北京的购物中心、商业街区等零售场所积极引进国内外知名时尚品牌，打造多样化的购物环境，满足消费者对时尚的需求。除了SKP购物中心、三里屯太古里、朝阳大悦城等时尚购物中心之外，近两年北京还新增了THE BOX朝外年轻力中心、西三旗万象汇、京西大悦城等新的时尚零售地标。其次，推动时尚消费是打造时尚之都的关键环节。时尚消费不仅体现了消费者对时尚的追求和认同，也为时尚产业的发展提供了广阔的市场空间。北京举办了大量的时尚活动，同时通过打造时尚地标等方式，吸引更多消费者参与时尚消费，提升城市的时尚影响力。例如，作为北京乃至全国最具影响力的时尚盛会，北京时装周每年都会吸引全球目光。时装周期间，会举办多场时装秀、设计论坛、展览等，展示最新的时尚趋势和设计理念。再比如，2024年举办的"前门国风节"是一个以国风为主题的系列活动，通过举办汉服表演、非遗老字号展售、国风市集等活动，展现了京韵潮流魅力。

在时尚消费的基础上，北京进一步培育时尚创意、研发设计、总部管理等高价值产业环节。时尚创意和研发设计是时尚产业的核心竞争力，也是推动时尚产业持续发展的关键。北京近年来吸引了大量国内外知名时尚设计师和创意人才，他们在北京设立了工作室或设计中心。这些中心不仅为设计师提供了良好的工作环境和设施，还通过定期举办设计展览、论坛等活动，促进了时尚创意的交流与合作。例如，北京751D·PARK时尚设计广场就是一个集设计、研发、展示、交易等功能于一体的时尚产业园区。这里聚集了众多国内外知名设计师和创意机构，为时尚产业提供了强大的创意支持。北京拥有多所知名时尚教育机构，如北京服装学院、中央美术学院等，这些机构为时尚产业提供了源源不断的人才支持。同时，北京还定期举办各种时尚教育和培训活动，如设计师培训、时尚营销课程等，为时尚产业培养了大量高素质的专业人才。

在建设时尚之都的过程中，北京的核心特征便是时尚与文化的融合发展，这是其他城市所不具备的先天优势。自2016年以来，北京利用太庙、王府井、水立方、故宫、国家博物馆、凤凰中心等标志性时尚文化场所，成功举办了六届北京时装周及其配套官方展会WEEK UP潮流展。通过这些活动，北京以时尚为纽带，不仅提升了本地时尚品牌的价值和传播影响力，也为弘扬传统文化作出了重要贡献。

二、深圳："理工男"打造全球时尚之都

深圳从城市发展的战略高度来谋划和推动时尚产业发展，致力于打造国际时尚大都市。

深圳通常被人们称为城市发展中的优秀"理工男"，本着"理工男"的精神特质，深圳通过科技创新、产业升级、城市建设等方面的努力，取得了令人瞩目的经济发展成就。为了提升深圳这个年轻的"理工男"的竞争力、软实力，深圳市致力于打造国际时尚大都市。打造时尚大都市，是深圳市提升城市地位、能级的主动举措。2021年发布的《深圳市时尚产业发展规划（2021—2025年）》（以下简称《规划》）明确提出："时尚是不断引领消费和生产的新潮流新趋势，是提升城市活力、魅力、影响力和软实力的关键要素……把握先机，抢占高端，助力转型，做强做优时尚产业，既是我市应对全球疫情冲击、保持经济平稳健康运行的重要举措，也是构建现代产业体系、增强产业核心竞争力、提升城市能级和促进人民生活更加美好的必然选择。"2023年4月发布的《时尚深圳产业研究报告》指出："时尚之都则是在时尚领域具有国际影响力并引领时尚潮流的城市，是时尚在空间上的集聚结果和表现形式，是国际大都

市的'标配'。"深圳打造时尚之都,既具备了较为充分的基础条件,同时也采取了多种举措来实现这一目标。

首先,深圳具备建设时尚之都的基础条件。第一个基础条件是深圳的经济基础。纵观国际时尚之都,特别是五大时尚之都(巴黎、米兰、伦敦、纽约、东京),多为本国的经济中心、产业中心。根据《深圳市2023年国民经济和社会发展统计公报》中的有关数据,2023年深圳GDP超过3.46万亿元,人均GDP超过19万元,常住人口超过1700万,服务业占比超过62%。深圳产业竞争力强,2023年战略性新兴产业增加值占地区生产总值比重达41.9%,其中数字与时尚产业增加值达4099.01亿元。强大的经济基础为深圳市时尚产业的发展提供了肥沃的土壤。第二个基础条件是深圳开放、多元、包容的创新文化。在40余年的发展实践中,深圳逐步形成了以"敢闯敢试、敢为天下先,开放包容、海纳百川,追求卓越、崇尚成功、宽容失败、改革创新、埋头苦干、务实高效"为主要内涵的特区精神(陈雷刚,2020)。[1]这种特区精神在塑造深圳的时尚文化、促进时尚产业发展中发挥了重要作用。敢闯敢试、敢为天下先的精神鼓励了深圳人大胆尝试新的时尚理念和创意,推动了时尚文化的创新和发展。开放包容、海纳百川的理念使得深圳成了一个汇聚了各种文化和风格的城市,为时尚文化的多元发展提供了土壤。在这种开放的氛围下,各种时尚理念相互交融,形成了独特的深圳时尚文化,吸引了大量国内外时尚爱好者和从业者前来深圳创业、交流。第三个基础条件是深圳优越的地理位置。深圳位于广东南部,与香港隔海相望,是国际时尚进入中国市场的重要节点。这使得深圳可以轻松获取香港及国

---

[1] 陈雷刚.论特区精神的生成逻辑、基本内涵与时代价值[J].深圳社会科学,2020(05):127-136.

际时尚界的最新资讯、潮流趋势和设计理念，并且为深圳的时尚从业者提供了与国际接轨、不断创新的机会，有利于时尚文化的丰富和时尚产业的发展。特别是粤港澳大湾区战略为深圳时尚文化产业发展提供了重要契机，2019年颁布的《粤港澳大湾区发展规划纲要》中提出，支持深圳引进世界高端创意设计资源，大力发展时尚文化产业。

其次，深圳采取多种举措推动时尚产业的快速发展。2021年4月，深圳发布了《深圳市时尚产业发展规划（2021—2025年）》，将现代时尚产业正式列入深圳"20+8"的重点产业集群之一。根据《规划》，深圳要在2025年培育形成增加值超6000亿元的时尚产业集群，成为全球重要的新兴时尚产业高地，重点发展时尚消费电子、服装、家居、钟表、首饰、美容美发美妆、皮革、眼镜以及其他时尚产品及服务。除了打造高端时尚产业供给新格局之外，《规划》还提出了"打造国际时尚消费中心"的目标，包括打造多维度时尚消费空间，倡导绿色、健康、品质、简约的时尚消费新理念，推进时尚消费多元化发展等。

为落实《规划》目标，深圳以一系列重大活动来提升城市的时尚文化氛围。包括：（1）深圳设计周。从2021年开始，深圳每年举办深圳设计周。深圳设计周是一个专注于设计领域的盛会，吸引了全球的设计师、企业和机构参与。这个活动通过举办设计展览、论坛、研讨会等形式，展示最新的设计理念和作品，促进设计界开展交流与合作。（2）从2021年开始定期召开"大湾区时尚产业峰会"，聚焦中国时尚产业在各个历史阶段的可持续发展机遇与可能性以及中国时尚产业的长效发展机制。（3）通过时装周、珠宝展、国际品牌服装服饰交易会等多个平台塑造深圳的时尚基因以及推动时尚产业聚集。大规模、高档次、国际化的会展活动是观察产业发展活力的重要窗口，对激发消费市场活力也有强大推动作用。以2023年3月的深圳设计周为例，此次设计周上推出了

"深圳十大新消费设计场景",旨在打造时尚消费的新场景,让时尚设计融入人们的日常生活。这些新消费场景将集合特色文化街区、旅居民宿、时尚餐饮、咖啡馆、书店以及综合商业类等元素,旨在营造设计氛围,为设计周期间的活动增添特色,同时也作为吸引市民的特色"打卡点"。上述多种举措为深圳注入了更多的文化与创意元素,促进了时尚设计、制造产业的发展,同时也为市民提供了更多品质生活的选择,推动时尚文化在城市中的融合,为城市的发展注入更多的活力与创意,使时尚消费成为城市的"基因"。

三、淄博烧烤:服务型政府与时尚消费中的人文关怀

山东省淄博市并没有得天独厚的旅游资源,而是一个老工业基地。然而,烧烤却成了这个城市的一种时尚消费。究其原因,淄博烧烤"出圈"是缘于服务型政府与时尚消费的有机结合。

2022年,淄博烧烤经由短视频的传播,迅速火爆网络,很多人认为淄博烧烤只是因一时获得流量关注而出现的短期现象,"昙花一现"是其避免不了的结局。然而,时隔一年,2024年淄博"复烤"仍然热度不减,甚至热度相比前两年来得更早(姜东良等,2024)。[1] 究其原因,服务型政府功不可没。首先,面对烧烤火爆现象,淄博市政府积极采取应对措施,而没有简单回避或限制烧烤。淄博烧烤火了,但网络上的声音却并不一致。例如,部分网上舆情直指大量的烧烤烟尘排放影响市容、环保,还有些言论认为烧烤是低端服务业,这将拉低城市的产业层次。

---

[1] 姜东良,李娜,朱东超,等.淄博烧烤"复烤"凭什么继续火[N].法治日报,2024-04-29(008).

面对这种局面,淄博市政府既没有选择回避,也没有因为舆情而担心影响自身政绩。相反,淄博市政府积极顺应舆情,巧妙地利用多种网络传媒力量吸引流量,将淄博烧烤以及整个淄博市打造成为一个网红打卡地。其次,淄博市政府真正发挥了服务型政府的作用。可以想象,淄博烧烤火遍全网,如果没有当地各个政府部门提供有效、配套的各项公共服务,单凭烧烤这种极易复制的商业活动以及一家一户烧烤摊的小本经营模式,很难使品尝烧烤成为一种时尚。作为服务型政府的典范,淄博市政府并没有以行政命令的方式对市场主体的行为进行规定和限制,而是以市场为资源配置的决定性方式,以满足来自四面八方的游客的需求为服务中心,提供诸如治安、交通、宣传、游客投诉热线等各项公共服务。特别是淄博引入"烧烤专列"这一措施,更是为淄博带来了更多的客流量。在2023年加开的24列济南至淄博间的周末往返"烧烤专列"上,乘客们不仅收到了淄博产的苹果,还有当地各种文旅产品作为伴手礼。

除了服务型政府的关键作用之外,淄博烧烤还为各地游客、食客提供了一种能够负担得起的时尚消费方式。作为2023年全网顶级热点之一,淄博由一个平平无奇的老工业城市,迅速在时尚领域"出圈",在短时间内的热度甚至一度超越迪士尼、环球影城等热门旅游景点。毫无疑问,淄博烧烤的火爆是包括政府部门、当地民众、烧烤商家、酒店等多方合力的结果,但消费者,特别是以年轻群体为主的消费者的偏好是其中的关键。而淄博烧烤能够吸引大量年轻消费者的重要原因在于,以性价比高、人情味浓、烟火气息浓厚为特色的淄博烧烤为年轻人提供了一种触手可及的时尚消费选择。淄博烧烤除了吃法别具一格之外,更重要的是价格亲民,人均消费通常在几十元左右。相比其他动辄上万元、数万元的时尚消费,淄博为广大青年群体提供了一种廉价且带有政府和当地民众关爱温度的时尚产品和服务。从社会意义角度来看,"进淄赶烤"可谓是一种集体性仪式,青年群体可以借此建构和传递社会意义(路阳和张敦福,2023)。[1]

  淄博烧烤的火爆至少带来了如下两点启示:(1)伴随着经济增长的主要驱动力从投资转向消费,地方政府必须从投资主导者的"甲方"角色转型为服务型的"乙方"角色。淄博是一座传统的重工业城市,其经济发展长期以来都依赖投资。当投资的拉动作用下降之后,地方政府也必须迅速实现角色的转换。相比其他老工业城市,淄博市政府在打造消费型社会、服务型政府方面体现出了极大的勇气和行动的决心。这种勇气和决心,一方面源于传统的投资主导型发展模式日益走不通的倒逼力量,另一方面也源于当地政府官员理念的集体转变和发展共识的形成,在对消费型社会和服务型政府形成深刻认知的基础上打造了一座时尚消费城市。(2)时尚消费完全可以以一种人文关怀的形式出现,而并不必然以商业化的冷漠与唯利是图为核心特征。大多数针对时尚消费的传统认知都将这种消费模式与奢侈、社会阶层区分、浪费、不环保等关键词联系在一起,但淄博烧烤则通过实践证明,时尚消费完全可以以一种人文关怀的形式为广大民众所青睐,让时尚消费成为一种有温度的时尚娱乐。淄博烧烤从一开始便具有人文关怀的基因,并将这种基因一直延续下来且在发展中不断改进。淄博烧烤热潮的诞生源于当地政府与大学生在新冠疫情前后的一段感恩故事。2022年,时值新冠疫情的关键时期,淄博市政府展现出了对来自山东大学隔离大学生的深厚关怀与优质服务。当地政府不仅为隔离中的学生提供了烧烤美食,还发放了消费券,减轻了学生的经济压力和心理压力。这些举措使淄博在青年群体中

---

[1] 路阳,张敦福.当代青年社会生活中的意义贫困与仪式脱贫——以淄博烧烤为例[J].探索与争鸣,2023(08):109-119,179.

赢得了良好口碑。随着新冠疫情逐渐结束，短途旅游逐渐兴起，此时大批山东省内的大学生纷纷选择回到淄博品尝当地的烧烤，通过消费的方式回馈淄博市曾经带给他们的关怀和服务，由此引发了淄博烧烤的热潮。淄博烧烤火爆之后，当地政府部门以及广大民众通过近乎完美的服务和人文关怀让烧烤流量变成了长期"留量"。当地政府敞开大门迎接各方来宾，组建烧烤协会，创立"五一烧烤节"，加开"烧烤专列"，安排志愿者提供各种引导服务，为方便游客打卡网红市场八大局，在72小时内修好一条景观路，现场解决群众诉求，以合力建设长效机制提高游客满意度，商家不内卷、不相互贬低，甚至推荐游客去其他店消费。淄博烧烤中的人文关怀充分体现在网络评论中，例如："痞子蔡"评价："其实多数人真的是去就医的，淄博有一味良药，烟火气和人情味，疗愈这半生流离的灵魂"；"伴我久久"认为："都去淄博不是去吃那千篇一律的烧烤，而是去感受一下那久违的政通人和"；"墨初"说："有些人不是奔着烧烤去的，是奔着感受一下做人的尊严和热情去的"（路阳和张敦福，2023）。正如2022年淄博市委、市政府写给山东大学学子的信中说的："这座城市历来有情、有义、有爱、有光……凡我在处，便是山大；待你来时，这就是家。"秉持着人文关怀的时尚消费，其生命力也必将更加长久。

第三节 我国时尚消费的发展现状与问题

一、发展现状

中国时尚消费市场规模持续扩大,同时消费者需求多样化趋势明显,奢侈品市场规模迅速增长,已成为全球最大的奢侈品市场。

第一,时尚消费市场规模持续扩大。随着经济的发展和人们生活水平的提高,中国时尚消费市场不断扩大。艾媒咨询发布的《2024年中国国潮经济发展状况及消费行为调查报告》显示,2023年中国国潮经济市场规模为20 517.4亿元,同比增长9.44%,预计2028年将突破30 000亿元(图2)。[1] 由要客研究院发布的《中国奢侈品报告(2023)》显示,2023年,中国公民在境内和境外的累计奢侈品消费额达到10 420亿元,同比增长9%,时隔三年再度突破万亿元水平(图3)。奢侈品行业已经成为促进中国消费增长的重要力量之一。

---

[1] 艾媒网,https://www.iimedia.cn/c400/99409.html,访问时间2024年5月5日。

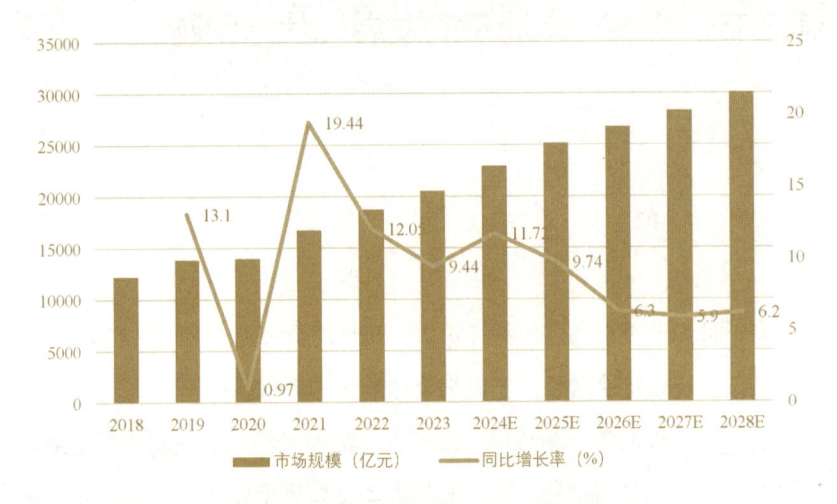

图 2 2018—2028 年国潮经济市场规模及预测

数据来源：《2024 年中国国潮经济发展状况及消费行为调查报告》。

图 3 2011—2023 年中国公民境内外奢侈品消费额及增长率

数据来源：《中国奢侈品报告（2023）》。

第二，时尚消费的线上趋势越来越明显。以国潮产品消费为例，有 44.2% 的受访者表示会通过综合电商平台进行购买，通过线下渠道购买的比例为 36.8%，此外，通过短视频平台、官方线上渠道、社交电商平台等线上购买的消费者的比重都高于 30%。《中国奢侈品报告（2023）》指出，销售线上化是奢侈品行业的发展方向。2023 年，奢侈品牌在中国的线上销售额达到 2574 亿元，同比增长 17%，已占奢侈品消费总量的 42%，奢侈品线下业务的数字化转型进入不可逆发展阶段（图 4）。

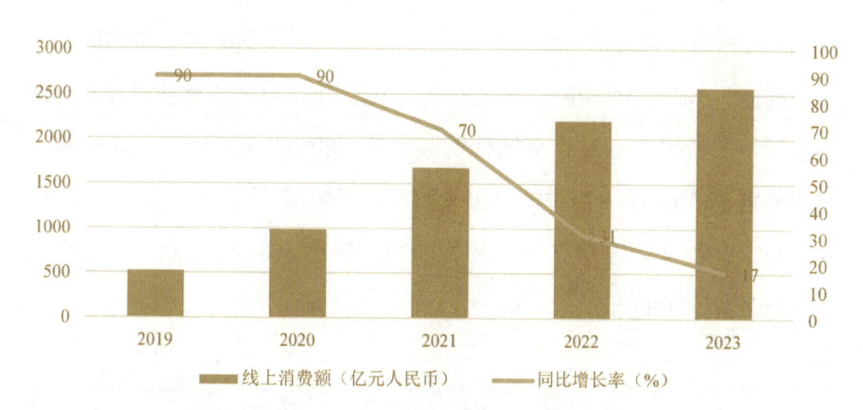

图 4 2019—2023 年中国奢侈品线上消费额及增长率

数据来源：《中国奢侈品报告（2023）》。

值得注意的一点是，社交媒体也带动了时尚消费的快速增长。社交媒体以其迅速、准确的信息传播的特征实现了对潮流的引领。社交媒体平台是时尚信息传播的重要渠道，时尚博主、明星、设计师等通过社交媒体分享时尚资讯、穿搭技巧、新品发布等内容，迅速引领时尚潮流。这些内容能够迅速传播并吸引大量关注，激发消费者的购买欲望。社交媒体还提供了互动和参与的机会，使得消费者能够更深入地参与到时尚消费中。消费者可以通过点赞、评论、分享等方式与时尚内容互动，表达自己的观点和喜好。这种参与感能够增强消费者对时尚品牌的认同感，并促使他们进行购买。与一般线上购物不同，社交媒体平台通过算法分析用户的兴趣和行为，为用户推荐个性化的时尚内容。这种精准营销能够准确触达目标消费者，提高营销效果。同时，社交媒体平台还提供了广告投放、合作推广等营销手段，帮助时尚品牌扩大曝光度和影响力。此外，社交媒体上的时尚社群能够将具有相同兴趣和喜好的消费者聚集在一起，形成强大的口碑传播力量。消费者可以在社群中分享自己的购物体验、评价产品、推荐品牌等，从而影响其他消费者的购买决策。这种口碑传播具有极高的可信度和影响力，能够有效促进时尚消费的增长。

根据 Retalix2023 年 12 月发布的《2023 年全球时尚行业报告》，71%的中国消费者现在通过社交媒体购买服装，60% 的人通过社交媒体购买包袋和鞋子，46% 的人通过社交媒体购买时尚配饰（图6）。[1] 从全球角度来看，2022 年，全球在线时尚行业营业额达 8630 亿美元，约占全球电子商务营业额的五分之一。

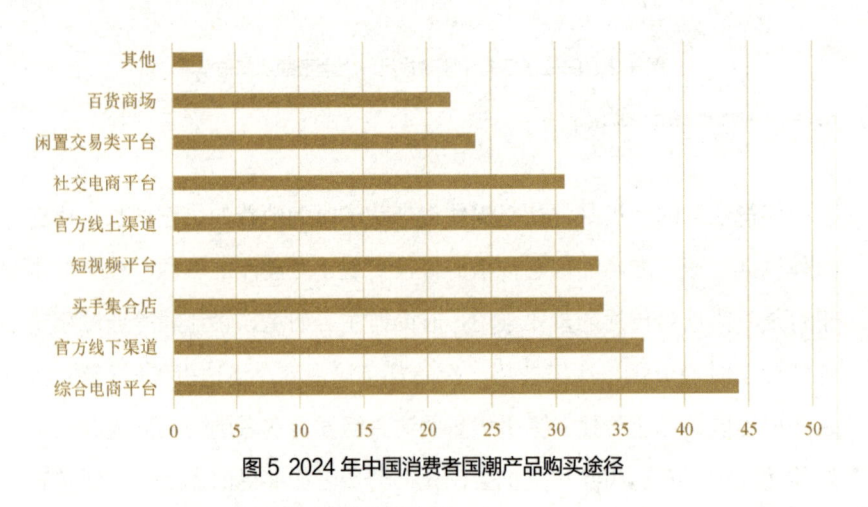

图 5 2024 年中国消费者国潮产品购买途径

数据来源：《2024 年中国国潮经济发展状况及消费行为调查报告》。

[1] https://retailx.net/product/global-fashion-sector-report-2023/

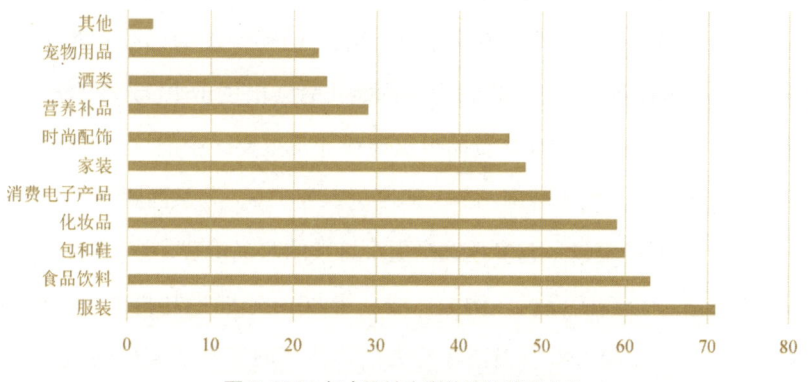

图6 2023年中国社交媒体购物类型占比

数据来源：《2023年全球时尚行业报告》。

第三，消费者时尚消费需求日益多样化。从年龄层次来看，年轻消费者更注重个性化和时尚感，而成熟消费者则更注重品质和价值。因此，年轻消费者更愿意为限量版、设计师合作款等具有独特性和个性化的产品买单。对于成熟消费者群体（如35—50岁）而言，则更加注重品质和价值。这一年龄段的消费者在购买时尚产品时，最看重的因素是品质、舒适度和价格。对于老年消费者（如50岁以上），则更加注重舒适度和实用性。虽然这个群体对时尚趋势的敏感度较低，但仍有一定的时尚需求。多样化时尚消费的一个体现是消费者对绿色环保产品的关注度越来越高。随着快时尚在全球的兴起以及对生态环境带来的巨大影响，部分消费者开始放弃一次性消费等时尚理念，转而拥抱更具可持续性的时尚消费。根据博盛轩在2022年发布的《中国可持续消费报告》，[1]

---

[1] https://daxueconsulting.com/wp-content/uploads/2022/04/green-guilt-report-sustainable-consumption-in-china-by-daxue-consulting.pdf

目前可持续的全球时尚消费比例已从 2013 年的 2.1% 上升到 2022 年的 4.3%，虽然并没有对市场产生颠覆性影响，但初步影响已经开始显现。其中，大约 89% 的中国"Z 世代"时尚购物者（出生于 1995—2009 年之间）认为购买可持续时尚消费品很重要或非常重要。中国这一比例要高于其他亚洲国家，例如越南 86%、印度尼西亚 71%、马来西亚 68%、新加坡 42%。[1] 消费者越来越多地选择更可持续的时尚消费，这为时尚消费品牌创造了一个新的商机。例如，成立于 2019 年的抱朴再生可持续生活方式品牌，在深入剖析当前年轻人的价值倾向和消费偏好的基础上，将品牌特色确定为"传统文化、环保科技与生态美学"。通过打造零废弃音乐节、零废弃赛事、零废弃展览等各种现象级活动，迄今为止，抱朴再生累计影响的人群已经超过一千万人，激发了公众的环保意识以及绿色时尚消费行为（刘玉焕和尹珏林，2024）。[2]

第四，时尚消费不仅在一线大城市中成为一个亮点，在中小城市也成为消费者的"宠儿"。根据全球化监测和数据分析公司尼尔森发布的《2019 年第三季度中国消费趋势指数报告》，56% 的三线城市消费者喜欢被认为是时髦的人，明显高于一、二线城市的 44%；三线城市的消费者更愿意尝试新产品，63% 的三线城市消费者对新商品或新式服务有强烈的兴趣，高于一、二线城市的 55%。同时，三线城市的消费者也更愿意为明星代言买单。44% 的三线城市消费者表示会购买自己喜欢的偶像明星穿着或代言的品牌，高于一、二线城市的 38%。导致三线城市消费者对时尚消费较为乐观的原因之一可能是，三线城市的消费者对国家及个

---

[1] https://www.statista.com/statistics/1366085/sea-consumers-who-purchased-sustainable-fashion-by-country/
[2] 刘玉焕,尹珏林.抱朴再生：以可持续时尚助力环保升级[J].清华管理评论,2024(Z1):120－126.

人经济情况持积极态度。尼尔森的数据显示，三线城市消费者对中国未来 12 个月经济形势预期达 82 点，较上一季度增长 2 个点。就构成中国消费趋势指数的三要素来看，第三季度三线城市的就业预期、个人经济情况及消费意愿均处于高位，其中，就业预期达 75 点，远高于一、二线城市的 64 点和 70 点；个人经济情况为 80 点，高于一线（77 点）和二线城市（78 点）；消费意愿为 66 点。

理论上，影响时尚消费的首要因素便是收入，人均 GDP 较高的城市时尚消费水平应该也比较高，但部分调查显示，人均 GDP 与时尚消费之间并不存在简单的正相关关系。根据中国连锁经营协会发布的《2021 年城市时尚消费力指数报告》，时尚消费指数较高的城市人均 GDP 也较高。如人均 GDP 较高的上海、北京、深圳的时尚消费指数均高于 60，而人均 GDP 较低的郑州、西安、沈阳等城市时尚消费指数均低于 40。不过，部分城市虽然人均 GDP 不高，但时尚消费指数较高，例如成都的人均 GDP（95 096 元）远低于杭州（151 290 元），但前者的时尚消费指数要高于后者（图 7）。毋庸置疑，时尚消费还存在其他重要因素影响。例如，不同地区的消费者有不同的消费习惯和偏好。一些城市虽然人均 GDP 较高，但消费者可能更注重实用性和性价比，对时尚消费的投入相对较少。而一些城市虽然人均 GDP 较低，但消费者可能更追求个性和时尚，愿意在时尚消费上投入更多。此外，文化和社会氛围对时尚消费也有重要影响。一些城市可能具有更浓厚的时尚氛围和更丰富的时尚资源，吸引了更多的时尚品牌和消费者。这种氛围和资源可以促进时尚消费的发展，使得这些城市在时尚消费指数上表现突出。

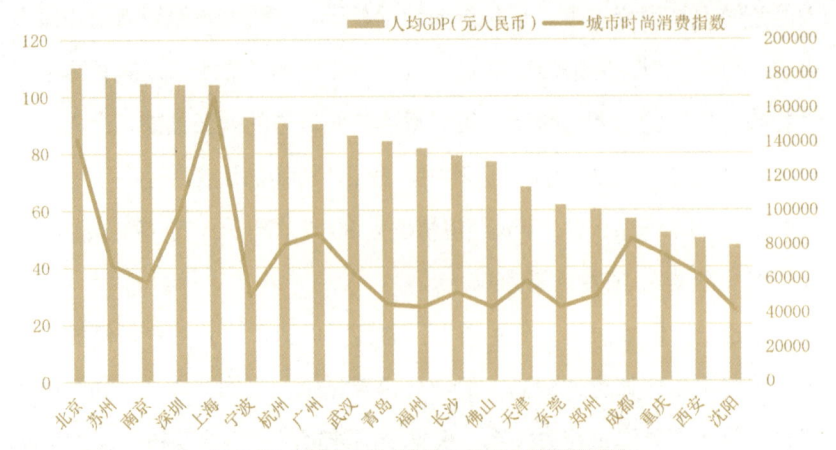

图 7 20 个城市人均 GDP 与城市时尚消费指数

数据来源：中国连锁经营协会《2021 年城市时尚消费力指数报告》。

第五，奢侈品市场增长迅速。中国奢侈品市场增长迅速，成为全球最大的奢侈品市场之一。早在 2017 年，麦肯锡就发布了题为《中国奢侈品消费者：1 万亿元人民币的机遇》的报告，预测中国奢侈品市场将持续高速增长，到 2025 年将达到 1 万亿，是 2016 年的两倍。[1] 实际上，根据要客研究院 2024 年 1 月发布的《中国奢侈品报告（2023）》的有关数据，中国消费者在国内外消费的奢侈品规模已经超过 1 万亿人民币，2023 年中国奢侈品消费达到 10 420 亿元人民币，中国奢侈品消费占全球奢侈品消费的比重为 38% 左右，是全球奢侈品消费最重要的力量。奢侈品消费展现出了面对经济波动的强大韧性和逆周期特点。2023 年全球政治经济环境存在诸多不确定因素，但全球的奢侈品行业仍然实现了 7% 的增长速度，市场规模达到 27 232 亿元人民币，中国奢侈品消费也走出

[1] https://www.mckinsey.com.cn/2017中国奢侈品报告-中国奢侈品消费者：1万亿元人民/

了 2022 年的下行区间，开始恢复增长，最终以 9% 的增速实现了超万亿的规模，达到了 2019 年的水平。

二、时尚产业发展中存在的问题

时尚消费产业在快速发展的过程中也出现了某些值得关注的问题。

第一个问题是资源浪费和对生态环境的不利影响。根据非盈利组织全球时尚议程（Global Fashion Agenda）和麦肯锡在 2022 年发布的报告《时尚行业对气候的影响》（The Fashion on Climate），时尚行业需要在 2030 年前将碳排放量减少一半，才能实现 2015 年《巴黎气候协定》中设定的目标，即将全球气温上升幅度控制在 1.5°C 以内。[1] 时尚消费与环保之间的紧张关系突出体现在快时尚消费领域。首先，快时尚品牌的商业模式通常基于快速生产、大量销售和快速淘汰的原则。这种商业模式导致了大量的资源浪费和环境污染，因为快时尚产品往往只被消费者穿着几次就丢弃。其次，快时尚产业通过不断推出新款式来刺激消费者的购买欲望，从而形成了消费异化的现象。消费者在购买快时尚产品时，往往追求的是短暂的新鲜感和时尚感，而不是产品的实际价值或耐用性。这种消费模式导致了消费者对物质的过度追求和浪费，与环保和可持续发展的理念背道而驰。此外，快时尚产业通过广告、社交媒体等渠道不断强调物质享受和时尚追求的重要性，从而加剧了物质主义倾向，导致环境问题日益严重。

从消费者的角度来看，在时尚消费过程中对可持续性的关注较为有

---

[1] https://globalfashionagenda.org/download-resource/?file-name=Fashion-on-Climate-Report-2020&file-id=12554&file-resource-id=12557

限。根据 2021 年《中国可持续时尚消费人群行为图谱》调研报告（以下简称《图谱》），大多数人还没有准备好停止购买不必要的衣服。在过去几年里，全球服装产量增加了数倍，各品牌商每年都会有多次更新。如果该行业保持这一增长速度，那么在不远的将来，这对地球的生态环境来说将是一场灾难。《图谱》指出，中国消费者正处在从消费主义向可持续生活方式过渡的阶段中，面对"具有可持续性的产品"时，89%的受访者表明了购买意愿，但真正购买过的消费者仅占 50%。对于大多数消费者来说，在消费时更为看重的还是产品自身的属性，例如产品的设计、价格、材料、功能等，对可持续属性的关注度相对较低（图8）。

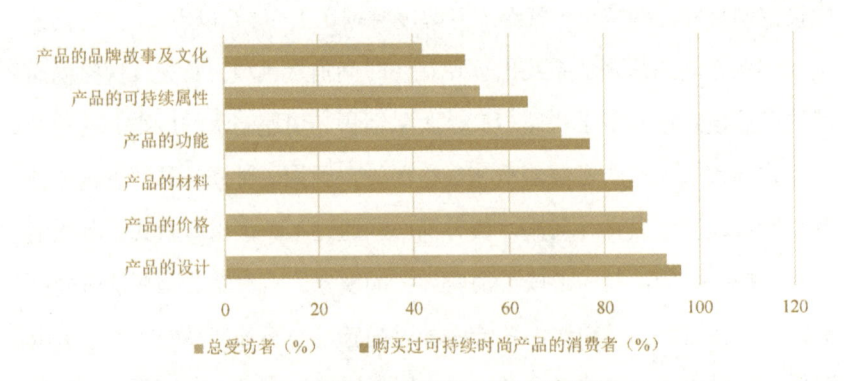

图 8 消费者对时尚消费产品的关注角度

数据来源：2021 年《中国可持续时尚消费人群行为图谱》。

第二个问题是不健康的时尚消费。以健康换取时尚，你愿意吗？当面对这种直截了当的问题时，许多人会毫不犹豫地选择健康。然而，在现实生活中，很多人的选择却截然相反。夜生活、沉迷网络、过度追求身材、高蛋白、低碳水化合物饮食等等，当人们沉浸在时尚生活的光环之中时，却往往忽略了健康的重要性。在追求时尚和健康之间似乎存在着权衡取舍的关系，大量研究对此进行了证明。对于时尚消费给消费者带来的健康风险，早在数十年前就已经有学者关注这个问题，例如Roselius（1971）。[1] 从历史上看，人们经常从事冒险消费行为，以寻求在外表上的收益。例如，Prokop 和 Švancarova（2020）认为，为了增加吸引力，女性会采取各种方法，例如整容手术、穿高跟鞋等，尽管这些做法可能对其身体有害。[2] Hill 和 Durante（2011）发现，为了提高吸引力，女性会服用对其身体有潜在危害的减肥药。[3]

不健康的时尚消费除了可能给消费者带来健康危害之外，还会增加社会成本。例如，很多日光浴沙龙提供将皮肤晒成褐色（tanning）的服务，这种消费除了要支付必要的服务费外，由于其可能导致皮肤癌，因此产生了相关的额外费用。美国疾病控制与预防中心报告称，阳光或日光浴床的紫外线照射是皮肤癌最不可避免且最重要的风险因素，皮肤癌是美国最常见的癌症形式（Cancer facts & figures，2021）。[4] 在美国，每年皮肤癌的治疗费用估计为81亿美元，并导致45亿美元的生产力损失（Watson等，2015）。[5] 研究人员估计，限制18岁以下美国青少年（6210万人）进行室内晒黑活动将预防61 839例黑色素瘤病例，并避免6735

---

[1] Roselius T. Consumer rankings of risk reduction methods[J]. Journal of marketing, 1971, 35(1): 56－61.

[2] Prokop P, Švancárová J. Wearing high heels as female mating strategy[J]. Personality and Individual Differences, 2020, 152: 109558.

[3] Hill S E, Durante K M. Courtship, competition, and the pursuit of attractiveness: Mating goals facilitate health-related risk taking and strategic risk suppression in women[J]. Personality and Social Psychology Bulletin, 2011, 37(3): 383－394.

[4] https://www.cancer.org/content/dam/cancer-org/research/cancer-facts-and- statistics/annual-cancer-facts-and-figures/2021/cancer-facts-and-figures-2021.pdf

[5] Watson M, Garnett E, Guy G P, et al. THE SURGEON GENERAL'S CALL TO ACTION TO PREVENT SKIN CANCER[J]. International Journal of Cancer Research and Prevention, 2015, 8(1): 55.

人因黑色素瘤死亡（Guy 等，2017）。[1]

  第三个问题是过度的时尚消费。过度消费一方面源于消费者的非理性选择，另一方面与企业行为有关。消费主义的盛行导致了过度浪费，消费行为更多地是为了满足消费的欲望而非实际需求。此外，"即时文化"的盛行导致消费者过度追求速度和效率，导致"即食/用"和"即弃"行为成为常态。加之某些社交媒体的推动，使消费成为个人身份和地位的构建标志，致使人们通过消费各类商品来追求社会认同。与此同时，企业的行为也在客观上推动了人们的过度消费。例如，某些服装品牌快速更新款式，不是每年更新 4 到 5 次，而是每个月，甚至每周推出数个新产品，以此促进消费。针对这种现象，法国国会议员在一项新法案中提议，像 Shein 这样产品更新速度极快的快时尚品牌应受到最高达服装售价 50% 的处罚，以"抵消其对环境的影响"。

  过度的时尚消费引起了国际组织的关注。联合国环境规划署（United Nations Environment Programme, UNEP）在 2023 年发布的《纺织品价值链的可持续性和循环性——全球路线图》（Sustainability and Circularity in the Textile Value Chain—A Global Roadmap）讨论了过度消费的问题（表1）。[2] UNEP 从三个角度定义了过度消费，分别是功能必要性、社会必要性以及可持续性。基于上述维度，UNEP 将过度消费定义为：超出个人的身体和核心社会需求，主要由外围的社会需求（例如追求个人形象）驱动的消费，且与其他具有相同消费水平同时确保环

---

[1] Guy Jr G P, Zhang Y, Ekwueme D U, et al. The potential impact of reducing indoor tanning on melanoma prevention and treatment costs in the United States: an economic analysis[J]. Journal of the American Academy of Dermatology, 2017, 76(2): 226−233.

[2] https://www.oneplanetnetwork.org/knowledge-centre/resources/sustainability-and-circularity-textile-value-chain-global-roadmap

境可持续性的人不一致的消费。

表 1 服装纺织品过度消费的定义

维度	含义	条件
功能必要性	对于普通消费者而言，功能必要性意味着服装、家用纺织品和其他纺织品达到功能性的最低数量要求。	在相关条件下进行一系列活动时保持温暖（或干燥或凉爽）。
		提供物理保护。
		数量足以保持穿着卫生，即数量可以确保在穿着的同时清洗另一部分服装。
		随着人们身体特征（如胖瘦）的变化增加购买。
社会必要性	纺织品的社会维度必要性（例如个人表达、群体成员身份和社会信号）并不具有严格必要性，但在最低水平上可能对于满足个人的社会认同需求很重要。	与本地水平相当的消费数量。
		允许消费者以适当方式参加重要活动，例如面试或正式仪式等。
可持续性	如果每个人的消费水平都相同，这个消费水平对全球可持续性将产生多大影响。	对比个体消费水平与平均消费水平。

资料来源：UNEP（2023）。

时尚的流行在一定程度上助长了过度消费的问题，同时时尚行业也负有一定责任。联合国环境规划署（UNEP）携手联合国气候变化大会（UN Climate Change）于 2023 年 6 月 28 日在哥本哈根召开的《时尚宪章》上发布了《可持续时尚传播行动手册》（Sustainable Fashion Communication Playbook）。[1]《可持续时尚传播行动手册》指出，虽然

---

[1] https://wedocs.unep.org/bitstream/handle/20.500.11822/43287/sustainable_fashion_communication_playbook_ESMD.pdf?sequence=5

很多时尚消费产品贴有生态标签,但无法掩盖如下事实:每年有太多的时尚物品被生产出来、消费并丢弃掉。《可持续时尚传播行动手册》认为,时尚产业并没有走上实现其可持续性目标的正轨,也没有为可持续发展目标、有关气候变化的《巴黎协定》或《昆明-蒙特利尔全球生物多样性框架》的全球意向作出贡献。时尚行业基于不可持续的消费模式和生产模式,因而直接并严重加剧了气候变化、自然环境恶化和生物多样性丧失以及污染和废弃物这三重地球危机。

过度的时尚消费一方面源于时尚企业的行为方式,时尚企业利用时尚消费在新品—过时—新品之间的快速循环,使得即使消费者的衣柜已经满了,也会继续购买各种产品(Fletcher,2014)。[1] 在2000年至2015年间,全球的服装产量翻了一番,而服装在被丢弃前的穿着次数下降了36%(EMF,2017)。[2] 大部分时尚企业为了避免外界对其销售行为的批评,甚至不会公布其产量信息(Fashion Revolution,2022)。[3] 另一方面,消费者的年龄、收入、价值观等是影响过度消费的重要因素。消费因收入水平和国家而异,根据Hot or Cool在2021年发布的《1.5度的生活方式:为所有人创造公平的消费空间》(1.5-Degree Lifestyles: Towards A Fair Consumption Space for All)的报告,G20国家中最富有的20%人口的时尚消费温室气体排放量平均比最贫穷的20%人口高出20倍。[4] 根据这项分析,最富有的20%的英国人必须

---

[1] Fletcher K. Sustainable fashion and textiles: design journeys[M]. Routledge, 2013.
[2] https://emf.thirdlight.com/file/24/Om5sTEKOmmfEeVOm7xNOmq6S2k/Circular%20business%20models.pdf
[3] https://www.futurelearn.com/courses/fashion-s-future-and-the-un-sustainable-development-goals-
[4] Akenji L, Bengtsson M, Toivio V, et al. 1.5-degree lifestyles: Towards a fair consumption space for all[M]. Hot or Cool, 2021.

减少83%的排放量，相比之下，74%的印度尼西亚人生活在时尚消费水平以下。此外，价值观也是影响消费的重要因素。当前中国正处于社会转型期，人们的地位焦虑与物质主义倾向呈现显著正相关关系，因此表现出以炫耀性消费为表征的高物质主义倾向。[1]在物质主义价值观的影响下，过度消费、炫耀性消费成为建构身份、彰显地位的重要方式。

三、走向健康、可持续的时尚消费

伴随着经济的发展和价值观的变化，时尚消费也将随之变化。随着整体生活方式的改变，当前的时尚消费类型所代表的价值观与数十年前相比可能存在显著不同。随着价值观的转向，人们开始更加注重精神层面的追求，强调内在的成长、人际关系和环境的可持续性。这种后物质主义价值观导致消费品的种类和消费方式发生变化。在时尚消费方面，人们更加关注那些能够满足精神需求的产品，如旅行体验、文化艺术品、健康食品和有机产品等。从消费方式来看，后物质主义价值观鼓励人们进行更加理性、可持续和有意义的消费。人们开始更加注重产品的品质、来源和意义，而非仅仅关注价格和品牌。

在物质主义价值观占主导地位的情况下，时尚消费往往体现为过度消费以及对环境非友好的消费。Richins和Dawson（1992）将物质主义视为一种具有如下特征的社会现象，即个人以物质获取为生活的中心，并将拥有物质视为个人幸福的关键，同时持物质主义价值观的个体将个

---

[1] 王春晓,朱虹.地位焦虑、物质主义与炫耀性消费——中国人物质主义倾向的现状、前因及后果[J].北京社会科学,2016,(05):31−40.

人成功视为其拥有财产的数量和质量的函数。[1] 大量研究表明，物质主义价值观对个人消费者具有重大影响。例如，Fitzmaurice 和 Comegys（2006）的调查研究表明，物质主义者对产品和品牌的社会接受度较为敏感，[2] 物质主义价值观会影响到消费者的购买模式（Roberts 等，2003），[3] 品牌感知（Kamineni, 2005），[4] 消费者从众心理（Goldsmith 和 Clark, 2012），[5] 对广告的态度（Maison 和 Adamczyk, 2020）。[6] 物质主义价值观强调的是物质的获取和拥有，人们追求的是更多的物质财富和更高的社会地位。在这种价值观下，时尚消费的种类往往偏向于体现个人身份和地位的奢侈品，消费方式往往是冲动性购买或者过度消费，人们追求的是通过物质来展示自己的成功和地位。因此，物质主义价值观往往与消费者的独立性呈现负相关关系，即物质主义者通过消费来寻求特定的身份，最终导致消费趋同。

随着物质主义价值观逐步走向后物质主义价值观，人们对环境保护和可持续发展目标的关注度越来越高，低碳生活、绿色消费成为一种时尚选择。后物质主义价值观鼓励人们进行更加理性、可持续和有意义的消费。这意味着消费者在购买时尚产品时，更加注重产品的品质、来源

[1] Richins M L, Dawson S. A consumer values orientation for materialism and its measurement: Scale development and validation[J]. Journal of consumer research, 1992, 19(3): 303−316.

[2] Fitzmaurice J, Comegys C. Materialism and social consumption[J]. Journal of marketing theory and practice, 2006, 14(4): 287−299.

[3] Roberts J A, Manolis C, Tanner Jr J F. Family structure, materialism, and compulsive buying: A reinquiry and extension[J]. Journal of the Academy of Marketing Science, 2003, 31(3): 300−311.

[4] Kamineni R. Influence of materialism, gender and nationality on consumer brand perceptions[J]. Journal of Targeting, Measurement and Analysis for Marketing, 2005, 14: 25−32.

[5] Goldsmith R E, Clark R A. Materialism, status consumption, and consumer independence[J]. The Journal of social psychology, 2012, 152(1): 43−60.

[6] Maison D, Adamczyk D. The relations between materialism, consumer decisions and advertising perception[J]. Procedia Computer Science, 2020, 176: 2526−2535.

和意义，减少对价格和品牌的单纯追求。这种消费方式反映了对环境和社会责任的重视，符合后物质主义的精神追求。随着后物质主义价值观的普及，消费品的种类和消费方式也发生相应变化。消费者更倾向于购买能够提供个人成长和提升生活质量的产品，而不是单纯的奢侈品。

第6章

时尚品牌

第一节　品牌建设的必要性和重要性

在现代经济中，品牌不仅是企业，尤其是大型企业最重要的无形资产，也是企业在竞争中赢得市场份额和消费者信任的关键工具。经济学理论和消费者行为学理论均为时尚品牌建设提供了坚实的理论基础。通过这两个视角的结合，我们可以更全面地理解品牌建设的必要性和重要性，并阐明其在消费者决策、市场竞争和企业发展中的核心作用。

一、信息不对称与作为质量信号的品牌

Akerlof 提出的"柠檬市场"理论表明，在信息不对称的市场中，消费者无法准确判断商品的真实质量，导致"劣币驱逐良币"的现象。具体而言，由于消费者无法分辨"高质量的好产品"和"低质量的劣质产品"，消费者会倾向于为所有产品支付一个折中的平均价格。在这种情况下，高质量的产品因无法获得高价格补偿而退出市场，而低质量的产品反而得以充斥市场，最终市场中"好产品"被"劣质产品"驱逐。

对于时尚消费品市场，这一现象尤为明显，尤其是在高端时尚产品（如奢侈手袋、服装和鞋履）的购买过程中，消费者通常难以事先判断商品的质量、材质、舒适性和耐用性。例如，在购买一款高端皮包或限量款运动鞋时，消费者无法在未使用的情况下评估其真实的质量和使用体验。即便是外观相似的产品，也可能因为材料、工艺和隐性缺陷的不同，导致使用体验的巨大差异。这种不确定性使得消费者在品牌选择上面临巨大压力和心理负担，从而需要更多的外部线索来帮助做出决策。

在这种信息不对称的市场环境中，品牌的建立为消费者提供了质量

信号，这种信号的传递主要依靠广告、口碑传播和品牌形象建设等路径。品牌通过长期的市场宣传和广告传递，将产品的高质量和可靠性形象化，使消费者能够在未实际体验产品的情况下，对品牌产品的质量产生正面预期。在经济学中，品牌被视作信号传递机制的关键要素，因为品牌符号的存在，使得消费者在面对众多类似产品的情况下，可以不必过多依赖自身的判断和认知能力，而是通过品牌的象征性标识（如Logo、标志性设计元素等）快速识别产品的质量和身份意义。

例如，消费者在看到耐克的"勾"标志或LV的"交织文字"标志时，往往会自动将其与高质量的材料、专业的工艺和卓越的品牌声誉联系起来。品牌的存在使得消费者不需要对耐克的每一款运动鞋的材质、缓震性能、耐磨性等信息逐一进行筛选和评估，而是基于品牌的信号功能，直接推测产品的质量较高。这一过程大大减少了消费者的搜索成本和认知负担。此外，Gucci和Prada的时尚产品以"奢华、独特和工艺精湛"著称，品牌的长期市场声誉在消费者心中形成了品牌的认知偏好和正向预期。即使消费者未实际体验这些品牌的产品，但基于品牌的形象和认知，他们会相信这些品牌的产品质量值得信赖。这种"信赖的购买行为"也被称为品牌承诺效应。与之相比，无品牌的高端手袋虽然在材料、设计和工艺上都与Gucci或Prada的手袋类似，但由于消费者对其质量缺乏稳定的参考信号，其在定价上往往无法达到与品牌手袋相同的市场溢价。这就是品牌溢价的体现，即品牌通过提供质量信号和承诺保障，消除了信息不对称带来的不确定性风险，从而使其产品的市场价格高于同类无品牌产品。

二、降低交易成本和搜寻成本

交易成本理论强调,市场中每一笔交易都会产生信息搜索成本、谈判成本和履约成本。在时尚行业的高端市场,这些交易成本尤为突出,因为消费者面临海量的品牌、风格和设计选择。在这种情境下,品牌的存在简化了决策过程,降低了消费者的搜索成本和交易风险。

消费者在购买奢侈品(如高端时尚手袋或限量版运动鞋)时,通常需要耗费大量时间和精力去了解产品的设计、材质和价格。然而,如果消费者能够依赖特定的品牌符号,如耐克(Nike)或爱马仕(Hermès),则不再需要对每个品牌的产品进行逐一评估,从而节省信息搜索成本。

在交易过程中,消费者通常希望确保所购买的产品能够匹配其预期的质量和价值,这通常涉及产品的退换货条款和售后服务。知名品牌的服务和质量承诺,使消费者在与企业的交易中不必反复谈判和修改合同条款,从而减少了谈判成本。例如,很多商家推出的"无理由退换货"政策,建立了高效的品牌履约保障体系,使消费者的交易成本大幅下降。

通过品牌的建立,企业的质量承诺可以转化为一种无形的"品牌契约",这使得消费者的交易成本和信任成本降低。在B2C电商交易中,如果一家企业的品牌信誉较高,消费者在网上购买该企业的商品时会自动假设其售后服务具备完善性,从而降低了不确定性风险。

三、降低消费者的转换成本和锁定客户

转换成本(Switching Cost)是指消费者从一种品牌转换到另一种品牌所需的时间成本、精力成本、金钱成本和心理成本。这一理论的核心在于,当消费者的转换成本较高时,他们会倾向于留在当前的品牌体

系内，即使存在更具吸引力的替代品。这一现象在时尚消费市场中尤为显著，品牌建设的目的之一就是增加消费者的转换成本，增强客户的品牌依赖，从而锁定客户并巩固品牌的市场地位。

转换成本主要包括如下几种类型：

（1）时间成本。当消费者尝试从一个品牌（如耐克）转向另一个品牌（如阿迪达斯）时，需要额外的时间去了解新品牌的产品特性，例如款式、设计、舒适性和材料质量等。在时尚行业，消费者可能需要花费更多时间进行品牌信息的收集和评估，如比较产品的尺码、款式和配件搭配等。当品牌通过品牌标志、品牌符号和产品分类的标准化简化了购买流程，消费者的转换成本就会变得更高。

（2）精力成本。当消费者熟悉了某一品牌的产品使用方式和售后流程后，他们在新品牌中需要重新学习这些使用规则和售后政策，这就增加了消费者的认知负担。例如，苹果（Apple）的 iOS 系统与安卓（Android）系统存在显著的操作差异，一旦消费者习惯了 iOS 的操作界面，切换到安卓系统将增加学习成本，这使得消费者不愿意离开苹果的品牌生态系统。在时尚领域，个性化定制的产品（如定制的尺寸、个性化的配件等）会进一步增加消费者的精力成本，因为在新的品牌中可能无法直接迁移这些个性化需求。

（3）货币成本。消费者转换品牌时，可能需要为新品牌支付额外的费用，例如支付新品牌会员的入会费用、为使用新品牌的设备购买附属配件，或者为新品牌的软件和服务进行重新注册。

（4）心理成本。时尚品牌的核心价值之一是品牌符号和身份象征的塑造。当消费者选择某一品牌的服装、包袋或饰品时，他们的身份、地位和自我认同会与品牌紧密联系在一起。例如，爱马仕（Hermès）的客户通常认为拥有一只铂金包（Birkin Bag）象征着地位和成功，而一旦消费者切换到另一个不具备同等地位象征的品牌，这将带来心理上的失落感。这种心理损失的效应（类似于行为经济学中的"损失厌恶"）使消费者更愿意留在现有品牌体系中，而不是转向竞争品牌。

　　由于存在上述转换成本，时尚品牌一旦建立起来，消费者就不会轻易购买其他品牌产品。当然，对于时尚企业而言，转换成本意味着企业可以通过品牌战略来锁定客户，创造"护城河"。增加转换成本的品牌建设策略，如路径依赖、生态系统锁定和品牌符号象征化，为企业创造了一个市场竞争中的"护城河"。这种"护城河"难以被竞争对手超越，因为消费者的身份认同和品牌依赖已经深深嵌入其行为模式中。

　　此外，在转换成本较高的情况下，品牌可以更灵活地控制价格。例如，苹果的产品售价远高于其他品牌的手机，但其客户仍愿意支付高价，这正是转换成本的锁定效应在发挥作用。

第二节 时尚品牌建设的四大原则

在消费者行为理论的框架下,时尚品牌的建设不仅仅涉及产品的设计和市场营销,还需要考虑消费者的心理因素,如情感需求、身份认同、从众效应和认知偏差。这些心理因素在消费者的购买决策、品牌偏好和品牌忠诚中扮演着关键角色。时尚品牌的建设应遵循一套系统的品牌建设原则,以确保品牌在市场中获得消费者的长期信任和依赖。

一、认知联结原则

在行为经济学中,启发式决策理论和认知负荷理论是解释消费者如何在复杂市场环境中简化决策过程的核心理论。随着信息技术的快速发展和信息过载现象的加剧,消费者在海量的商品信息和品牌选择中,需要一种高效的认知路径来简化决策过程,而品牌的存在为这种"认知联结"提供了可能。

由卡尼曼(Kahneman)和特沃斯基(Tversky)提出的启发式决策理论(Heuristic Decision-Making)认为,消费者在面对大量复杂信息和多种选择方案时,通常不会花费大量时间和精力去系统性地分析每一个选项的成本与收益,而是依赖简单的启发式规则(heuristics)来做出快速的购买决策。品牌符号、品牌名称和品牌联想在这一过程中扮演着关键的启发线索的角色。

在时尚消费品市场中,消费者的选择过程往往是非理性和受限的,这使得提供启发式决策路径的必要性显著提高。启发式决策的核心特征在于"少即是多"(Less is More),即消费者会倾向于依赖最少的信息和最少的认知努力来选择品牌产品，而熟悉的品牌符号、品牌名称和品牌联想就成为这一过程中关键的启发因素。这种认知机制使得消费者在不需要详细了解产品质量、功能和使用性能的前提下，便可根据品牌的象征性符号和形象做出购买决定。

认知负荷理论（Cognitive Load Theory）由斯温勒（Sweller）提出，强调消费者的认知资源有限，当任务的认知负荷过重时，消费者会选择更容易处理信息的决策路径。在消费决策情境中，消费者通常面临信息过载的挑战，尤其是当市场中产品同质化严重、产品种类多样、广告信息过多时，消费者会感到认知负担过重，导致决策疲劳和决策拖延。

为了减轻认知负荷，消费者会优先依赖直觉和熟悉的符号线索。例如，品牌标志、品牌配色和品牌名称成为减轻信息处理压力的关键工具。视觉符号的自动化认知联想使得消费者不必每次都重新评估每种产品的性能和质量，而是依赖于大脑中长期储存的品牌记忆和品牌形象来做出选择。这一机制不仅使消费者的认知负荷减轻，还提高了消费者的购买决策速度和效率。

基于上述理论基础，时尚品牌简化认知路径可以遵循如下方式：

第一，简化品牌符号和标志设计。品牌符号是视觉启发的核心要素，它的目的是使消费者在最短的时间内识别品牌的身份和形象，从而简化消费者的认知路径。品牌符号不仅包括品牌名称和品牌标志，还包括品牌的标志性设计元素（如图形、标识、配色和图案等）。品牌符号应具有高度的简洁性和识别性，以最小的信息量传递品牌的最大形象信息。品牌标志应具有独特的外观特征，从而与其他品牌的符号区分开，增强品牌的视觉区分度，使消费者在几秒钟内即可识别品牌。品牌符号应便于在数字平台、广告和社交媒体中传播，无论是动态广告还是静态图像，品牌符号的可视性和吸引力都会影响消费者的认知联结和品牌认知。

第二，保持品牌的产品识别一致性。品牌一致性是指品牌的符号、产品设计风格、视觉图案和广告风格的统一性，使消费者在不同产品和不同场景中都能识别出相同的品牌形象。这种一致性不仅可以强化品牌的记忆效应，还可以减轻消费者的认知负担，使其在不同消费场景中都能快速决策。具体而言，保持品牌的产品识别一致性应从如下方面考虑：（1）品牌的设计风格和视觉形象的统一性。确保品牌的视觉风格、颜色、标识和图案在所有场景中保持一致，减轻消费者的认知负担。（2）品牌标志的跨平台一致性。品牌的图案、颜色和视觉形象在电商平台、门店、社交媒体和广告中保持一致，使消费者能够在跨平台场景中产生一致的品牌认知。保持品牌的视觉符号一致性，不仅能帮助消费者快速识别品牌的身份和产品属性，还能在消费者心中建立品牌记忆路径，从而使品牌的认知联结更高效。此外，在线上和线下渠道中统一品牌的符号和标志设计，可以增强品牌的传播效果，使消费者在跨平台互动中形成一致的品牌印象，从而增强品牌忠诚度。

第三，简化品牌的购买流程。品牌的购买流程不仅局限于线下门店的购买路径，也包括在线购物流程中的路径设计。简化的购买流程可以减轻消费者的操作负担和认知负担，并通过高效的购买体验增强品牌吸引力。首先，简化用户界面设计。在线购物平台的界面设计应清晰、直观、易操作，确保消费者能够在最少的点击操作中完成下单流程。其次，支付流程的最小化。支付系统应具备多种支付方式和"一键支付"功能，从而减少消费者的支付时间和减轻认知负担。

二、情感联结原则

在消费者行为理论中，身份认同理论和情绪联结理论是情感联结原则的核心理论基础。这些理论解释了品牌如何通过情感因素影响消费者的品牌偏好、忠诚度和购买决策。

身份认同理论（Identity Theory）认为，消费者在购买和使用产品的过程中，会将产品与自己的身份建立联系，这种联系反映了消费者的自我认知和社会身份的表达。当消费者感受到某一品牌与其身份、品位、生活方式和社会地位相匹配时，他们会对该品牌产生强烈的偏好和依赖。这一理论的关键点在于，消费者的品牌认同和自我认同之间存在互动关系。

根据这一理论，时尚品牌的形象和象征意义（如奢华、高贵、前卫、时尚先锋等）与消费者的身份认同需求产生了共鸣。消费者在选择特定的品牌时，不仅是为了获得产品的使用价值，更多地是为了借助品牌传达自己的身份和地位。例如，奢侈品牌的客户通常购买高端时尚产品来彰显社会地位和个性化的生活品位。

身份认同发挥作用的关键机制包括：（1）自我认同的外部化。消费者希望通过品牌展示"我是谁"，如高端消费群体通过购买奢侈品牌手袋来彰显其精英身份。（2）社会归属的强化。消费者希望通过品牌符号把自己归属某个特定的社会群体，例如，年轻消费者更倾向于选择能够展示"潮流前卫"形象的品牌。（3）独特性需求的满足。部分消费者希望通过与众不同的品牌来展示"我与他人不同"的特质，例如选择个性化设计的潮牌和限量版商品。

情绪联结理论（Emotional Attachment Theory）认为，消费者的购买行为和品牌忠诚不仅仅受理性因素驱动，更受情绪和情感体验的影响。当消费者在与品牌互动的过程，如聆听品牌故事、观看广告、购物体验中产生了积极的情感共鸣，他们将对品牌产生深层次的依赖。

情绪联结的关键在于积极情绪的持续激发，这种情绪可能包括幸福感、满足感、骄傲感和认同感。当消费者的情绪记忆与品牌的积极情绪体验建立连接时，他们会更容易形成品牌忠诚，并对品牌的产品和服务表现出更高的偏好和更强的购买意愿。

情绪联结理论的关键机制包括：（1）情绪回忆的激活。当品牌通过广告、产品包装、品牌故事等手段使消费者回忆起积极的情绪体验，如幸福、满足和快乐时，消费者将更容易对品牌产生情感依赖。（2）情感依附的建立。当消费者多次接触品牌的情绪化符号（如音乐、画面和色彩）时，品牌就会与积极情绪建立联系，强化品牌的情绪化认知。（3）情感偏好的塑造。消费者在面对众多选择时，往往会优先选择那些能够带来积极情绪的品牌，这也解释了为什么奢侈品牌的广告常常与高端生活方式、浪漫场景和温馨氛围联系在一起。

在时尚品牌的情感联结建设中，品牌可以通过情感符号的设计、品牌故事的叙述和身份象征的建立，激发消费者的情感认同和品牌忠诚。品牌的符号化、情感符号的强化和品牌的情感象征化共同构成了品牌情感联结的三大核心路径。

1. 情感符号的设计和传播

品牌的情感符号可以是视觉元素、声音符号、品牌色彩和广告场景。通过品牌符号的视觉化和符号化，品牌能够使情绪符号在消费者的记忆中产生深度印象。例如，品牌的广告音乐、独特的声音标识（如音效和旋律）、鲜明的色彩（如爱马仕的橙色）等，都是激发情绪记忆的符号化工具。情感符号的设计应简洁、独特且具有情绪共鸣，使消费者在接触品牌时不需要过多的认知消耗，便能快速产生情感共鸣。

2. 品牌故事的叙述和情感共鸣的激发

品牌可以通过故事的叙述和品牌文化的渗透，激发消费者的情感共鸣。品牌故事的核心不在于产品本身，而在于传递品牌的价值观和情感内涵。品牌可以通过讲述品牌的创始故事、产品的文化背景和品牌的社会责任，在消费者心中构建一个人性化和情感化的品牌形象。这些情感共鸣的激发能够唤醒消费者的内在情感，使消费者对品牌产生深层的情绪依赖和心理认同。

3. 身份象征的构建和品牌社会化标签的植入

通过符号化的品牌标志、社交媒体展示和身份象征的强化，品牌能够在消费者的身份认同中扮演重要角色。消费者会倾向于选择与自身身份认同一致的品牌，并通过品牌的符号和标志展示其社会地位、品位和独特性。品牌可以通过社交媒体的展示、明星代言和名人效应，将品牌形象转化为身份象征和社会地位的象征，从而激发消费者的身份认同和从众行为。

苹果公司的"Think Different"广告是品牌情感联结策略的经典案例，这一广告中，"与众不同"的品牌口号与身份认同的核心诉求产生深度共鸣。广告中展示了爱因斯坦、甘地、毕加索等"改变世界的先锋人物"，这种符号化的视觉形象传递了"与众不同、创新和改变世界"的品牌精神。

苹果公司在"Think Different"广告中体现出的情感联结策略是：第一，鲜明的情绪符号。广告中的黑白色调、背景音乐和独特的旁白激发了观众的怀旧感和历史感，使观众在感知层面建立与品牌的深度情感连接。第二，身份象征的强化。苹果公司将自己与"改变世界的创新者"联系在一起，将用户的身份与"创新者的身份"捆绑，使消费者产生"如果我使用苹果产品，我也是改变世界的创新者"的身份认同。第三，品牌故事的叙述。广告的核心信息并没有直接推销苹果的产品，而是传递了一种"与众不同的生活态度"，这种品牌故事的叙述打动了追求个性和独立思考的年轻一代。

三、稀缺性和独特性原则

稀缺性效应是由行为经济学和消费者行为理论引出的一个核心概念，认为稀缺的物品具有更高的感知价值。当某种商品被标注为"稀缺的"或"限量"时，消费者会倾向于认为该商品的质量更高、更具有独特性，从而更愿意为其支付溢价。这一效应的心理学依据来自"稀缺—欲望"机制，即消费者会对有限资源产生更高的渴望。在市场上，限量版、限时促销和独家发售的商品，会因其供给的稀缺性和可获得性受限，在消费者心中产生认知偏差，进而提升产品的感知价值和市场需求。

稀缺性效应的关键机制包括：(1) 心理稀缺偏见：消费者在面对稀缺信息时易产生过度反应，即当商品的可得性下降时，其感知价值会上升。例如，"限量1000件""最后24小时优惠"等信息提示，会使消费者产生紧迫感和购买冲动。(2) 认知稀缺性提示：稀缺性会在大脑中激发"稀缺信号"，这会改变消费者的风险偏好和决策权重，促使消费者认为失去稀缺商品的机会成本更大，从而更倾向于立即购买。(3) 情绪与行为偏差：当消费者被告知某种商品即将售罄或数量有限时，他们的焦虑感和不确定性会增加，继而促使冲动性购买行为的发生。

从众效应是指消费者的购买行为会受到他人行为的强烈影响，尤其是在信息不对称的情境中，消费者会依赖其他人的选择来做出自己的决策。从众效应的核心在于，个体的决策依赖于对他人行为的观察和模仿，当看到他人争相购买某一商品时，个体的不确定性和风险感知会下降，进而促使自己也采取相同的行动。

从众效应的心理机制包括：(1) 社会认同需求：消费者希望与他人保持一致性，当他们看到其他人抢购商品或排队购买时，从众的社会认同感被激发，促使他们也想要"跟随大多数人"。(2) 不确定性和信号效应：

当信息不对称或市场透明度不足时,消费者会关注他人的行为作为决策的参考线索。例如,排队现象和社交媒体上的"热销榜单",都属于信号效应的具体表现。

稀缺性和从众效应的交互作用。当市场中某一商品的"限时发售"和"限量发售"策略与从众效应相结合时,消费者会感知到"如果我不抢购,可能会错过机会"的心理效应,这种效应进一步激发了消费者的购买紧迫感,从而导致排队抢购、恐慌性购买等行为。

在品牌建设中,企业可以通过控制供给、设计独特性和制造稀缺感的策略,激发消费者的稀缺偏见和从众行为,从而实现品牌价值的提升和品牌忠诚的培养。这类"制造稀缺"和"强化独特性"的策略不仅适用于奢侈品牌和高端品牌,也被潮流品牌、联名款和限量款所广泛采用。

第一,产品的限量生产和限时发售。

企业可以通过控制产品的生产批次和市场供应,减少市场上的产品供给数量,使得消费者产生稀缺感和独特感。限量生产通常表现为"限量1000件""限量10台"等市场信号,通过这些信息提示,品牌能够激发消费者的抢购行为和冲动性消费。与此同时,限时发售则是在特定的时间窗口(如24小时、"双十一"、"618"等)内进行限时销售,时间的紧迫感和可获得性的下降使得消费者更愿意在短时间内做出快速的购买决策,这也被称为"最后一分钟效应"。

第二,VIP专属购买权和提前预购。

企业通过设立VIP会员体系,为VIP客户提供提前购买的特权,从而使非VIP客户产生"错失恐惧"(FOMO),并激励更多的消费者升级为VIP客户。这不仅增强了品牌的高端形象和会员体系的吸引力,还强化了品牌的稀缺感和独特感。此外,VIP专属的个性化产品和定制化服务,使VIP客户感知到独特性和专属性,强化了客户的身份认同和品牌忠诚。

第三，独特的设计和联名限量款。

企业可以通过设计独特的产品外观、包装和联名款式，在市场上创造"唯一性"和"个性化"的产品形象，这种策略在潮牌和时尚品牌中被广泛采用。品牌通过与知名设计师、艺术家和其他品牌联名，推出限量的联名款商品，这些商品因市场供给的稀缺性和联名设计的独特性，在年轻消费者中激发了"收藏欲望"和"排队效应"，进而大大提高了品牌的市场溢价能力。

耐克的限量版运动鞋策略是稀缺性和独特性原则的经典案例，尤其是其 Dunk 系列和 Air Jordan 的限量款发售，深受全球"球鞋玩家"和"球鞋收藏家"的青睐。

耐克每次限量生产的球鞋数量有限，每一款限量版鞋的生产数量通常被控制在1万双以下。耐克通过"官网抢购"和"APP 预售"的形式销售这些球鞋，平台在短时间内爆满，服务器崩溃，甚至形成二手市场的溢价现象。在二手市场上，原价200美元的球鞋可能以5倍或10倍的价格出售，进一步放大了"稀缺溢价"的市场效应。

在每次耐克的限量鞋发售时，线下商店门口排起长队的现象往往被消费者解读为"这是一个值得购买的商品"。即使很多排队的消费者原本并不需要这款鞋子，由于从众心理的激发，他们也会加入排队队伍，期望获得"同他人一样的高价值商品"。

耐克通过稀缺性（限量生产）和从众效应（排队抢购）的组合策略，形成了一种"排队=好产品"的市场信号，这不仅提高了球鞋的市场溢价，也使耐克的品牌形象与"潮流、稀缺和独特"绑定在一起，成为年轻一代消费者品牌忠诚的核心来源。

四、品牌忠诚原则

路径依赖理论源于经济学和行为科学，其核心观点是个体的过去选择会影响其未来的决策行为，即消费者在使用某一品牌的过程中，会逐渐形成路径依赖和习惯性偏好。当消费者在与品牌的多次互动中，投入了时间、金钱和精力，这种投入成本会随着时间的推移而增加，进而使消费者不愿意切换到其他品牌。

路径依赖的形成通常表现为品牌生态系统的锁定效应，这种效应使得消费者在特定的品牌系统内积累的使用经验、学习成本和熟悉度成为限制转换的"锁定因素"。例如，设备之间的无缝衔接、跨平台的服务同步和用户习惯的迁移成本，都会导致消费者继续使用当前品牌的产品和服务。路径依赖的关键在于消费者的转换成本，这种转换成本可能体现在时间成本、学习成本、数据迁移成本和心理成本等多个方面。

路径依赖的关键机制包括：(1) 技术依赖效应。消费者在长期使用品牌商品的特定功能和销售服务后，会熟悉品牌的使用方式和操作流程，这种学习效应的固化会使消费者在转向其他品牌时感到不便和不确定性。(2) 锁定成本的上升。消费者在品牌中投入的时间和精力越多，锁定成本就越高。当品牌通过会员系统、个性化推荐和数据积累等手段，使消费者的购买路径依赖于品牌系统中的数据和偏好信息时，消费者在切换品牌时将面临巨大的转换成本。(3) 路径依赖的情绪效应：消费者在长期与品牌的互动中会形成情感依赖，这种依赖不仅体现在使用习惯上，还体现在品牌认同和情感连接上，使得消费者在情感上也不愿意离开品牌。

忠诚承诺理论认为，消费者对品牌的忠诚不仅是被动的路径依赖，还包含消费者的主动承诺和心理契约。这种承诺源于消费者的情感归属、行为承诺和品牌价值的认同。通过奖励机制、会员积分和专属特权,品牌可以激发消费者的长期承诺,从而锁定客户的持续购买行为。

忠诚承诺理论的关键在于,品牌通过奖励机制和承诺体系,使消费者感受到心理契约和责任感。一旦消费者在品牌中投入了足够多的时间、精力和资源,他们会倾向于继续与该品牌保持联系,而不是重新开始建立与新品牌的联系。这一过程被称为"承诺——一致性效应"(Commitment-Consistency Effect)。

忠诚承诺在时尚消费中的作用机制包括:(1)心理承诺的激发:品牌通过专属会员权益、VIP等级和特权购买权,在消费者心中建立了优越感和身份认同。当消费者被授予"VIP会员"身份时,消费者会自发地产生对品牌的忠诚情感,从而使其未来的购买行为更倾向于继续与品牌互动。(2)投资成本的提升:忠诚承诺理论中,品牌会通过积分制度、返现政策和会员系统,使消费者在品牌中逐步积累更多的未兑现的收益(如积分和返现),这种"未兑现的奖励"将被视作某种"成本",从而促使消费者不愿意放弃品牌。(3)社会认同的强化:品牌的 VIP 会员系统和忠诚度计划,通常会使用户形成一种"专属圈层"的身份认同。当消费者感受到"我是一名 VIP 会员"的自我认同感时,他们会有更强的归属感和参与感,这使得他们的购买行为变得更加稳定。

在路径依赖理论和忠诚承诺理论的支撑下,品牌的建设应着重通过路径依赖的激发和忠诚承诺的激励,实现对消费者的长期锁定和品牌忠诚的维持。这些建设策略的核心在于提高转换成本,增加沉没成本,并激发消费者的身份认同。接下来我们以苹果的路径依赖与品牌忠诚策略为例进行说明。

苹果是路径依赖和忠诚承诺的典型案例。苹果通过设备生态系统的深度绑定和操作系统的无缝集成,使用户在品牌系统中的路径依赖逐渐固化，这使得苹果用户难以轻易切换到其他品牌的手机或电子设备。

首先，苹果通过设备联动与数据同步来营造路径依赖。苹果的 iCloud 云端服务使得用户的照片、视频、文件和 APP 数据能够在 iPhone、iPad 和 Mac 设备之间无缝同步，这使得设备的跨平台使用变得更加便捷。如果用户想切换到安卓系统，数据的迁移成本非常高，例如信息、文件和照片的同步可能面临技术壁垒，这使得消费者更倾向于继续留在苹果的生态系统中。

其次，苹果通过 Apple One 服务绑定激发忠诚承诺。苹果通过 Apple Music、iCloud、Apple TV+ 等服务的捆绑订阅，使消费者在苹果的生态系统内积累更多未兑现的使用成本，消费者会倾向于持续使用苹果的服务。苹果的广告常常传递"与众不同、前卫、创新"的品牌形象，使用户在购买苹果产品时形成"身份优越感"，这进一步增强了消费者对品牌的忠诚承诺。

第三节 时尚消费品牌的哲学

一、爱马仕的品牌哲学

爱马仕的成功之处在于对"稀缺性、身份象征、象征价值和品牌排他性"的深度运用。品牌通过精确的市场定位、品牌符号的塑造和"排他性体验"的打造，成功在全球范围内建立了"稀缺且高不可得"的品牌形象，成为奢侈品行业的标杆。

1. 创造客户的"稀缺性"认知

爱马仕将高净值人群作为目标客户，并通过稀缺性和独特性来巩固其市场地位。爱马仕专注于高端奢侈品市场的细分领域，其标志性的产品如铂金包（Birkin Bag）和凯莉包（Kelly Bag），从生产数量到销售方式都采用高度稀缺和定量销售策略，从而增强了市场需求的紧迫感和消费者的稀缺感知。

爱马仕的铂金包生产周期极长，每个包需要单一工匠耗时18至24小时手工制作，并且每个包的生产数量受到严格控制。这种限量生产的策略使得每一个铂金包都成为"不易得"的高端奢侈品，消费者愿意花费更多的时间、金钱和精力去购买，从而进一步提高了品牌的市场溢价能力。

爱马仕的"排队购买制度"更进一步强化了稀缺性。消费者必须提前预约，并等待数月甚至数年才能获得购买资格。与快时尚品牌的"即买即得"形成鲜明对比，爱马仕用"等待的稀缺性"创造出更高的市场价值。

由于每款产品的数量受限且制作精良，爱马仕的铂金包在二手市场的价格经常高于零售价，这进一步提高了品牌的吸引力。

爱马仕成功吸引了全球最富裕的消费者，并且这些高净值客户往往是品牌的忠实追随者。购买爱马仕不仅是拥有一款奢侈品包包，更是身份和地位的象征。

2. 高度差异化的品牌定位

爱马仕采用品牌符号化和文化符号化的双重路径，它不仅仅销售奢侈品，还通过符号化的标志、设计和形象，与消费者的身份认同联系在一起。爱马仕的核心标志包括"H"标志、橙色包装和马具图案，这使得品牌在视觉上易于识别，强化了消费者的品牌联想。

爱马仕的橙色购物袋和大写"H"字母是品牌的核心符号。这些视觉符号成为"奢华"的代名词，让消费者一看到橙色包装或"H"标志，便能联想到爱马仕的高端形象。爱马仕以"马具工匠的起源"为品牌故事，将其品牌历史与法国贵族传统文化结合在一起，塑造了"手工艺传承"的品牌形象。这种符号化的故事在品牌传播中被反复强化，增强了品牌的身份象征属性，使消费者产生"我拥有的不是一个包，而是传承的文化"的认知。

拥有一个爱马仕包不仅仅是拥有一款奢侈品，更象征着身份的尊贵和独特的品位。消费者对品牌的依赖性增加，品牌认同的情感联系被进一步加深。爱马仕通过品牌的符号化策略和文化输出，将"法国手工艺文化"传播到全球。每个消费者都将购买爱马仕视作参与高端文化和身份象征的行为，这进一步提升了品牌在全球市场的地位。

3. 强调"象征价值"

爱马仕的产品不仅仅是一种消费品，还是消费者社会地位的象征。象征价值不仅通过品牌符号的传播体现出来，还通过品牌故事的叙事、奢华感的营造和稀缺体验的设计，为客户传递"文化认同、稀缺认知和情感联结"。

品牌叙事和情感联结。爱马仕通过不断讲述品牌的文化传承故事，将其与"匠心精神""家族传承"和"高端生活方式"相联系，吸引了渴望获得身份认同的客户。这种品牌叙事策略使得消费者将爱马仕的产品视为文化和精神的象征，不仅仅是单一的产品体验。

品牌符号的渗透。爱马仕通过"符号＝身份"的品牌关联方式，创造了一个清晰的符号网络（如"H"标志、橙色包装、铂金包装等）来强化消费者的象征性认同。这使得爱马仕的产品不仅仅是皮具，还是能够传递情感和象征地位的符号。

由于爱马仕的象征价值远远超过其产品的实际功能价值，消费者不惜支付溢价去购买其产品。爱马仕不仅在中国、日本、美国等地被视为"奢华的象征"，更在消费者的潜意识中成为"理想生活方式的象征"，这在一定程度上解释了爱马仕的高溢价和高忠诚度。

4. 创造"排他性"的品牌体验

爱马仕通过"高价＋限量＋排队"的排他性策略，营造了"不可得性"的品牌形象。品牌通过稀缺的生产数量、排队预订和等待购买，创造了一种稀缺的消费体验，这与普通品牌的购买体验形成了心理上的落差和独特的价值体验。

爱马仕的高价策略不仅仅是出于成本考量，更是为了强化品牌的"高端象征价值"。与其说消费者购买的是一个手袋，不如说他们在购买"身份、地位和特权"。铂金包的售价从几万美元到几十万美元不等，而这种高价的背后是奢侈品的独特经济学原理——"价格越高，吸引力越强"。高价格标志着品牌的稀缺性、尊贵性和排他性，使得消费者在拥有该品牌时，能够感受到身份地位的彰显和心理优越感。

爱马仕的生产体系中，每个手袋均由单一工匠手工制作，且每个工匠在手袋内部留下签名，这种"工匠稀缺性"自然导致了生产的限量性。每款产品的产量都受到严格控制，确保每个市场的供应始终处于"供不应求"的状态。限量不仅强化了"奢侈品的稀缺溢价"，更在消费者心中种下了"不抢购就会错过"的心理暗示。爱马仕通过这种"制造短缺"的方式，诱导消费者在短时间内做出冲动购买决策，并使得消费者对品牌的依赖性更强。

在爱马仕的门店中，消费者需要提前预约并经历漫长的等待，尤其是铂金包和凯莉包等爆款手袋。通过排队机制，品牌向客户传达了"只有少数人有机会购买"的信息，增强了"被选中感"和"获得感"。这种策略大大提升了消费者的认同感和品牌忠诚度。消费者会在等待的过程中经历情绪波动，当他们终于成功购买到产品时，内心的喜悦和满足感被放大，这进一步强化了消费者对品牌的依赖性和品牌忠诚。

在行为经济学中，"稀缺性效应"（Scarcity Effect）和"沉没成本效应"（Sunk Cost Effect）可以解释爱马仕的排他性策略对消费者行为的影响。消费者在漫长的排队等待过程中投入了大量的时间和心理精力，这被视为一种"成本"。由于不愿意浪费之前的投入，消费者更倾向于完成购买决策。此外，"等待的稀缺性"让消费者对"稀缺资源"的心理认知进一步强化，消费者会认为"物以稀为贵"，即使面临更高的价格和更长的等待时间，依旧愿意购买。

爱马仕的"高价+限量+排队"策略并非单一手段，而是通过高价标示身份、限量制造稀缺、排队形成心理落差等多重机制的联合作用，成功塑造了"不可得性"的品牌形象。这种心理稀缺的体验，在消费者心中强化了"品牌=身份象征"的关联，进一步提高了爱马仕的高溢价能力和品牌忠诚度。

二、Zara"可负担的快时尚消费"

1. 快速反应

Zara 的品牌理念之一是"快速反应市场需求",其独特的供应链模式被称为"即需即供"(Just-in-Time,JIT)模式。这种模式的核心在于高度灵活的设计、生产和物流管理,确保 Zara 能够在极短的时间内将新设计的时尚潮流产品推向市场。与传统时尚品牌通常采用的"每年两季新品发布"相比,Zara 的反应速度要快得多。Zara 的设计团队密切跟踪全球的时尚趋势,从秀场、社交媒体、明星穿搭和街头风尚中汲取灵感。设计师们在捕捉到新的潮流趋势后,会迅速将这些设计转化为具体的产品。整个过程通常在两到三周内完成,远低于传统时尚品牌的六个月周期。

这种快速反应模式使 Zara 能够抢占时尚流行的第一波红利,并始终站在潮流的前沿。随着消费者对个性化和新鲜感的需求日益增加,Zara 通过这种"快"模式,吸引了大量对时尚敏感的年轻消费者。消费者总能在 Zara 的门店或线上平台中看到最新的潮流单品,而这种"新鲜感"正是消费者频繁光顾 Zara 的主要原因之一。

快速反应的成功背后,离不开 Zara 的高效供应链。Zara 的工厂大多分布在欧洲,特别是靠近西班牙的生产基地,使得其在生产—运输—上架的周期中大大缩短了时间。此外,Zara 的库存管理系统通过实时数据采集和反馈,将全球门店的销售数据汇总到中央系统,设计团队和生产团队会根据这些销售数据实时调整生产计划。通过这种方式,Zara 不仅能及时满足市场的动态需求,还大大减少了因库存过剩而产生的滞销损失。相比其他品牌依赖"预测生产"的传统模式,Zara 的"即需即供"模式在不确定的市场环境中展现了更高的灵活性和韧性。

2. 可负担的时尚

Zara 的另一大核心理念是"可负担的潮流",即让普通消费者也能以较低的价格享受到最新的时尚潮流。与传统的高端奢侈品牌不同,Zara 的定价策略更加亲民,产品价格覆盖从中低端到中高端的多个价位,为各类消费者提供了负担得起的时尚选择。与其说 Zara 是在销售"产品",不如说它是在销售"大众可触及的时尚潮流"。

Zara 的可负担时尚理念不仅体现在价格定位上,还体现在品牌的市场定位上。它避免了高端奢侈品牌的"只服务少数人"的精英化策略,而是大规模服务广泛的时尚消费者。Zara 的目标客户涵盖了中产阶层、年轻白领和学生群体,这些群体对价格敏感度较高,但也追求时尚的设计和新鲜的款式。Zara 凭借着"时尚＋可负担"的双重吸引力,在年轻消费者和追求性价比的消费者中建立了强大的品牌吸引力。

此外,Zara 在面料和工艺的选择上采用了高效的成本控制策略。虽然 Zara 的产品外观与高端品牌的潮流单品相似,但在材料和细节工艺上适当降低成本,通过采用性价比更高的材料和标准化的生产流程,实现了产品的成本优势和价格优势。与此同时,Zara 在设计上也避免大规模库存积压,每款新品的库存量有限,这不仅强化了消费者的"稀缺性认知",还进一步降低了库存风险和成本损失。

3. "微型上新"理念

传统时尚品牌通常以"春夏、秋冬"两个大季为基础发布新产品,而 Zara 的"微型上新"模式则突破了这种常规。Zara 采用每两周上新一次的频率,确保其产品更新速度远高于同行。每当消费者进入 Zara 的门店或访问其线上平台时,几乎总能看到"上新"的标签和"限时新品"的标识,这种"常来常新"的购物体验促使消费者频繁回购。相比传统品牌每年两季的更新节奏,Zara 的每两周上新机制显著提高了消费者的购买频率和门店的客流量。

"微型上新"不仅在消费者的购物心理上产生积极影响，还大大提高了门店的坪效。当消费者意识到每两周 Zara 就会上新时，他们会习惯性地定期访问门店或在线平台，以免错过最新的潮流产品。Zara 通过这种方式，进一步加强了"FOMO"效应，即消费者在得知产品的时效性和稀缺性时，会倾向于立即做出购买决策，以免错过独特的产品。

Zara 的"微型上新"还通过库存优化和快速迭代提高了盈利能力。每个 SKU（最小存货单位）的生产量受到控制，销量不佳的款式能够快速退出市场，而热门款式则能立即追加生产。相比传统的"大批量生产+长期销售"的模式，Zara 的"小批量+高频次上新"更具市场适应性，生产和销售周期的缩短使得企业的资金周转速度加快，进一步降低了库存成本和资金占用成本。

Zara 的快速反应、可负担的时尚和微型上新三大策略，使其在快时尚行业中取得了全球领先的市场地位。凭借高效的供应链管理、精准的潮流捕捉和灵活的库存管理，Zara 不仅在中国、美国、欧洲等成熟市场中保持了稳固的市场份额，还在东南亚、非洲和南美等新兴市场中获得了强劲的增长。Zara 的理念为其带来了多重收益：（1）市场占有率大幅提升：Zara 的快时尚商业模式被全球竞相模仿，但凭借灵活的供应链和快速反应能力，Zara 始终处于行业的领先地位。与传统的高库存和慢销售周期不同，Zara 的销售周期更短，平均售罄率高达 90%，这使得其盈利能力远高于同行。（2）品牌吸引力和客户黏性增强：由于每两周都会推出新产品，消费者在每次进入 Zara 门店时都会感到"新鲜感"，这种"不确定的奖励效应"使得顾客的回购率显著提高。无论是门店还是在线平台，消费者的访问频率和购买频率大幅增加，这对于 Zara 的业务增长至关重要。（3）库存管理的优化和资金周转率的提高：Zara 的"即需即供"模式和"小批量＋高频次上新"的策略，大大减少了库存压力和滞销商品的风险。这一模式使得公司每年库存损失率低于 1%，而传统时尚品牌的库存损失率通常在 10%—20% 之间。

三、珀莱雅的"工匠精神"

珀莱雅作为中国知名的本土化妆品品牌，展现出一系列独特的发展特点，其核心理念便是以"工匠精神"来贯穿品牌发展的始终。珀莱雅的"工匠精神"源于其创始人侯军呈的创业初心和经营哲学。侯军呈提出，"用工匠精神专注做好一件事"，这一信念贯穿了珀莱雅的品牌建设、产品开发、技术研发和社会责任等多个方面。在"工匠精神"的指导下，珀莱雅追求"精益求精、专注极致、持之以恒"，以高质量的产品和卓越的客户体验赢得市场竞争的优势。

珀莱雅的"工匠精神"体现在以下几方面：

第一，专注一事，持之以恒。从创业至今，侯军呈和他的团队始终专注于化妆品行业，拒绝多元化的盲目扩张，将所有的精力投入到美妆产品的开发和品牌建设中，一心一意做好一件事。这不仅为企业的稳健发展奠定了坚实基础，也形成了珀莱雅深耕行业、聚焦创新的战略定力。

自 1992 年创业以来，侯军呈始终秉持着"一辈子只做一件事"的信念，专注于化妆品行业，30 多年来从未涉足其他行业。侯军呈认为，企业家如果使有限的时间和精力过于分散，容易失去发展的聚焦点。因此，他始终坚持将所有资源和精力投入到美妆产品的开发和品牌建设中，保持长期专注和深耕的战略定力。2003 年，珀莱雅品牌正式创立，这标志着侯军呈从化妆品代理商向品牌创立者的角色转变，并拉开了其独立自主发展的序幕。

在很多企业因多元化扩张而经营受挫的背景下,侯军呈的"专注一事"理念显得尤为独特。与许多企业在发展壮大后选择横向扩展不同,珀莱雅始终将化妆品作为唯一的核心业务,深耕单一赛道,持续发掘行业增长潜力。面对外界投资和扩张的诱惑,侯军呈始终坚持"只做化妆品",这使得珀莱雅的资源和研发力量能够高度集中在美妆领域的产品创新和品牌建设中。深挖赛道、长期专注,不仅避免了因多元化而导致的资源分散和管理难度加大,也为企业的可持续增长提供了坚实的战略基础。

珀莱雅并非简单地"专注一事",而是在化妆品行业内部实现了品牌的多元化和市场的多层次覆盖。珀莱雅采用"单一品牌+多子品牌"的品牌矩阵策略,在巩固珀莱雅这一旗舰品牌的同时,创立了彩棠、悦芙媞和Off&Relax等子品牌,以应对不同细分市场和目标群体的多样化需求。例如,彩棠定位于个性化彩妆市场,为追求个性和色彩搭配的年轻消费者提供多样化的美妆选择;悦芙媞则以功效型护肤产品为核心,满足对高功效护肤有需求的用户;Off&Relax则更关注个性化的头部护理。这一策略不仅丰富了珀莱雅的产品品类和品牌矩阵,也分散了单一品牌的市场风险,在每个子市场中均实现了业务的深入渗透和拓展。

专注带来的最大成效是品牌力和产品力的持续增强。在品牌力方面,珀莱雅通过单一赛道的深耕和品牌矩阵的多品牌运作,树立了"国货美妆领军品牌"的市场形象,进一步巩固了在大众美妆市场的领先地位。在产品力方面,珀莱雅专注于高端护肤技术的研发,通过杭州龙坞研发中心、上海头部护理中心和巴黎欧洲科创中心的协同创新,持续推动前沿科技和功效成分的开发,并与巴斯夫、帝斯曼等国际生物科技巨头深度合作,赋能产品的竞争力。凭借这种长期的专注和持续的创新,珀莱雅不仅巩固了国货美妆头部企业的市场地位,还推动了中国美妆品牌从国内市场走向国际市场的进程。

珀莱雅的"专注一事"理念不仅是品牌经营的核心哲学，也是企业能够立足市场并长期保持竞争力的战略基石。在侯军呈的带领下，珀莱雅始终专注于化妆品行业，拒绝盲目扩张，深挖单一赛道的增长潜力，并通过"单一品牌＋多子品牌"矩阵策略在不同细分市场中实现了产品多样化和品牌多元化的协同发展。正是这份专注、坚守和长期主义，使得珀莱雅不仅成为国货美妆的领军企业，也在国际化进程中逐步走向全球市场，为"中国的珀莱雅，世界的珀莱雅"的愿景提供了坚实的战略支撑。

第二，产品精益求精。珀莱雅的"工匠精神"在品质上的极致追求体现在原材料的选择、生产工艺的改进和产品品质的把控上。

珀莱雅始终秉持"产品即品牌"的理念，强调产品的极致追求和质量优先。这一追求不仅体现在原材料的选择、生产工艺的改进和产品品质的把控上，还体现在产品创新、消费者体验优化和技术领先性等多个方面。侯军呈曾多次强调，"要用工匠精神专注做好一件事"，珀莱雅在产品端的专注与深耕，正是"工匠精神"的具体体现。

珀莱雅的产品制造流程极其严谨，从原材料采购到生产、检测和上市，均需历经多道质量管控，以确保每一款产品的安全性、有效性和高品质。在生产流程中，珀莱雅严格执行GMP（良好生产规范）生产标准，这是国际上通用的化妆品生产质量管理规范。每个生产批次都要经过一系列的工艺检测和质量控制程序，如微生物检测、化学检测和物理性能检测等，确保产品安全可靠且品质如一。

为进一步优化工艺，珀莱雅在关键环节实施"精细化管理"，涵盖了智能化的生产设备、数字化的质量追踪和大数据的工艺反馈等手段。这些技术手段使得每一个生产环节的质量可追溯，不仅提升了生产效率，还降低了质量事故的发生率。通过这种标准化和精细化的流程管理，珀莱雅确保每一款产品的出厂合格率始终保持高水准，为企业的市场竞争力提供了可靠的质量支撑。

珀莱雅与巴斯夫、帝斯曼、亚什兰和英国禾大等国际原料巨头建立了长期的合作关系。这些国际供应商为珀莱雅提供了世界一流的护肤原料，如新肌酮等前沿成分，使得珀莱雅的产品在功效性、创新性和护肤体验上始终处于行业前沿。新肌酮（Pro-Xylane）是一种全球领先的活性护肤成分，常用于抗衰老护肤品中，能够深层修复肌肤、促进胶原蛋白的生成。通过与巴斯夫和帝斯曼等供应商合作，珀莱雅将这种成分运用于高端护肤产品中，不仅提高了产品的护肤效果和品牌溢价能力，还帮助珀莱雅在抗衰老市场中获得了竞争优势。

珀莱雅在产品研发中也注重天然成分的使用，积极将植物提取物和绿色环保成分融入产品中。这种策略不仅满足了消费者对"天然护肤"的追求，还帮助品牌在绿色可持续发展的市场趋势中获得了更多消费者的认可。

为了确保原材料的稳定性和供应链的韧性，珀莱雅在国际化供应链与本地采购的结合上做出了卓有成效的努力。除了从国际原料巨头采购关键活性成分，珀莱雅还通过本地供应链的多样化布局，减少了外部冲击（如疫情或国际贸易摩擦）对供应链稳定性的影响。

珀莱雅的"工匠精神"还体现在其多维度的产品检测和质量控制体系上。产品检测的核心是确保每一款产品都能在上市前达到安全性、稳定性和功效性的要求。珀莱雅的产品检测包括微生物检测、化学检测、物理检测和功效评估等，产品上市前需要经过多次验证，确保无安全隐患。微生物检测用于防止产品在生产和运输过程中受到微生物污染，确保产品在开封后也具有良好的使用稳定性。化学成分检测确保护肤品中不含有有害成分（如甲醛和重金属等），并通过对敏感成分的控制，确保消费者使用的安全性。物理稳定性测试对产品的抗高温、抗冷冻和抗震性能进行测试，确保产品在运输和存储期间不发生分层、变色和变质等现象。

珀莱雅对产品的极致追求和严苛把控，不仅使得其在市场上树立了高品质护肤品牌的形象，也巩固了其作为国货美妆头部品牌的市场地位。通过严控生产工艺、引入国际优质原料、构建全球协同研发中心和全面的质量检测，珀莱雅的产品具备了高功效性、高安全性和高品质的特征，赢得了消费者的信赖。

第三，创新驱动发展。珀莱雅的"工匠精神"不仅体现在精雕细琢的产品制造中，还体现在创新思维的持续进化中。首先是强化自主研发。珀莱雅在2023年投入1.74亿元的研发费用，这一投入占总收入的比重不断提高，显示出以研发创新为核心的竞争战略。公司在杭州龙坞、上海和巴黎分别设立了三个研发中心，吸纳了320余名专业研发人员，并与国际知名生物科技公司（巴斯夫、帝斯曼等）合作，研发抗衰老、抗蓝光等前沿产品。其次是科技平台赋能。珀莱雅依托全球化的研发平台，提高了品牌的竞争力和技术壁垒。珀莱雅通过杭州龙坞研发中心、上海头部护理中心和巴黎欧洲科创中心的协同合作，形成了三地联动、全球共享的创新研发网络，这一布局在技术研发、产品创新和全球化扩张中发挥了关键作用。杭州龙坞研发中心是珀莱雅的核心技术创新基地，专注于护肤品成分的基础研究和创新技术的孵化，为品牌的核心产品提供技术支持。通过自主研发与外部合作相结合，珀莱雅与巴斯夫、帝斯曼等国际知名生物科技公司合作，联合开发了诸如抗蓝光成分和新肌酮等高科技成分，为品牌的高端产品提供了竞争优势。上海头部护理中心则专注于头部护理产品的专项研究和个性化护理方案的开发。随着消费者对头部健康护理的需求增加，珀莱雅依托该中心加大了对洗护类产品的研发力度，快速抢占市场新赛道。巴黎欧洲科创中心的设立体现了珀莱雅"走向世界"的全球化战略，其目的是引入欧洲前沿的护肤技术、创新成分和高端设计理念，提升品牌的国际影响力。通过整合欧洲市场的资源和技术，珀莱雅的产品在品质、功效和设计方面实现了进一步提升。这三大研发中心的协同创新网络，使珀莱雅能够捕捉市场需求、加速产品迭代、优化成本结构，为品牌的国际化扩张提供强大的技术支持，并进一步巩固其在国货美妆市场的领导地位。此外，珀莱雅大力推动数字化技术转型。为应对消费市场的变化，珀莱雅通过"智慧门店＋大数据驱动"的零售创新，实时收集消费者的购物行为和偏好数据，借助数据分析优化产品设计和营销策略，进一步满足消费者的个性化需求。

第四，绿色环保和社会责任。工匠精神不仅体现在产品品质上，也体现在对环境的敬畏和对社会的责任感上。随着全球对可持续发展的关注不断加深，珀莱雅将 ESG（环境、社会和治理）理念融入企业运营和发展战略之中，致力于推动化妆品行业的绿色转型。在 2024 年，珀莱雅在 Wind ESG 评级中获得了 AA 级，这充分体现了其在绿色低碳生产、环保包装和供应链可持续性方面的突出成就。在生产环节，珀莱雅秉持"绿色生产、低碳排放"的可持续发展理念，通过优化生产工艺、减少能耗和碳排放，有效控制企业的环境足迹。在原材料的选择上，珀莱雅优先采购环保型的绿色原料和可持续来源的植物提取物，确保产品的生态友好性。与此同时，珀莱雅大力推动绿色化的产业链转型，要求其供应链合作伙伴采用更加环保的生产方式和绿色物流解决方案，助力整个产业链的低碳发展。在包装材料的使用上，珀莱雅采用可降解的环保材料，并在产品设计中践行"轻量化包装、可回收包装"的绿色环保理念，减少塑料使用和过度包装现象。通过改进包装设计，珀莱雅不仅减少了材料浪费和包装成本，还大大降低了产品的碳足迹，为行业的绿色发展树立了标杆。

珀莱雅在绿色环保方面的努力，推动了化妆品行业的可持续发展。通过实施绿色生产、绿色包装和供应链低碳化，珀莱雅的绿色制造模式被行业视为标杆，推动了国货美妆行业的绿色转型。许多同行企业开始效仿珀莱雅的可持续策略，采用更环保的材料和包装设计，推动了行业的绿色化进程。

珀莱雅的"工匠精神"不仅是对产品制造的极致追求，更是对品牌使命的专注和坚持。在"专注一事、创新赋能和可持续发展"三大核心战略的引领下，珀莱雅的"工匠精神"具体体现为专注产品研发、精益求精的生产流程、绿色环保的责任担当和对行业的引领示范作用。凭借这种"工匠精神"，珀莱雅在国货美妆市场中脱颖而出，成为中国美妆行业的领导者和全球化的中国品牌代表。这一精神也将继续推动珀莱雅实现"中国的珀莱雅，世界的珀莱雅"的宏伟愿景。

第 7 章

欧美国家的
时尚消费

第一节　道德伦理与快时尚：欧洲时尚消费的转变

欧洲时尚消费反映出消费者日益关注可持续性和道德实践，特别是针对快时尚对环境的影响。Zara 等品牌因其快速的生产周期而备受关注，这与强调工艺精和耐用的奢侈品牌形成鲜明对比。快时尚鼓励了一种"用过即扔"的文化，但欧洲消费者越来越意识到其购买行为的道德影响。这也促使"生态时尚"兴起，高端时尚界逐步融合可持续实践，倡导奢侈品与道德消费理念的结合。

一、快时尚与奢侈品牌的对比

在 21 世纪初期，快时尚行业迅速崛起，品牌如 Zara、H&M 等以其快速、廉价的生产方式主导了全球时尚市场。这种模式通过快速设计、快速生产和快速上架，将最新的时尚潮流以低价提供给大众，深受消费者青睐。然而，快时尚的崛起也伴随着一系列问题，尤其是在环境和社会责任方面。

快时尚的商业模式建立在快速消费和快速淘汰的基础上，鼓励消费者频繁购买新款，以保持处于时尚前沿的位置。这种"快消"的文化导致了大量的资源浪费和环境污染。根据统计，快时尚行业每年生产的服装数量远远超出全球需求。此外，快时尚企业常常依赖廉价劳动力和不透明的供应链，这使得生产者的劳动条件和工资水平难以保证。

与之相对，奢侈品牌则强调产品的工艺精、耐用和有长期价值。品牌如 Hermès、Chanel 等奢侈品牌以其手工制作的精致产品而闻名，这些产品通常使用高质量的材料，设计寿命较长，价格也远远高于快时尚产品。奢侈品牌往往代表着精致生活方式，购买奢侈品不仅仅是为了功能性或时尚感，更是对产品背后历史和工艺的认可。

二、消费者对可持续性的关注

在过去的十年里，随着环保和社会责任意识的增强，越来越多的欧洲消费者开始反思自己的消费行为。他们不再仅仅追求廉价和潮流，而是开始关注时尚产业对环境和社会的影响。这种转变尤其体现在年轻一代中，他们对可持续时尚的需求推动了时尚产业的变革。

许多消费者意识到，快时尚虽然提供了廉价的选择，但这种模式背后的环境代价是巨大的。快时尚的生产过程不仅消耗了大量的资源，如水和能源，还产生了大量的废弃物。根据联合国的一份报告，时尚产业是全球第二大污染行业，仅次于石油行业。每年，时尚产业消耗了全球20%的工业用水，并排放了占全球大约10%的碳排放量。

与此同时，奢侈品牌也受到了消费者的审视。尽管奢侈品通常被认为是高质量和耐用的象征，但一些奢侈品牌过去依赖动物皮革、毛皮等材料，这在日益增强的环保和动物保护意识的推动下，受到了广泛的批评。为了应对这些挑战，许多奢侈品牌开始采取更为环保的生产方式，逐步减少对自然资源的依赖，并推行可持续的商业实践。

三、可持续时尚的兴起

在此背景下，欧洲的可持续时尚逐渐成为主流趋势。可持续时尚（sustainable fashion）是指在设计、生产、销售和消费过程中，最大限度地减少对环境的负面影响，同时确保生产过程中的社会责任。与快时尚的"快速消费,快速丢弃"不同,可持续时尚强调产品的耐用性、环保性和道德性。

欧洲时尚品牌在这一领域起到了先锋作用。例如,英国奢侈品牌Stella McCartney一直致力于可持续时尚的推广。该品牌以不使用动物皮革和毛皮闻名,并通过使用环保材料和减少生产过程中的碳足迹,成为可持续奢侈品的代表。此外,瑞典品牌Filippa K也推行了"循环时尚"的概念,该品牌设计的产品不仅考虑到消费者的需求,还通过推行服装租赁和二手市场,延长产品的生命周期。

与此同时,快时尚品牌也开始意识到消费者对可持续性的需求,并逐步调整他们的生产模式。例如,H&M推出了"Conscious Collection"系列,承诺使用可持续的材料,如有机棉、再生聚酯等,减少对环境的负面影响。虽然这种举措受到了欢迎,但一些批评者认为,这仅仅是"绿色洗白"(greenwashing)的一部分,即企业通过少量的环保举措,掩盖其大规模生产带来的环境破坏。

四、道德消费与奢侈品牌的融合

道德消费与奢侈品牌的结合,体现了欧洲时尚消费中日益增长的价值观导向。随着消费者对品牌背后故事的兴趣增加,他们不仅关心产品的外观和功能,更关心品牌的社会责任和环保承诺。

许多奢侈品牌正在转向更加透明和负责任的生产模式。例如,法国奢侈品牌Chanel开始在供应链中使用可持续材料,并对其碳足迹进行审计。此外,Chanel还投资可持续创新技术,试图减少对传统自然资源的依赖。类似地,意大利品牌Gucci也在推行其"Gucci Equilibrium"计划,致力于减少对环境的影响和推动社会平等。

此外，一些欧洲新兴的奢侈品牌专注于道德和环保时尚，如英国的 Beautiful Soul London 和 DePloy。这些品牌采用有机、可持续和公平贸易的材料进行生产，强调工匠手工艺和长寿命设计，吸引了那些希望通过消费表达道德立场的消费者。

五、社交媒体与道德时尚的传播

社交媒体的兴起也加速了道德时尚的传播和普及。平台如 Instagram、TikTok 和 YouTube 为时尚品牌提供了一个展示其道德和环保实践的窗口，也为消费者提供了一个与品牌互动的平台。在这些平台上，网红（influencers）和意见领袖（key opinion leaders, KOL）通过推荐环保品牌和产品，进一步推动了道德时尚的流行。

例如，许多时尚网红在社交媒体上推广可持续时尚，分享他们的二手时尚穿搭、环保品牌推荐等内容，影响了大量年轻消费者的购买决策。这种"种草经济"不仅推动了环保品牌的销售，还在一定程度上改变了人们对时尚消费的态度。

六、持续的挑战与未来展望

尽管道德奢侈品与可持续时尚正在欧洲时尚消费中逐渐占据主导地位，但仍然面临着许多挑战。首先，价格问题依然是可持续时尚的一大障碍。由于使用环保材料和可持续生产方式，许多道德时尚产品的价格相对较高，这使得部分消费者望而却步。其次，快时尚的市场份额依然庞大，尽管一些品牌推行了环保计划，但其核心商业模式仍然是以大规模生产和快速消费为主。

然而，随着消费者对道德消费的关注度日益提高，时尚产业也在不断适应和变革。未来，奢侈品牌和快时尚品牌可能会更加紧密地结合创新技术、环保材料和透明的生产流程，以满足消费者对可持续性和社会责任的需求。

第二节　奢侈品牌与社会地位

在欧洲，奢侈品一直以来都被视为社会地位的象征。无论是在古典贵族社会中，还是在现代富裕阶层中，奢侈品的消费都意味着财富、身份和权力的展示。然而，随着社会的进步和环保意识的增强，奢侈品消费的概念逐渐从简单的炫耀财富转变为反映个体的道德价值观和环境责任意识。

一、奢侈品消费与社会地位

奢侈品长久以来一直与财富和地位密切相关。奢侈品牌如 Hermès、Chanel 和 Louis Vuitton 等，依靠其高质量的产品、悠久的历史和稀有性，吸引了大量的富裕消费者。这些品牌的产品通常设计精美、工艺复杂、价格高昂，使得它们成为消费者炫耀财富的工具。通过购买这些品牌，消费者不仅是在满足个人的审美和需求，更是在展示自己的社会地位和经济实力。

例如，Bottega Veneta 品牌放弃了传统奢侈品牌的显眼 Logo，转而采用独特的编织设计，成为一种"隐形奢华"的象征。这种设计不仅让品牌在奢侈品市场上独树一帜，还通过精致的工艺和低调的优雅吸引了那些不愿过于张扬的高端消费者。这类消费者通过购买这种"隐形"奢侈品来传达他们对精致生活的理解，同时避免过度炫耀。

二、可持续发展与奢侈品消费

近年来，奢侈品市场逐渐向可持续发展方向转型。随着环保意识的提高，越来越多的欧洲奢侈品消费者开始关注产品的生产过程是否符合环境和道德标准。消费者不再仅仅追求奢华与地位，他们希望通过消费来体现对环境保护和社会责任的关注。奢侈品牌为了顺应这一趋势，纷纷采取可持续性策略。例如，Louis Vuitton 开始推行环保皮革项目，并在其供应链中引入可再生能源，以减少对环境的负面影响。与此同时，Chanel 则开始投资可持续纺织品的研究，力求通过技术创新来降低其生产过程中的碳排放。英国奢侈品牌 Beautiful Soul London 就是一个成功的例子。该品牌坚持使用可持续的、有机的和来自公平贸易的面料进行生产，同时承诺在英国本地生产以减少碳足迹。Beautiful Soul London 通过其设计和生产方式，不仅满足了消费者对奢华的追求，也迎合了那些注重环保和道德的消费者。

三、奢侈品市场中的道德消费

随着全球消费者道德意识的增强，奢侈品牌正在重新评估其市场战略，以适应新一代注重社会责任和环境保护的消费者需求。道德奢侈品（ethical luxury）的概念应运而生，品牌逐渐将可持续性、动物权益和社会责任纳入其核心价值中。通过把透明的供应链、环保的生产材料和公平的劳工条件纳入生产过程，这些品牌不仅提升了其社会形象，还吸引了那些关注道德和环保的高端消费者。

例如，品牌如 Stella McCartney 和 Gucci 已经开始采用可持续材料、减少碳排放，并且致力于"零皮草"政策，以响应消费者对环境保护和动物权益的关切。这种转变表明，奢侈品牌不再仅仅是财富和地位的象征，更是一种价值观的体现。那些希望通过消费表达其对环境保护和社会责任承诺的消费者，越来越倾向于选择具有道德标签的奢侈品牌。

此外，奢侈品市场中的"共享经济"也成为道德消费的另一重要趋势。消费者不再仅仅满足于拥有奢侈品，还通过租赁或循环使用等方式来体验奢华生活。平台如 Rent the Runway 和 Vestiaire Collective 通过奢侈品租赁和二手奢侈品销售，不仅降低了奢侈品消费的门槛，还提供了更环保的消费模式。这种模式在满足消费者追求时尚的同时，减少了奢侈品的过度消费和资源浪费现象，迎合了越来越多关注可持续发展的消费群体。

总体来看，奢侈品市场的道德消费趋势反映了消费者对环境保护和社会责任的日益重视，奢侈品牌的道德战略转型不仅提升了品牌的竞争力，也使得奢侈品市场朝着更加可持续和道德化的方向发展。

尽管奢侈品牌在可持续发展和道德消费方面取得了显著进展，但仍然面临许多挑战。首先，奢侈品本质上是一种排他性消费，其高昂的价格和稀有性常常与可持续性相矛盾。一些消费者仍然认为，带有"可持续"标签的奢侈品在某种程度上降低了其奢华感和地位象征。此外，奢侈品市场的全球化和规模化生产也使得品牌在保持道德和环保标准的同时，思考如何维持其利润。

第三节　欧洲各地区的时尚差异

欧洲是一个多元化的市场，不同地区的消费模式差异显著。北欧和南欧在时尚消费上的偏好各不相同，反映了更广泛的文化和经济差异。北欧消费者通常更注重功能性和可持续性，而南欧则倾向于更加传统的奢侈品消费和地位驱动型消费。此外，欧盟的广告和生产规定也影响了时尚产品在整个大陆的营销和消费方式。

一、北欧国家

北欧国家，包括丹麦、挪威和瑞典，一直以来因其在可持续发展和环保领域的领先地位而备受关注。北欧消费者在时尚消费中的选择反映了这些国家的环保意识与社会责任感。他们在购买时尚产品时，通常优先考虑产品的功能性、持久性以及对环境的影响。这种消费理念与北欧国家的高生活水平和完善的社会福利体系密切相关。由于经济稳定，北欧消费者往往愿意为高质量、耐用的产品支付更高的价格，而非选择价格低廉但生命周期较短的快时尚产品。因此，北欧的时尚市场也较快时尚消费文化表现得更加成熟和环保。

在北欧，环保和可持续发展已成为时尚行业的重要关键词。消费者对可持续材料的使用尤为关注，他们更倾向于购买由有机棉、再生纤维等环保材料制成的服装。这些材料不仅减少了对环境的破坏，还延长了服装的使用寿命。与此同时，北欧消费者也对品牌的生产过程高度敏感，要求时尚品牌遵守道德生产标准，避免剥削劳动力，并积极减少碳排放和其他负面环境影响。

一个典型的例子是瑞典时尚品牌 Filippa K。该品牌倡导"循环时尚"的理念，旨在通过延长产品生命周期来减少浪费。Filippa K 的系列产品包括可供消费者租赁的服装，这种模式不仅让消费者能够在需要时灵活选择新款，还减少了过度消费现象和服装的生产需求。Filippa K 的环保策略还包括设计高质量、经典风格的服装，以确保其产品能够经久耐用，避免因快速变化的潮流导致的频繁淘汰。

此外，北欧的时尚品牌往往专注于简约、功能性与高品质的结合，迎合了当地消费者对于实用性和可持续发展的双重追求。许多品牌已经在其生产过程中引入了循环经济模式，力求在每一个环节中减少浪费，确保资源能够被有效利用。这种全面的环保意识贯穿了整个时尚供应链，从原材料的选择到最终的产品处理，形成了完整的可持续时尚体系。

通过这些努力，北欧国家不仅推动了全球时尚产业的可持续发展，还为其他地区的时尚消费提供了创新的榜样。随着全球消费者对环境问题的关注日益增加，北欧的可持续时尚理念可能会逐渐在世界范围内得到推广和认可。

二、南欧的时尚消费

南欧的时尚消费在欧洲市场中占据着独特的地位，尤其是在奢侈品消费方面表现出浓厚的传统和文化认同感。与北欧国家更注重功能性和可持续性的消费模式不同，意大利、西班牙和葡萄牙等南欧国家的消费者倾向于购买奢侈品，不仅仅是为了时尚和审美的需求，更重要的是通过这些奢侈品来展示他们的财富、地位和社会身份。

在南欧，奢侈品长期以来不仅被视为优雅和品位的象征，还代表着个人成功和社会认可。消费者在选择时尚品牌时，往往倾向于历史悠久、工艺精湛的奢侈品牌，这些品牌如 Gucci、Prada、Armani 和 Dolce & Gabbana 等，凭借其深厚的品牌传承和高品质的工艺赢得了南欧消费者的青睐。这些奢侈品牌的产品不仅在设计上反映了南欧地区独特的文化传统，还通过精湛的手工艺体现了品牌对细节和质量的追求。

南欧消费者在奢侈品消费中的偏好与其独特的文化和价值观密不可分。在意大利和西班牙等国家，奢侈品不仅是一种时尚选择，更是一种文化符号，代表了个人的社会地位和成就。与北欧追求简约和环保的消费趋势不同，南欧消费者往往更加注重通过奢侈品展示个人风格和社会地位。奢侈品的独特设计和高端品质能够增强个人在社交场合中的存在感，这种对奢侈品的高度重视反映了南欧地区深厚的社交文化和传统价值观。

尽管南欧国家在经济上面临一定的挑战，特别是在经历了经济危机后，这些国家的奢侈品市场依然保持了强劲的增长势头。奢侈品消费在这些国家不仅未受太大影响，还在某些方面得到了进一步的发展。一方面，奢侈品在南欧被视为一种投资，不仅能够体现个人的财富，还能在未来增值。另一方面，南欧消费者对奢侈品的忠诚度较高，许多家庭视奢侈品为代代相传的珍贵资产，而非短期消费品。

此外，奢侈品牌在南欧的成功也与该地区深厚的工艺传统密切相关。意大利尤其以其卓越的工匠传统闻名于世，许多奢侈品牌都依赖意大利的手工制作技术来生产高品质的产品。意大利的皮具、鞋履和时装业拥有世界顶级的制造工艺，这使得奢侈品牌能够在全球范围内占据优势地位，并持续吸引南欧消费者的兴趣。

总之，南欧的奢侈品消费反映了该地区独特的文化背景、社会价值观和对工艺的高度重视。尽管面临经济挑战，南欧消费者对奢侈品的强烈需求依然推动着该地区奢侈品市场的稳定增长，并确保奢侈品牌在全球时尚舞台上的持续影响力。

三、欧盟的广告和生产规定对时尚消费的影响

　　欧盟的广告和生产规定在很大程度上影响了欧洲时尚产业的运作方式，并间接影响了消费者的购买决策。欧盟区的广告法规相对严格，这不仅确保了广告的合法性和真实性，还对各国广告的文化表达产生了深远影响。例如，德国的广告风格通常注重事实和功能性，更为直接和理性，强调产品的实际用途和质量；而在法国，广告则更倾向于使用想象力和隐喻，突出产品的情感价值和美学特征。

　　这些差异反映了欧盟内不同国家的文化和社会价值观，也影响了时尚品牌如何在这些国家设计和推广广告。奢侈品牌如 Louis Vuitton 和 Chanel 在法国广告中通常更注重情感和故事的表达，通过引人入胜的叙事和视觉美感来吸引消费者。而在德国，时尚广告往往更加简洁，突出品牌的功能性和品质，迎合了德国消费者对实用性和可靠性的重视。

　　欧盟还对广告内容进行了严格限制，特别是在涉及儿童、烟草和药品的广告方面。例如，欧盟规定禁止在针对儿童的广告中使用误导性语言或形象，以防止不正当地诱导消费。与此同时，许多国家还针对特定商品，如烟草和酒精，施加了更为严格的广告限制。在丹麦，烟草广告中禁止描绘年轻人，以防止误导年轻消费者；而在瑞典，烟草广告甚至不能显示任何人物形象。

　　这些广告法规不仅直接影响了品牌在不同市场上的宣传方式，也间接影响了消费者的购买决策。严格的广告监管确保了时尚品牌不能夸大或误导消费者，促进了更健康的消费文化。例如，越来越多的时尚品牌开始在广告中突出其产品的环保性和可持续性特点，以吸引注重社会责

任的欧洲消费者。

此外，欧盟对生产的规定同样影响了时尚产业。欧盟鼓励并要求品牌在生产过程中采用更高的环境和劳工标准。例如，欧盟要求企业在供应链管理中遵守道德采购标准，确保劳工权益得到保障，并要求企业减少对环境的影响。时尚品牌因此需要在生产过程中更加关注环保问题，避免使用有害化学物质，并通过供应链透明化和环境认证来提升其市场竞争力。

欧盟的广告和生产规定不仅规范了时尚品牌的市场行为，还推动了更健康和可持续的消费模式的产生。这种监管模式在确保消费者权益的同时，也促使时尚品牌在推广产品时更加注重社会责任和道德实践。

四、二手时尚与绿色时尚

在欧洲的许多国家，特别是在面临经济挑战的时期，二手时尚市场出现了繁荣景象。消费者越来越多地转向二手商店和在线平台，不仅仅是为了节省开支，还为了参与更具道德意识的消费。这一趋势在丹麦和英国等国家尤为显著，在线二手市场数量快速增长。

（一）二手时尚的兴起

在经济危机后期，许多消费者因经济压力而转向更加实惠的消费方式，二手时尚因此开始兴起。然而，这一市场的持续繁荣并不仅仅是经济问题的结果。随着环保意识的提高，越来越多的消费者意识到循环利用物品是更具道德感的消费选择。他们不仅出于经济原因购买二手商品，也因为这种行为能够延长产品的生命周期，减少对环境的破坏。

丹麦是二手时尚市场数量增长最快的国家之一。近年来，丹麦的二手购物市场快速扩张，在线二手平台的增长率甚至超过了40%。这些平台的出现使得消费者能够更方便地接触到二手商品。英国的二手时尚市场同样表现出强劲的增长势头。2014年，英国的在线二手市场表现尤为突出，涵盖二手家具、二手服装等多个领域，整个市场的交易额达到了45亿欧元。

（二）二手时尚的社会与文化意义

在现代社会中，二手时尚的意义超越了简单的经济考量。购买二手商品逐渐被视为一种时尚的表达，它不仅可以展示消费者独特的品位，还能传达一种负责任的消费态度。尤其是在相对富裕的消费群体中，购买二手商品不再被视为低收入的象征，反而被认为是一种智慧和对环保的关怀。

随着二手时尚市场的发展，二手商品的种类数量和质量也在不断提高。许多消费者通过购买二手商品来打造独一无二的个人风格，特别是在服装领域，消费者能够找到那些已经停产的经典款式，从而使自己的装扮更加个性化。此外，二手时尚的兴起还得益于 Web 2.0 技术的发展，互联网和社交媒体的普及使得消费者能够更容易地购买和出售二手商品，从而推动了这一市场的快速扩展。

（三）在线平台与绿色时尚的结合

随着电子商务的兴起，越来越多的二手时尚交易通过在线平台进行。Vestiaire Collective、Depop 等平台，专门为二手时尚爱好者提供交流和交易的机会。消费者不仅可以通过这些平台购买到价格较为实惠的奢侈品牌服装，还能通过出售自己的旧物来延长其使用价值。这种循环经济模式在欧洲越来越受欢迎，特别是在注重环保和可持续发展的年轻消费者群体中。

与此同时，绿色时尚的概念也逐渐与二手时尚相融合。绿色时尚不仅关注产品的生产过程是否环保，还强调通过延长商品生命周期来减少浪费。许多品牌如 Patagonia 通过推出二手商品回购计划，鼓励消费者将不再使用的产品退回品牌生产厂家进行翻新和再次销售。这种模式不仅能够减少资源浪费，还能增强品牌与消费者之间的互动。

随着消费者对环境保护和可持续发展理念的认同，二手时尚和绿色时尚市场有望进一步扩展。越来越多的消费者愿意为能够反映他们价值观的商品支付溢价，而二手时尚为这些消费者提供了一个既实惠又环保的选择。与此同时，随着技术的进步和在线平台的发展，二手商品的交易将更加便捷，市场的潜力也将不断扩大。

尽管如此，二手时尚市场仍然面临一些挑战。首先，许多消费者仍然认为二手商品的质量无法与全新商品相提并论，尤其是在涉及高端时尚商品时。其次，二手商品的供应链也需要更为严格的管理，以确保商品的真实性和质量。然而，随着消费者环保意识的增强以及技术的发展，这些挑战有望逐步被克服，二手时尚市场的未来充满希望。

二手时尚与绿色时尚的兴起反映了欧洲消费者在环保意识和消费习惯上的转变。通过选择二手商品，消费者不仅能够节省开支，还能参与到更具道德责任感的消费模式中。随着电子商务平台的迅速发展和消费者对环保的关注日益增强，二手时尚和绿色时尚有望在未来成为主流的消费模式，推动时尚行业朝着更加可持续和负责任的方向发展。

第四节 时尚之都——巴黎的发展史

一、文化和社会背景

巴黎成为时尚之都的一个重要原因在于其悠久的文化与历史，尤其是在路易十四时期，奢华文化和工艺美学在法国得到了高度发展，并成为法国时尚的核心驱动力。

首先，法国君主路易十四对奢华文化起了奠基作用。路易十四（1638—1715）是法国历史上最具影响力的君主之一，被称为"太阳王"。在他的统治下，法国不仅在政治声望上达到了空前的高度，还在文化和艺术上取得了显著成就，尤其是在时尚领域。路易十四认识到时尚不仅是个人品位的体现，更是政治力量和国家威望的象征。为了巩固自己的权威，路易十四在凡尔赛宫建立了一个奢华的宫廷生活区，时尚成为这一文化的重要组成部分。国王本人通过定期举办奢华的宫廷舞会和活动，推动了贵族阶层对时尚的追求。他身穿奢华的丝绸、缎子和刺绣，成了时尚风潮的引领者。法国的贵族和宫廷成员也竞相模仿国王的风格，奢华的衣着和精美的配饰逐渐成为身份和地位的象征。

在路易十四的支持下，法国的纺织业、珠宝制造和时装设计得到了前所未有的发展。特别是在 17 世纪，法国政府通过政策支持和奖励制度，鼓励纺织业和工艺品制造业的发展。例如，路易十四的财政大臣让 - 巴蒂斯特·柯尔贝（Jean-Baptiste Colbert）建立了法国皇家纺织工厂，专门生产精美的织物，以供宫廷使用，并出口至欧洲其他国家。这种宫廷主导的时尚文化逐渐向外扩散，法国的奢华面料、刺绣技术、服装设计和工艺成为欧洲贵族阶层追捧的对象。法国宫廷不仅仅是时尚的消费场所，更是一个时尚的生产和传播中心。通过宫廷的影响，巴黎的时尚风格和标准逐渐传播到整个欧洲，成为各国贵族模仿的对象。

奢侈品与工艺美学的结合进一步塑造了巴黎的时尚基因。路易十四时期，时尚不仅仅是精美服饰的展示，还融入了法国的奢侈品产业，如香水、珠宝和鞋履等。这些奢侈品不仅体现了工艺美学，还反映了法国的制造业能力和创新精神。奢侈品与时尚的结合使得巴黎逐渐成为欧洲奢侈品和时尚的中心，法国制造的产品成为贵族和上流社会的标志性选择。巴黎的制鞋匠、皮革工匠、裁缝和珠宝匠享有盛誉，奢侈的设计和高超的手工技艺使法国的时尚产品成为欧洲最为奢华的代表。凡尔赛宫不仅仅是王权的象征，也成为欧洲时尚的风向标，其宫廷成员的着装风格迅速被其他国家的宫廷效仿。

时尚的广泛传播最终打造了巴黎的时尚之都地位。路易十四通过宫廷舞会、节庆活动和正式场合，将时尚变成了一种社会竞争的工具。在这些活动中，贵族们通过展示华丽的服装来彰显自己的地位和财富。与此同时，巴黎的纺织和时尚产业也通过出口奢华面料和设计，逐步将法国时尚传播至欧洲各国。这种奢华文化的传播使得巴黎在时尚领域逐渐确立了主导地位。到18世纪末，巴黎已经被公认为欧洲的时尚中心。法国的贵族阶层不仅是时尚的引领者，还通过贸易和外交将巴黎时尚推广至其他国家。

路易十四时期奠定的奢华文化和工艺美学为法国的时尚产业奠定了基础，这一传统在后续的几个世纪中得到了延续和发展。即使在法国大革命和拿破仑统治时期，巴黎依旧保持着时尚中心的地位。18世纪末和19世纪初，巴黎的时尚产业进一步发展，并成为世界上最具影响力的时尚中心。

二、完善的产业生态系统

在19世纪末至20世纪中期,巴黎的时尚产业发展不仅得益于其悠久的文化传统,还依靠完善的商业和劳动力结构,建立了一个功能齐全的时尚产业生态系统。这一时期,巴黎通过组织化的管理和创新商业模式,使时尚产业进一步成熟,巩固了其作为全球时尚中心的地位。

第一,高级时装工会的成立对于促进巴黎的时尚产业发展起到了重要作用。1868年,巴黎高级时装工会(Chambre Syndicale de la Couture Parisienne)成立,标志着巴黎时尚行业迈向高度组织化阶段。高级时装工会的主要职责是保护时装设计师的知识产权,规范行业规则,并确保巴黎高级时装的标准化。工会为时尚设计师提供了一个合作的平台,帮助他们统一商业和创意目标,制定商业标准和行业准则。通过工会,巴黎的时装业得以规范化和制度化,不仅提升了巴黎时尚的全球声誉,还为设计师提供了更大的创作自由和商业支持。

高级时装工会也帮助确立了巴黎作为时尚创新和技术开发的中心,吸引了世界各地的设计师和工匠到巴黎工作。工会通过制度化的管理和严格的准入标准,保证了"高级定制时装"(Haute Couture)品牌的高端形象。这些品牌因其精湛的手工艺、创新的设计和高昂的价格而闻名全球。

第二,时尚产业通过多种渠道实现商业化与创新。19世纪末,随着工业革命的影响,时尚产业逐渐商业化。巴黎的时装设计师不仅限于为少数贵族服务,逐渐通过大型百货公司和时尚展示扩大了其消费群体。例如,Le Bon Marché、Printemps和Galeries Lafayette等百货公司,成为巴黎时尚传播的重要渠道。巴黎设计师们利用这些百货公司展示和销售他们的作品,使得时尚成为大众消费的一部分。百货公司不仅是时装销售的场所，还通过时装秀和时尚展览，成为时尚产业的创新平台。设计师们可以利用这些平台展示他们的最新作品，接触到更广泛的客户群体，推动巴黎时尚的全球传播。这一时期的商业化使得时尚不再是贵族的专属，也是大众文化的一部分。

第三，巴黎时尚产业的成功还依赖于其强大的劳动力和工艺体系。随着工业化进程的推进，巴黎的时装业吸引了大量技艺精湛的工匠、裁缝和缝纫工人。这些劳动力为时尚设计师提供了强大的技术支持，使设计师能够专注于创意的表达。裁缝和手工艺人的专业化保证了巴黎高级时装的高品质和创新性，这进一步巩固了巴黎时尚的领先地位。此外，19世纪末至20世纪初的全球化进程使得巴黎能够吸引来自世界各地的技术工人和设计师。移民工匠带来了各自国家的手工艺技术，并将其融入巴黎的时尚产业中，进一步丰富了巴黎时尚的多样性和创新性。

与此同时，时尚媒体的崛起也是巴黎时尚产业结构中不可或缺的一部分。La Gazette du Bon Ton 和 Vogue 等时尚杂志的出版，使得巴黎的时尚影响力迅速扩展到全球。媒体不仅帮助推广了巴黎设计师的作品，还通过时尚新闻和广告，塑造了"巴黎时尚"这一全球化的品牌形象。这些时尚杂志为巴黎的设计师和品牌提供了展示平台，使他们的作品能够通过图片和报道进入全球市场。这种商业化的推广模式为巴黎时尚的全球扩展提供了强有力的支持，进一步巩固了巴黎作为全球时尚之都的形象。

巴黎时尚产业的商业和劳动力结构在19世纪末至20世纪中期逐渐成熟，建立了一个完整的时尚生态系统。这一时期的组织化管理、劳动力专业化和商业创新，使得巴黎不仅成为世界的时尚中心，还通过有效的传播和推广，保持了其在全球时尚产业中的主导地位。

三、全球交流助推全球时尚

全球范围的交易与交流巩固了巴黎时尚之都的地位。巴黎作为全球时尚之都，得益于其在 19 世纪末至 20 世纪中期与世界各地的广泛交流，这些交流使得巴黎时尚产业充满了多样性和创新精神。巴黎不仅通过吸纳全球设计师、工匠和艺术家，成为时尚创造的枢纽，还通过跨文化的融合和技艺交流，推动了全球时尚的发展。

在 20 世纪初，巴黎不仅吸引了大量本地客户，还吸引了来自美国、英国和德国的国际买家。每年，来自世界各地的买家都会到巴黎购买最新的时装设计作品，而巴黎设计师也会前往其他国家展示他们的系列作品。这种全球范围内的时尚展示和交易，进一步巩固了巴黎在时尚界的中心地位。巴黎设计师们逐渐形成了一种循环的商业模式：他们将国外的工艺和灵感带回巴黎，通过本地的技术支持和设计创新，将其转化为独特的巴黎时尚风格，再通过来自世界各地的买家和展览将其传播到全世界。这种全球化的循环使得巴黎时尚始终保持在潮流的最前沿。

首先是人才的流动。来自英国的知名设计师查尔斯·弗雷德里克·沃斯（Charles Frederick Worth）与巴黎时尚之都的形成具有密切联系。沃斯于 1858 年在巴黎创立了首家高级定制时装店，奠定了巴黎现代时尚中心的地位。沃斯被誉为"现代时尚之父"，他的到来标志着巴黎时装业迈出从本地化走向国际化的第一步。沃斯的创新在于，他将设计师的角色从幕后推向前台，使设计师成为时尚的引领者和品牌的核心人物。与此同时，他通过在巴黎展示他的时装系列，吸引了来自全球的客户和时尚爱好者。这一模式不仅在巴黎得到了广泛认可，还成了全球时尚产业的标准。

受到沃斯的影响，19 世纪末至 20 世纪初，巴黎时尚行业通过吸纳来自世界各地的设计师、工匠和艺术家，形成了一个多元文化交汇的时尚生态系统。设计师们将各自国家的技艺和风格带到巴黎，与当地的传统工艺相结合，创造出独特的巴黎时尚风格。例如：意大利设计师艾尔莎·夏帕瑞丽（Elsa Schiaparelli）和西班牙设计师克里斯托瓦尔·巴伦西亚加（Cristóbal Balenciaga），通过创新的剪裁和大胆的设计风格，推动了巴黎时尚的现代化。俄罗斯移民带来了精湛的刺绣技艺和针织技术，这些工艺在巴黎的时尚产业中得到了广泛应用，成为高级定制服饰的重要组成部分。

这些设计师和工匠不仅为巴黎时尚带来了新的风格和技术，还通过与巴黎本地时尚的融合，推动了巴黎作为全球时尚中心的进一步发展。移民设计师的贡献也表明，巴黎的时尚产业是一个全球性、多文化的系统，吸引着来自各地的创意和技艺。

巴黎不仅吸引了设计师和工匠，还成为全球时尚产业的交流平台。20世纪初，巴黎成为世界各国时尚买家、设计师和客户的集散地。巴黎每年都会举办时装展览和时装秀，吸引来自美国、英国、德国、日本等国的买家和时尚评论家。这些时装展览不仅推动了巴黎时尚的全球传播，还通过展示全球时尚元素，进一步加强了巴黎作为时尚创新中心的地位。全球买家和设计师在巴黎展示和购买最新的时装设计，将巴黎时尚理念带回各自国家，推动了全球时尚的交流与融合。

巴黎的全球时尚中心地位，还得益于其对全球各地文化和技艺的广泛接纳。例如，查尔斯·弗雷德里克·沃斯不仅仅是将英国的时尚理念引入巴黎，还将欧洲其他国家的时尚元素与巴黎的工艺和审美相结合，形成了独特的风格。这种跨文化的融合，体现在20世纪初至20世纪中期的许多设计师身上，他们通过对不同文化元素的融合，创造出了新的时尚潮流。此外，巴黎的时尚杂志，如 *Vogue* 和 *La Gazette du Bon*

Ton，也成为时尚交流的重要渠道。通过时尚媒体，巴黎时尚得以在全球范围内传播，设计师和品牌通过媒体展示他们的作品，进一步巩固了巴黎在全球时尚中的中心地位。

四、作为时尚消费之都的巴黎

巴黎作为全球奢侈品消费的重要中心，吸引着来自世界各地的富裕消费者，特别是来自亚洲（尤其是中国）的游客。每年，成千上万的游客慕名而来，将巴黎视作购买奢侈品牌商品的必经之地。巴黎不仅因为其悠久的时尚传统而成为奢侈品消费的胜地，还因其独特的购物体验、浓厚的时尚文化氛围和国际品牌的集中而备受青睐。

奢侈品牌的集聚效应成为巴黎时尚之都的一大特色。巴黎的奢侈品购物区集中在香榭丽舍大街、蒙田大道和圣奥诺雷街，这些地区是世界顶级奢侈品牌的旗舰店所在地，包括 Louis Vuitton、Chanel、Dior、Hermès 等品牌。这些店铺不仅提供最时尚的新品发布和独特的限量版商品，还为顾客提供高度个性化的服务。例如，一些品牌会为客户定制私人购物体验，提供专属导购和私人定制服务。这些高端服务极大满足了富裕消费者的个性化需求，进一步巩固了巴黎在全球奢侈品市场中的主导地位。

近年来，亚洲特别是中国的富裕消费者，成为巴黎奢侈品消费市场的主力军。对于许多亚洲消费者来说，购买奢侈品不仅仅是为了获取商品，更是身份和地位的象征。由于关税和价格差异，许多亚洲消费者选择在巴黎购买奢侈品，因为他们可以以较低的价格获得最新款的国际品牌商品。此外，巴黎作为时尚之都，能够赋予奢侈品一种独特的文化附加值，使得在巴黎购买奢侈品成为一种极具吸引力的享受时尚体验。以中国消费者为例，这些消费者在巴黎购物的主要原因包括价格优势和商品的独特性。在中国，奢侈品通常比巴黎贵11%—40%不等，这主要归因于高额的进口税和消费税。此外，中国消费者的奢侈品消费行为也越来越多样化，尤其是80后和90后的年轻消费者，他们不仅注重商品本身，还看重购物体验和品牌文化。对于这些消费者来说，购买奢侈品不仅是身份的象征，也是一种生活方式的展示。

旅游与购物的完美结合进一步巩固了巴黎时尚之都的地位。巴黎作为旅游胜地的吸引力也大大促进了奢侈品消费。许多国际游客在游览巴黎著名景点的同时，也将奢侈品购物视为旅行的一个重要组成部分。巴黎的奢侈品购物区，如香榭丽舍大街、蒙田大道和圣奥诺雷街，不仅是世界顶级奢侈品牌的聚集地，也毗邻许多历史悠久的建筑和文化地标。这些街区将奢侈品购物与丰富的文化体验相结合。游客们可以在购买奢侈品后，前往附近的卢浮宫、奥赛博物馆或埃菲尔铁塔等地标进行文化之旅，这种文化与时尚的结合是其他城市难以匹敌的。巴黎的独特魅力在于，它不仅是一个购物之地，更是时尚的发源地。奢侈品购物成为一种"文化朝圣"，游客们通过购买巴黎设计师的作品，感受到时尚文化的传承与创新。购物体验不仅限于购买商品，还包含了对品牌故事、工艺传承和设计理念的深刻理解。这种购物与文化的完美结合进一步提升了巴黎作为时尚消费之都的吸引力。

五、巴黎时尚产业的创新与发展

巴黎作为全球时尚产业的中心，近年来通过不断创新和发展，保持其在时尚界的领先地位。面对全球化、技术变革和环境危机，巴黎时尚产业正在迅速适应这些变化，并探索新的方向。以下是巴黎时尚产业的几个关键发展趋势，涵盖可持续时尚、技术与数字化创新、高端定制等方面，这些趋势推动了巴黎时尚产业的持续演变。

巴黎时尚产业创新的第一个重要特征便是可持续时尚的兴起。随着全球环境问题的日益严重，时尚产业也逐渐意识到其生产过程对环境的负面影响。巴黎作为全球时尚之都，率先开始推广可持续时尚的理念。可持续时尚不仅仅是一个口号，它已成为巴黎时尚产业中越来越重要的趋势。

许多巴黎时装品牌开始转向使用环保材料，例如再生纤维、有机棉和植物染料等。品牌如 Stella McCartney 等以其对环境友好的设计而闻名，该品牌不仅拒绝使用动物皮革和毛皮，还采用创新技术生产出环保的替代材料。此外，巴黎时装品牌也致力于延长产品的生命周期，鼓励消费者购买耐用、高品质的时装，而不是快时尚产品。这种转变不仅减轻了对环境的压力，还推动了整个时尚行业朝更可持续的方向发展。

循环经济的概念也逐渐渗透到巴黎时尚产业。设计师和品牌开始重新思考时装的生产和消费模式，以减少浪费并最大限度地利用资源。例如，法国时尚品牌 Hermès 推出了重新利用旧材料制作的新系列，强调可循环利用的设计。通过回收旧衣物和余料，设计师们创造出独特的作品，吸引了对环保有强烈意识的消费者。

巴黎时装品牌在生产过程中更加注重减少碳排放。通过优化供应链、采用可再生能源以及减少运输和包装中的能源消耗，巴黎的许多品牌正在大幅度减少其碳足迹。与此同时，巴黎的时装周也逐渐转向采用更加环保的方式进行，例如缩小了线下活动的规模，推广数字时装秀和线上展示，来降低碳排放。

巴黎的时装周每年吸引着全球的关注，它不仅是展示最新时尚趋势的平台，近年来也成为推动绿色时尚的重要场所。在巴黎时装周期间，许多设计师展示了他们在环保时尚领域的创新成果，强调可持续设计和环保材料的使用。巴黎通过这一全球性平台引领了行业内的可持续发展潮流，并为全球时尚产业树立了绿色时尚的标杆。

巴黎时尚产业创新的另一个重要特征是数字化转型。随着全球化和技术的迅猛发展，数字化转型已经成为时尚产业不可忽视的重要趋势。尤其是在巴黎这个全球时尚之都，数字化技术不仅为传统的时尚设计和展示带来了新的生机，还极大地改变了消费者的购物体验和时尚品牌的营销方式。近年来，虚拟现实（VR）、增强现实（AR）、电子商务平台、智能穿戴设备等技术不断融入巴黎时尚产业，使其在保持全球领先地位的同时，进一步推动了时尚产业的数字化变革。

在 2020 年全球新冠疫情的推动下，时尚行业面临了前所未有的挑战。巴黎的许多时尚品牌不得不取消线下时装秀，这一传统展示方式无法适应当时的社交限制和旅行禁令。在这种背景下，虚拟时装秀应运而生，成为许多品牌展示新系列的重要方式。这不仅是一种应急措施，更展示了数字技术如何重塑时尚产业的未来。虚拟时装秀为时尚品牌提供了更大的灵活性和创新空间。首先，品牌不再受到地理位置的限制，可以吸引到更多的国际观众，不论他们身处何地。其次，虚拟时装秀大大降低了举办大型活动的成本，减少了场地、交通和后勤费用。再次，虚拟秀场还使品牌能够通过不同的数字互动手段（如虚拟现实、3D 体验等）增强观众的参与感，进而提升品牌的全球影响力。

Balmain 和 Dior 等巴黎知名奢侈品牌迅速适应这一趋势，采用虚拟现实（VR）技术，通过在线平台向全球观众展示其最新的时尚系列。2020 年 7 月，Dior 推出了其虚拟时装秀，展示了 Dior 品牌的 2021 春夏高定系列，观众通过数字平台体验了一场虚拟之旅。与此同时，Balmain 在 2021 年初也通过其虚拟秀场展示了其秋冬时装系列，通过先进的 3D 技术，观众能够沉浸式地感受作品的设计理念。

在全球化的背景下，虚拟时装秀不仅仅是展示产品的工具，更成为品牌营销和推广的有力手段。巴黎时尚品牌通过社交媒体平台和电商网站，与全球消费者建立了更为紧密的联系。例如，Balmain 的虚拟秀场通过 Instagram 和 YouTube 等社交平台进行实时直播，全球数百万观众能够即时观看并参与讨论，提高了品牌的曝光率和全球影响力。

虚拟时装秀只是巴黎时尚产业数字化转型的一个方面，数字化技术的广泛应用还深刻改变了消费者的购物方式。如今，巴黎的许多时尚品牌正在积极拓展其电子商务平台，使得消费者能够通过在线渠道购买最新款的时尚产品。电子商务的兴起不仅扩大了巴黎品牌的市场覆盖范围，还极大地提升了购物体验的便利性和个性化。

近年来，巴黎的奢侈品牌，如 Chanel、Louis Vuitton 和 Hermès 等，纷纷推出其专属的电子商务平台，消费者可以直接在线购买他们的最新系列。此外，巴黎的许多品牌还与第三方电商平台合作，将其产品推向全球市场。例如，知名奢侈品电商平台 Farfetch 和 Net-a-Porter 为巴黎的独立设计师和奢侈品品牌提供了一个广泛的全球销售网络，使其能够轻松进入全球市场。

增强现实（AR）技术的成熟极大地提升了消费者的购物体验。巴黎的许多奢侈品牌在其电子商务平台上推出了虚拟试衣服务，消费者可以通过增强现实技术，在家中虚拟试穿不同款式的服装和配饰。例如，消费者只需上传自己的照片或通过手机摄像头，即可在屏幕上看到自己"穿上"不同的服装，进而更直观地选择最适合自己的款式。这不仅提升了消费者的购物体验，还提升了购买的便利性。

数字化技术还使得奢侈品牌能够为消费者提供更加个性化的购物服务。通过数据分析，巴黎的许多品牌能够更好地了解消费者的偏好，进而为其推荐个性化的产品。例如，Louis Vuitton 通过其电商平台向用户提供个性化推荐，并通过定制化设计服务，让消费者能够根据自己的喜好定制专属的时尚单品。这种个性化的购物体验不仅提升了客户的忠诚度，还增强了品牌的附加值。

随着科技的不断进步，巴黎的时尚品牌也在积极探索如何将高科技融入其时尚设计中。这不仅为品牌带来了新的设计灵感，还为消费者提供了功能性与美观性兼具的产品。智能穿戴设备和科技面料是这一趋势的两个重要体现。

巴黎的许多品牌已经开始结合科技与时尚，推出具有智能功能的穿戴设备。例如，法国品牌 Lacoste 推出了智能面料，能够根据环境温度的变化自动调节服装的透气性和保暖性。这样的智能穿戴设备不仅具备时尚的外观，还通过科技创新提升了服装的实用性和舒适性。此外，Hermès 与 Apple 合作推出了智能手表，这一结合不仅增强了产品的功能性，还为奢侈品牌带来了新的客户群体。

在时尚与科技的融合过程中，科技面料的应用越来越普遍。巴黎的许多时尚品牌开始采用创新面料，提供具有抗皱、防水、防紫外线等功能的时尚产品。例如，Issey Miyake 的褶皱面料设计不仅具有独特的视觉效果，还通过创新的生产工艺，使其服装不易变形，便于打理。此外，一些品牌开始采用再生材料和环保纤维，既符合可持续时尚的理念，又为消费者提供了高品质的产品。

通过科技与时尚的结合，巴黎的时尚品牌不仅为消费者提供了更加美观的设计，还提升了产品的功能性和实用性。这种功能性与美学的结合使得巴黎的品牌在全球市场中更具竞争力。例如，巴黎的 Chanel 推出了一款由智能面料制成的外套，既具备出色的防风防水性能，还采用了经典的香奈儿剪裁风格，保持了品牌的高端形象。这种设计与科技的结合不仅吸引了时尚爱好者，也吸引了注重功能性的消费者。

第五节　纽约的时尚消费

纽约时装业的传奇故事始于 19 世纪缝纫机的发明。缝纫机的发明促进了曼哈顿中城服装区的发展，这里曾经是主要品牌工作室和陈列室的所在地，同时还包括设计、生产和批发业务。1943 年，纽约举办了第一届时装周，设计师向记者展示了他们的作品。这次活动成为现代时装周的先驱，很多美国品牌在时装周上亮相。这个城市还拥有塑造新潮流的传统，这些新潮流渗透到时尚界，包括美式运动服、演出服和工作服。纽约被认为是美国运动服的发明地和街头服饰的起源地。这座城市是有创造力、有抱负的企业家的灯塔——在这里，每个人都是受欢迎的，时尚人士可以在这里享受多彩生活。但随着经济和产业地位的变化，纽约的时尚产业也遇到了发展瓶颈。

一、纽约成为时尚之都的渊源

（一）二战之后时尚中心转移

第二次世界大战期间，特别是在 1940 年纳粹占领巴黎时，纽约崛起为时尚之都的进程达到了一个关键转折点。在此之前，巴黎一直是全球时尚的无可争议的中心，巴黎时装设计师如 Coco Chanel、Christian Dior 等引领全球时尚潮流。然而，随着纳粹对巴黎的占领，整个时尚行业的运转被严重中断。巴黎的设计师、时装公司以及原材料供应链都受到影响，许多时尚展览和买家活动被迫取消。这一局面使美国设计师和买家不得不寻找新的途径来满足他们对时尚产品的需求，而这也促使纽约逐渐填补了这个空缺。

由于巴黎被占领，美国与欧洲的时尚贸易也大幅减少，美国设计师和制造商的时装供应链受到干扰，这为纽约的时尚产业提供了难得的机会。原本依赖于巴黎设计师和时尚理念的美国市场，开始将目光转向本土的设计师和制造商。这种转变不仅推动了美国时装产业的发展，也逐渐形成了纽约独立的时尚风格和体系。在战时背景下，美国设计师不再仅仅模仿巴黎的设计，而是开始创新，融入更多功能性和实用性的设计元素，以适应战时及战后美国社会的需求。

更重要的是，战争激发了美国的爱国主义情绪，这种情绪进一步促使公众和时尚行业支持本土设计师和品牌。由于无法从巴黎获得最新的时尚趋势，美国设计师被迫独立创作，形成了独特的美国时尚风格。纽约逐渐成为美国乃至全球时尚中心的象征，其时尚产业不再局限于巴黎的影响，而是成为自我创新的代名词。这一转变不仅提升了纽约在全球时尚界的地位，还为战后纽约时尚业的繁荣奠定了基础。

（二）重要的机构和组织支持

纽约时尚产业的崛起不仅得益于历史的推动，更是建立在一系列重要机构和组织的支持之上。这些机构和组织为纽约时尚产业的发展提供了有力的支撑，并帮助它确立了在全球时尚领域的主导地位。

1. 时尚集团的创立

1931年，时尚集团（Fashion Group）成立，后来更名为国际时尚集团（Fashion Group International, FGI）。该组织的创立标志着美国时尚产业开始系统性地推广和支持本土设计师和时尚专业人士。在当时，巴黎依然是全球时尚的中心，许多美国设计师和品牌缺乏国际舞台上的话语权。时尚集团通过组织行业交流、提供专业培训和组织推广活动，帮助美国的时尚设计师和专业人士更好地进入市场。该组织不仅推动了美国时尚产业的发展，还促进了设计师之间的交流与合作，为纽约时尚产业的国际化打下了基础。

时尚集团的重要性还在于其对时尚产业的专业化推动。在 20 世纪初期，时尚产业在美国并不被视为一个重要的经济部门，而时尚集团通过为设计师、模特、时尚记者等提供支持和推广，使时尚产业逐渐获得社会认可和经济地位。通过这种方式，时尚集团奠定了纽约时尚产业未来发展的坚实基础，并帮助纽约逐渐从巴黎光环的笼罩中脱颖而出。

2. 时装学院与时装设计学院的教育支持

除了时尚集团，纽约的时尚教育机构也为时尚产业的发展提供了强大的支持。成立于 1944 年的纽约时装学院（Fashion Institute of Technology, FIT），以及其他相关时装设计学院，培养了大量的设计师、制衣工匠和时尚管理人才。这些教育机构不仅提升了纽约的时尚教育水平，还为时尚产业输送了源源不断的专业人才。教育与产业的紧密联系使得纽约的时尚设计与生产能够无缝衔接，进一步巩固了纽约作为时尚之都的地位。

3. 纽约大都会艺术博物馆服装学院

1946 年，纽约大都会艺术博物馆的服装学院（Costume Institute）成立，进一步将时尚提升为一种具有历史价值的文化现象。服装学院不仅通过展览展示了时尚的历史和发展，还通过保存和研究全球各地的时尚文物，促进了对时尚文化的深入理解。它为时尚提供了一个学术和文化平台，提升了纽约在全球时尚文化中的地位。通过对时尚历史的传承和研究，纽约的时尚产业不仅仅局限于商业，还带有深厚的文化底蕴，这也是纽约成为全球时尚中心的一个重要原因。

4. 纽约时装周的诞生

纽约时装周（New York Fashion Week）的创立是纽约时尚产业走向全球化的另一个重要里程碑。1942 年，时尚公关先驱埃莉诺·兰伯特

（Eleanor Lambert）组织了美国首个"时尚媒体周"（Press Week），这就是纽约时装周的前身。兰伯特的初衷是为了让美国的时尚设计师能够有一个展示自己作品的平台，尤其是在巴黎时装周因为战争而中断的背景下，美国时尚产业亟须自己的平台来展示本土设计的实力。

纽约时装周的创立不仅满足了巴黎时装周空缺后留下的市场需求，也推动了美国时尚设计的自我创新和国际化。随着纽约时装周逐渐成为全球时尚日历中的重要一环，纽约也正式确立了其作为全球四大时尚之都之一的地位。时装周为纽约设计师提供了一个展示创意、获取国际曝光的舞台，同时也吸引了来自全球的买家、时尚记者和时尚爱好者。通过这种方式，纽约的时尚影响力扩展到了全球。

5. 媒体与出版物的支持

纽约的时尚媒体也为其成为全球时尚之都提供了巨大的推动力。时尚杂志如 *Vogue*、*Harper's Bazaar* 等在纽约出版，并通过其全球发行网络，将纽约的时尚理念和设计推向国际舞台。媒体不仅是时尚产业的传播者，也是时尚文化的塑造者，它们通过报道最新的时尚潮流、设计师采访、时尚秀，帮助纽约时尚产业获得全球性的关注。

（三）服装产业和设计创新

到 20 世纪初，纽约已经成为全球重要的服装生产中心之一。纽约的制衣区（Garment District）汇集了大量裁缝、制衣工人和工厂，是成衣生产的关键枢纽。该地区不仅是纽约乃至全美成衣生产的中心，更是推动纽约从单一的服装制造基地向设计与创意中心转变的重要力量。

1. 制衣区的兴起与劳动力的集中

纽约制衣区的形成与当时大量移民的到来密切相关。19 世纪末到 20 世纪初，大批来自欧洲特别是东欧和意大利的移民来到纽约，这些移民中有许多人带来了精湛的裁缝技艺。他们在纽约制衣区扎根，从事裁缝、缝纫等手工工作。到20世纪初,制衣区已经拥有数以万计的劳动力,成为世界上规模最大的服装生产基地之一。

纽约制衣区的兴起也得益于美国迅速发展的成衣产业。与高级定制服装不同,成衣是一种可大量生产的标准化服装,价格相对低廉,能够满足大众的需求。纽约制衣区通过集约化生产,大大降低了服装的生产成本,成衣逐渐成为美国乃至全球服装市场的主力。制衣区高效的生产能力与大量廉价劳动力的结合,使纽约在全球成衣市场中占据了重要地位。

2. 从生产中心到设计与创意中心的转型

虽然纽约在早期主要以服装生产闻名,但20世纪上半叶,随着设计师和时尚专业人士的涌入,纽约开始逐步从单纯的生产基地转变为设计与创意中心。与传统的高级定制不同,纽约的设计师专注于实用且时尚的成衣设计,他们的作品兼具美观性与功能性,深受大众喜爱。

这一转型过程中的关键因素是设计与生产的紧密结合。由于制衣区的劳动力充足,设计师能够更快、更高效地将设计理念转化为现实。设计师们不仅能够与裁缝和工匠紧密合作,还能根据市场需求快速调整设计风格。这种高度灵活的生产和设计体系使得纽约时尚产业迅速发展,逐渐成为全球时尚创新的中心之一。

3. 设计师与生产系统的协同合作

纽约制衣区的优势在于它不仅仅是一个生产中心,还是设计师们实现创意的孵化器。许多新兴的设计师借助制衣区的资源,能够迅速将设计理念付诸实践,从而缩短从设计到上市的周期。这种设计与生产的高度协同合作,推动了纽约时尚产业的创新能力。

例如,著名设计师克莱尔·麦卡德尔(Claire McCardell)在20世纪40年代开创了美国风格的成衣设计。她通过与制衣区的工厂紧密合作，推出了一系列实用又时尚的服装，适合美国女性的日常穿着需求。麦卡德尔的设计标志着纽约从生产中心向设计与创意中心转型的重要一步，也确立了纽约作为现代时尚设计之都的地位。

4. 成衣时尚的全球影响力

纽约不仅在美国国内成衣市场上占据重要地位，随着全球化的深入，纽约成衣的影响力也逐渐扩展到全球市场。纽约的设计师和品牌开始通过国际时装秀和贸易展览，将他们的作品推向全球市场。尤其是纽约时装周的创立，成为展示纽约设计力量的重要平台，使纽约的成衣时尚逐渐在全球占有一席之地。

成衣时尚的全球影响力也反映了纽约在时尚产业中的多元性和包容性。纽约设计师结合了不同文化、不同群体的需求，创造出既实用又具时尚感的服装。纽约的时尚设计不再只是为精英阶层服务，而是更多面向大众市场，这种设计理念使得纽约在全球时尚舞台上独具特色。

随着时代的进步，纽约制衣区和时尚设计产业仍然在不断创新。如今，纽约的设计师们不仅致力于追求美学创新，还开始关注可持续发展和技术革新。许多纽约品牌通过采用环保材料和先进的生产技术，进一步推动时尚产业的发展。制衣区也在技术进步的推动下，实现了从传统手工业向现代化智能制造的转变。

（四）文化与经济的集群效应

纽约之所以能够崛起为全球时尚之都，很大程度上归功于其独特的文化与经济集群效应。这座城市聚集了大量设计师、零售商、媒体机构等各类时尚相关资源，形成了高度协作与创新的生态系统。尤其是在制衣区和曼哈顿的创意社区，时尚行业的社交网络得到了极大的发展，成为推动纽约时尚产业不可或缺的动力源。

1. 设计师、零售商与媒体的密集集中

纽约的时尚产业之所以能够快速发展，一个重要因素是设计师、零售商和媒体的集中度极高。曼哈顿尤其是制衣区，吸引了来自世界各地的时尚设计师、裁缝和工匠，他们不仅带来了丰富的设计理念和技术，还在纽约这一平台上进行密切的合作。纽约的零售商迅速抓住了这一市场机会，将本地设计师的作品推向市场，特别是在 20 世纪上半叶，纽约成为全球成衣时尚的生产中心，零售商和设计师的合作使得成衣设计更加贴近消费者需求。

与此同时，时尚媒体的高度集中，如 Vogue、Harper's Bazaar 等知名时尚杂志的总部设在纽约，进一步推动了纽约时尚设计的传播。媒体不仅报道最新的时尚趋势和设计理念，还为纽约设计师提供了展示自己作品的全球平台。这种设计、零售、媒体三者间的紧密合作，构成了一个相互依存且协作的生态系统，推动了纽约时尚产业的蓬勃发展。

2. 社交网络的形成与推动力

除了行业的高度集中，纽约的时尚产业还得益于其独特的社交网络。在制衣区和曼哈顿的创意社区，设计师、工匠、时尚编辑、买手和时尚爱好者频繁互动，形成了强大的社交网络。时尚设计师们通过这些网络获得灵感、资源和市场机会，时尚品牌通过这些渠道迅速崭露头角。

纽约的制衣区（Garment District）不仅是生产和设计的中心，还成为社交和创新的热点。许多设计师在制衣区的工厂和作坊工作，他们的设计能够迅速被转化为成品并推向市场。设计师、工匠和零售商的互动也因此更加频繁，设计师的创新能够在短时间内得到市场反馈，从而推动设计师不断调整和提升作品。这种高效的协作模式不仅加快了时尚的创新速度，也使纽约时尚产业具备了极强的市场反应能力。

此外，曼哈顿的一些创意社区如 SOHO、Greenwich Village 等，成为时尚和艺术的交汇地。设计师、艺术家、音乐人等不同领域的创意人才在这些社区中自由交流，互相激发灵感，时尚成为这些创意文化中的重要组成部分。这种跨领域的合作与灵感交换，不仅推动了纽约时尚设计的多元化，还使得纽约的时尚设计具有强烈的艺术气息和文化包容性。

3. 多样性与包容性的文化氛围

纽约作为移民城市，长期以来吸引了来自世界各地的移民和文化，使得其时尚设计呈现出多样化的风格和元素。这种多元文化的融合为纽约的时尚设计提供了丰富的灵感来源。设计师们不仅从世界各地的文化中汲取灵感，还能够迅速将这些元素融入现代时尚设计中，形成独具特色的纽约风格。

例如，来自欧洲的裁缝和设计师将欧洲的时尚传统与美国的现代化生产方式相结合，创造出功能性与美观性兼具的时尚作品。而来自亚洲、拉美等地的移民带来了各自的传统工艺和设计理念，使得纽约时尚设计在全球市场上极具竞争力。这种文化的包容性和多样性，使纽约不仅成为全球时尚的设计中心，更是时尚创新的发源地。

4. 经济集群效应与市场机制

除了文化的多样性，纽约的经济集群效应也是时尚产业发展的重要推动力。纽约作为全球金融中心，拥有发达的金融和商业体系，这为时尚产业的发展提供了坚实的经济基础。时尚品牌可以在纽约迅速获得融资支持和商业推广机会，而发达的物流和贸易体系也使得时尚产品能够迅速出口到全球市场。

时尚产业的经济集群效应不仅体现在资本和市场的集聚，还包括了供应链的高效运作。纽约制衣区强大的生产能力和与全球供应链的紧密联系，使得设计师能够以较低的成本和更快的速度将设计产品推向市场。纽约的经济基础和商业环境，使得时尚产业在这里得以快速扩张，并成为全球时尚行业的中心之一。

5. 时尚产业与其他创意产业的协同作用

纽约不仅是时尚产业的中心,也是其他创意产业的聚集地。音乐、电影、广告等创意产业与时尚紧密相连,形成了互相激发灵感的共生关系。尤其是在安迪·沃霍尔等艺术家的影响下,时尚与艺术之间的界限逐渐模糊,许多设计师从艺术作品中汲取灵感,并将其融入时装设计中。这种跨领域的协作模式,不仅丰富了时尚设计的表现形式,也推动了纽约时尚产业的文化创新能力。通过与音乐、电影、艺术的深度合作,纽约的时尚设计不断突破传统框架,呈现出独特的创意风格,成为全球时尚潮流的引领者。

二、纽约作为时尚之都面临的挑战

(一)时尚产业规模缩减

纽约时尚产业的经济产出在近几年经历了明显的波动,尤其是 COVID-19 疫情期间,纽约时尚产业的生产总值大幅下降。根据麦肯锡发布的报告,[1] 纽约时尚产业的总产值自 2014 年起开始下降,并在 2019 至 2020 年间锐减了 19.6%(图9)。尽管在后疫情时期有一定的复苏迹象,但整体尚未回到疫情前的水平。

---

[1] Mckinsey.At a crossroads: New York's status as a global fashion capital[R]. https:// www.mckinsey.com/~/media/mckinsey/industries/retail/our%20insights/state%20of%20fashion/2024/the-state-of-fashion-2024-f.pdf?shouldIndex=false

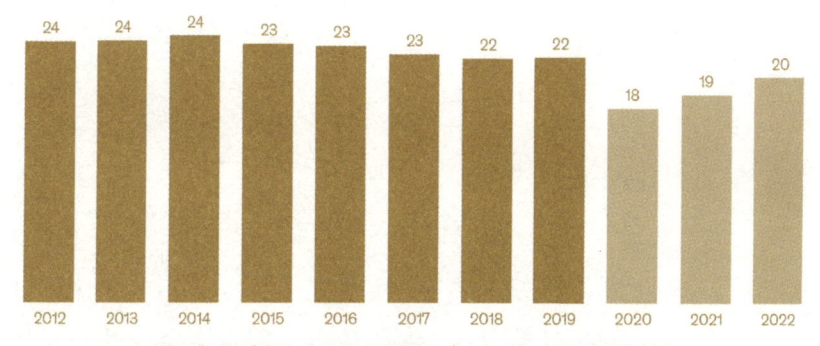

图9 纽约时尚产业产值变化情况（十亿美元，经通胀调整）

数据来源：麦肯锡报告 At a crossroads: New York's status as a global fashion capital。

（二）就业下降与制造业外迁

过去十年，纽约时尚产业的就业人数持续减少，尤其是服装和纺织制造业的工作岗位减少了 30% 至 50%。[1] 到 2023 年，该行业的就业人数比十年前减少了 5 万（图 10）。加上制造业的大量外移，纽约的服装生产主要集中于原型设计和样品制作，大规模的制造已经转移到成本更低的地区或海外。

---

[1] Mckinsey.At a crossroads: New York's status as a global fashion capital[R]. https:// www.mckinsey.com/~/media/mckinsey/industries/retail/our%20insights/state%20of%20fashion/2024/the-state-of-fashion-2024-f.pdf?shouldIndex=false

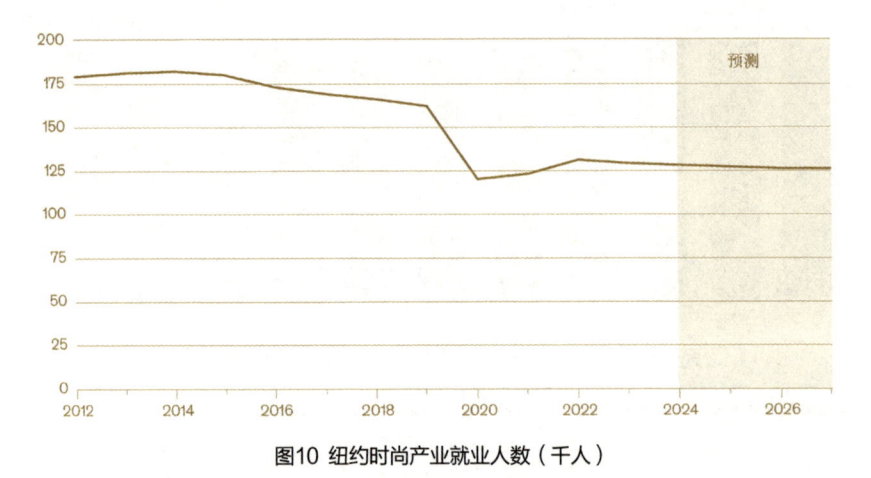

图10 纽约时尚产业就业人数（千人）

数据来源：麦肯锡报告 At a crossroads: New York's status as a global fashion capital。

三、衰落的原因探析

造成纽约这一时尚之都衰落的原因是多方面的，电子商务的崛起对实体零售商的影响、社交媒体的广泛应用、时尚产业中的垄断势力等，都在一定程度上成为削弱时尚之都的规模和影响力的重要因素。

（一）电子商务的崛起

电子商务的崛起对时尚产业带来了深远的影响，不仅限于纽约，对其他城市的时尚产业和时尚消费也具有重要启发，尤其是像中国这样迅速适应数字化转型的市场。

纽约虽然以大量奢侈品牌的旗舰店闻名，但随着电子商务的普及，实体零售商正在面临巨大的竞争压力。各种时尚品牌开始重新思考门店布局，并将更多资源转向体验式和社区驱动型的零售模式。这种模式注重消费者的体验，鼓励消费者不仅仅为了购物而消费，还为了获得互动、社交和情感上的联系。

在电子商务的推动下，很多时尚品牌开始开拓多样化的市场。大量品牌不再仅仅依赖传统的城市中心，如纽约、上海等。它们可以通过数字平台将业务扩展到更广泛的市场。例如，京东、天猫和拼多多等电商平台，通过精细化运营触及更多二线和三线城市的消费者，满足了这些地区对高端时尚商品的需求。这一趋势也表明，数字化转型有助于品牌拓展市场，提高消费者的参与度，并减轻对传统实体店的依赖。

电子商务的崛起再次凸显了时尚企业实施全渠道战略的必要性。品牌通过电子商务发展多元化渠道的同时，也在思考如何更好地整合线上和线下资源。不论是纽约还是中国的大量时尚品牌，都在通过线上、线下结合的全渠道模式适应这一变化。许多品牌采用线上、线下融合的模式，以增强消费者的购物体验。例如，天猫"双十一"活动通过线上促销活动带动线下实体店的消费，而线下门店则通过提供即时购物体验和售后服务，提升消费者的品牌忠诚度。

（二）社交媒体与影响力的去中心化

随着技术的快速进步，尤其是社交媒体的广泛使用，时尚行业的影响力格局正在发生重大变化。传统上，纽约一直是全球时尚潮流的引领者，各类时尚杂志以及知名的时尚评论家长期以来占据了主导地位，影响着全球的时尚趋势和消费行为。然而，随着社交媒体如 Instagram、TikTok、YouTube 等平台的崛起，时尚行业的影响力开始去中心化，新的引领者和潮流风向标不再局限于纽约这样的传统时尚之都，而是可以来自世界任何角落。

社交媒体为新一代时尚引领者打造了重要平台，为任何人提供了成为时尚引领者的机会。如今，时尚博主、网红和 KOL（意见领袖）可以通过分享个人风格、穿搭建议和时尚见解，快速积累庞大的粉丝群体并获得巨大的影响力。与传统的时尚杂志相比，这些新一代的时尚引领者拥有更高的灵活性和即时性，能够实时分享最新的潮流趋势和穿搭技巧，甚至可以在个人家中创造全球时尚潮流。这样，时尚的影响不再由传统媒体单一引领，而是更加多样化、个性化。例如，Chiara Ferragni 和 Aimee Song 等知名的时尚博主，利用 Instagram 和博客迅速崛起，成为全球时尚的代表人物。她们不仅仅是时尚消费者，还通过个性化的内容创作、品牌合作和时尚建议，影响着全球的时尚潮流。她们的成功展示了去中心化时代下，时尚影响力已经不再局限于传统的地理或行业中心。

随着社交媒体引领者的崛起，纽约市的传统时尚引领者，特别是那些时尚杂志和评论家，逐渐失去了过去的主导地位。在 20 世纪末，*Vogue* 这样的时尚杂志几乎垄断了时尚潮流的发布平台，但在今天，消费者不再仅仅依赖这些杂志获取时尚灵感。相反，他们会通过社交媒体平台直接与时尚博主、设计师和品牌互动，从而获得更具个人化的时尚建议。这种变化不仅削弱了传统时尚中心的影响力，还改变了时尚行业的商业模式。时尚品牌现在需要通过多种数字渠道接触消费者，传统的时尚发布和传播渠道，如杂志封面和时装秀，已经不足以维持品牌的影响力。

去中心化的另一个结果是时尚影响力从纽约、巴黎等传统时尚之都扩展到了全球。无论是欧洲的小城市、亚洲的大都市，还是南美的新兴市场，任何地区的时尚创意者都可以通过社交媒体展示自己的作品并获得全球关注。这种全球化的影响使得时尚更加多元化，风格和文化的碰撞不断带来新的潮流和创意。例如，韩国的时尚博主和 K-pop 明星通过社交媒体展示独特的亚洲风格，引领了全球范围内的韩流时尚趋势。与此同时，来自南美和非洲的设计师也通过 Instagram 等平台向全球展示其作品，打破了时尚潮流主要由欧美主导的局面。

社交媒体的兴起导致了时尚行业的去中心化，打破了传统时尚中心如纽约的垄断地位。这一去中心化现象不仅削弱了纽约等传统时尚中心的影响力,还让时尚变得更加多元和包容。从这一点来看,时尚行业的去中心化实际上拓展了时尚领域的影响范围。

(三)时尚产业的行业整合

近年来,全球时尚产业,尤其是奢侈品领域,经历了大规模的行业整合,主要由欧洲的几大奢侈品集团主导。这种整合不仅改变了全球奢侈品市场的结构,也给独立品牌的生存空间带来了前所未有的挑战。

奢侈品行业的整合主要由四家欧洲奢侈品巨头推动,分别是LVMH(路易威登集团)、Kering(开云集团)、Richemont(历峰集团)和Hermès(爱马仕国际集团)。这些集团通过不断地收购、兼并和投资,逐步建立起庞大的品牌矩阵,涵盖从时装、珠宝、香水到手表、皮具等多个奢侈品领域。据统计,这四家公司占全球奢侈品行业98%的营收增长,几乎垄断了高端市场。这些集团通过兼并收购以及不断扩展全球市场,确保了在奢侈品领域的主导地位。通过控制奢侈品供应链、零售网络以及营销渠道,这些巨头不仅提升了品牌的全球影响力,还增强了对行业资源的掌控力。

在奢侈品巨头的主导下,独立品牌的生存空间受到极大挤压。由于这些巨头具备雄厚的资金实力和全球化的市场布局,独立品牌往往难以匹敌。例如,LVMH和Kering集团通过旗下品牌共享研发、制造和市场推广资源,大大降低了生产和营销成本,提升了效率,而独立品牌由于资源有限,难以在全球市场上实现规模化经营。此外,这些巨头还掌控着全球奢侈品零售渠道,特别是在高端购物区的零售网络布局上具有明显优势。独立品牌即便拥有创新的设计,也难以进入高端购物区,因而失去了接触高端消费者的机会。

奢侈品巨头通过频繁的收购和兼并,不断扩展其品牌矩阵。例如,

LVMH 于 2017 年完成了对法国高级珠宝品牌 Bulgari 的收购，随后又在 2021 年收购了美国高级珠宝品牌 Tiffany & Co.。这些收购不仅增强了 LVMH 在珠宝领域的市场份额，还进一步巩固了其在全球奢侈品市场的主导地位。类似地，Kering 集团在过去几年也通过收购和重组，不断优化其品牌组合。Gucci 是其最具代表性的品牌，在集团的支持下，Gucci 通过大胆创新和营销策略，实现了惊人的增长，成为全球最受欢迎的奢侈品品牌之一。

不断提高的行业集中度对于新进入者而言意味着在资金、市场需求、销售渠道等多个方面的挑战和压力。奢侈品巨头通过全球资本市场筹集了大量资金，用于品牌扩展和市场占领。这使得纽约本地的独立品牌在资本竞争中处于劣势。传统上支持纽约时尚产业的投资网络，随着全球奢侈品巨头的崛起，逐渐将目光转向了更具回报潜力的大型品牌。纽约的新兴设计师和独立品牌缺乏足够的资金支持，难以扩大规模，进一步加剧了产业的萎缩。此外，随着全球奢侈品市场的集中，消费者的时尚需求逐渐被巨头品牌所引导，这导致了消费者对纽约独立品牌和新兴设计的兴趣减弱。纽约的时尚文化曾以多元化、创新性和独立精神著称，但行业整合改变了市场的需求和导向，奢侈品巨头通过强大的品牌效应和市场营销能力，逐步吸引了更多的全球高端消费者，削弱了纽约作为时尚创新中心的影响力。独立品牌往往以其独特的设计风格和创新理念吸引小众市场，满足消费者对个性化和差异化的需求。然而，在行业巨头的垄断下，这些独立品牌的声音变得微弱，很难与规模庞大的奢侈品集团相抗衡。

第 8 章

中国的时尚消费：
从"合群"到"本我"的
转变

第一节 中国消费者对时尚的定义转变

一、从"合群"到"本我"的时尚消费观念转变

中国消费者的时尚观念正在经历从"合群"到"本我"的根本性转变,这一转变反映了社会经济、文化背景以及全球化对消费心理的深刻影响。过去的时尚消费多受到社会认同和群体效应的强烈影响。尤其是在中国的传统文化中,集体主义占据了主导地位,消费者的购买决策通常依赖于"合群"心理,即追求与他人相似的品牌、款式和风格,目的是通过外部的社会认同来确认个人地位和群体归属感。这种消费行为不仅仅是为了满足个人需求,更是一种通过购买广泛认可的品牌和商品来展示社会地位和身份象征的方式。

在这种"合群"的消费模式中,消费者的购买行为常常是对外界社会规范的反应。无论是购买奢侈品牌、追随当季流行趋势,还是选择大品牌,消费者往往希望通过这些选择来获得外部的认可和社会身份的确认。对于很多人来说,时尚不仅仅是个人审美的体现,更多地是社交圈子的一部分,购买流行的、具有象征性的商品成为构建个人社会地位的一种手段。由此,品牌和款式的选择往往成为他人对其认知的基础,消费者的自我认同在很大程度上与外界评价挂钩。

然而,随着中国经济的飞速发展和全球化的深入,尤其是在互联网和社交媒体的普及下,中国的消费模式开始发生深刻变化。年轻一代在接触到多元化的文化和信息的同时,逐渐摆脱了过去单纯依赖群体认同的消费模式,更多地注重个性化和自我表达。全球化的信息流通和社交平台的互动让消费者能够接触到全球范围内的时尚潮流与文化,而这一

代年轻人也不再满足于通过品牌知名度来获得认同，他们更关注品牌所代表的个性和价值观。

这一变化体现在时尚消费的多个方面。越来越多的消费者在选择品牌时，不再单纯看重它的知名度和大众化程度，而是倾向于选择那些能够表达自己独特风格和品位的品牌和商品。对于他们来说，时尚不仅仅是对外部认可的迎合，还是一个展示个人特色、情感和价值观的途径。时尚变成了自我表达的工具，消费者希望通过服饰来展示自我身份，表达个性化的审美和生活态度。因此，许多品牌开始推出更具个性化和独特性的设计，吸引那些追求与众不同风格的消费者。

时尚的消费方式逐渐从追随他人转向探索自我，从外部的"群体认同"转向内心的"自我表达"。尤其是在年轻一代中，个性化和独特性成为他们选择时尚商品时的主要考虑因素。例如，一些消费者偏爱具有文化内涵和社会责任感的品牌，而不仅仅是依赖知名度。这些品牌的设计和理念往往能够与消费者的价值观产生共鸣，使消费者在购买商品时，获得更多的情感满足和内心的认同。

此外，消费者对时尚的需求不再仅仅满足于对流行趋势的追随，越来越多的人开始注重独特和定制化的需求。一些品牌通过提供个性化定制服务，让消费者根据个人喜好来选择颜色、款式、面料等元素，从而更加契合他们的个性化需求。这种趋势使得时尚行业逐渐从标准化、规模化的产品向小众化、定制化方向发展，消费者的购买选择呈现出更多样化、个性化的特点。

从"合群"到"本我"的消费转变标志着中国消费者时尚观念的深刻变化。消费者在逐渐摆脱外界压力和群体效应的影响后，开始更加注重自我表达和个性化的需求，这一变化不仅反映了中国社会文化的转型，也体现了全球化背景下消费者需求多元化的趋势。时尚不再只是为满足社会认同而存在，更成为展示个人品位、独立性和生活方式的一种重要方式。

二、社会经济发展与个性化消费的兴起

中国社会的快速经济发展和中产阶级的崛起是推动消费转变的重要因素。过去，消费的核心动机通常围绕着物质满足和社会地位的展示。中国消费者的购买行为多受社会认同和群体效应的影响，他们倾向于购买大品牌和流行款式，以满足社会认同和群体归属感，时尚消费更多地集中在外部的社会符号上。然而，随着中国经济的不断增长和人均收入的提升，人们的消费观念开始发生转变，越来越多的人开始不再满足于单纯的物质层面的消费，而是将更多注意力转向精神层面的追求，特别是对个人身份、独特性和自我表达的认同。

在这一社会变革的背景下，个性化消费逐渐成为主流。过去，消费者的购买行为往往受限于流行趋势和大众化品牌，而随着经济水平的提升和信息技术的发展，消费者不再仅仅满足于大规模生产的标准化商品。他们开始追求那些能够体现自己独特风格和个性化审美的品牌和产品。追逐时尚不再仅仅是满足衣物穿着，作为一种文化表达的形式，它已然成为个体自我认同和表达生活态度的载体。消费者通过选择特定的品牌和设计，不仅仅是在购买一件商品，更是在表达自己的品位、生活方式和情感需求。

与此同时，现代消费者的购买决策日益受到个性化和定制化需求的驱动。消费者希望通过参与时尚消费来传递他们对社会、环境和文化的独特理解。例如，越来越多的消费者倾向于选择那些能够代表他们个人

价值观、环保理念或社会责任感的品牌。这些品牌不仅仅提供符合市场需求的时尚商品，更致力于推动可持续性发展，使用环保材料、减少碳足迹，并注重产品的社会影响。消费者选择这些品牌，并通过消费行为表达自己对全球性问题的关注，如环境保护和公平贸易等。

时尚品牌逐渐意识到消费者对产品背后故事和品牌价值的重视，开始在产品设计和品牌建设中融入更多的社会责任感。例如，一些知名品牌通过推出环保系列、回收系列或支持公益事业的活动来吸引消费者。这样的品牌不仅提供满足需求的商品，也传递了品牌背后的社会理念，这种转变反映了消费者对时尚的定义从单纯的外部认同逐渐转向内心认同。消费者通过选择符合自己生活理念的品牌，不仅仅是在购买商品，也是在支持与自己价值观相一致的社会行为。

个性化消费不仅仅体现在品牌选择上，它还体现在产品本身的设计和定制化服务上。许多品牌和零售商开始提供个性化定制服务，允许消费者根据自己的喜好选择颜色、款式和面料，甚至提供名字定制等个性化选项。这种定制化服务迎合了消费者对独特性和差异化的需求，进一步推动了个性化消费的发展。同时，随着AI技术和数据分析的进步，时尚品牌商能够通过对消费者行为深入分析，提供更加精准的个性化推荐，确保每个消费者都能找到最符合自己需求的产品。

中国消费者的消费观念已经从过去的物质满足和群体认同转向了更加重视个人身份、独特性和社会责任感的方向。个性化消费的兴起不仅改变了消费者的购物习惯，也推动了时尚产业向更加多元化、定制化和可持续发展的方向迈进。消费者在选择时尚商品时，越来越注重品牌背后的价值观和社会责任，他们通过消费表达自我、展示生活方式，并推动对全球性社会问题的关注。时尚产业面临着从满足基本需求向提供更深层次精神体验的转型，这不仅是市场趋势的变化，也反映了中国社会文化和价值观的多元化发展。

三、全球化信息涌入与品牌选择的多样化

全球化信息的涌入是推动中国消费者时尚观念发生深刻变化的一个关键因素。随着互联网和社交媒体的普及，全球各地的文化、生活方式和消费趋势通过数字平台迅速传播到中国市场。这种信息流动不仅改变了消费者的购物习惯，也使他们在时尚选择上拥有了更多样化的视野和选择。这种转变在年轻一代中尤为明显，尤其是通过社交平台和全球时尚博主的影响，年轻消费者能够接触到世界各地独特、前卫的时尚风格，进而改变了他们对时尚的认知和偏好。

过去，受到本土文化和市场供应的限制，中国消费者对时尚产品的选择往往受限于国内主流品牌和市场上有限的款式，尤其是在20世纪90年代和21世纪初期，国际品牌进入中国市场尚不普及，消费者更多依赖于本土品牌和传统的时尚观念。而随着全球化进程加速，跨境电商和国际品牌涌入，使得消费者可以轻松获得全球时尚资源，尤其是通过电商平台和社交媒体，消费者能够接触到更多具有独特设计和个性化表达的时尚商品。无论是欧美的知名品牌，还是日本、韩国的小众品牌，通过在线购物和社交平台，消费者能够与世界各地的时尚潮流同步，极大地丰富了他们的购物选择和时尚表达方式。

在信息全球化的背景下，消费者的品牌选择变得更加多样化。过去，消费者的时尚选择通常依赖于国内的知名品牌和大牌商品，这些品牌通常具有强大的市场号召力和社会认同感。然而，随着全球化信息的流动，消费者逐渐摆脱了对大众品牌和流行趋势的依赖，开始探索更多小众品

牌、独立设计师品牌以及本土设计品牌。这些品牌通常更加注重产品的原创性、设计创新和文化特色，而非单纯追求大规模生产和普遍适用性。消费者不仅仅满足于品牌标签带来的社会认同感，也关心这些品牌是否能够代表自己的个性、生活方式以及文化认同。

这种趋势反映了中国消费者时尚观念的转变，从过去的"合群消费"转向"个性化消费"。在过去的时尚消费模式中，消费者的购买决策往往受到群体效应和社会认同的影响，消费者购买时尚商品的目的不仅仅是满足个人需求，还希望通过选择特定品牌来展示自己的社会地位和身份。然而，在全球化信息涌入和社交媒体的推动下，消费者的焦点逐渐转向了自我认同和个性化的表达。消费者开始更加注重产品背后的设计理念、品牌文化以及社会责任，而不仅仅是品牌的市场影响力和知名度。

例如，越来越多的中国消费者开始关注品牌是否注重环保、可持续发展以及社会公正，尤其是在年轻一代中，这种关注变得尤为突出。许多消费者更倾向于选择那些符合自己价值观的品牌，支持使用可回收材料、减少碳足迹或参与公益事业的品牌。这些消费者通过购买这些品牌的产品，不仅是在表达自己的时尚品位，还在传递他们对全球性社会问题的关注和立场。

此外，随着信息流通的便捷，社交平台和在线社区成为消费者获取时尚灵感和购买决策的重要来源。许多消费者通过社交平台上与时尚博主、名人或朋友的互动，获得关于时尚搭配和品牌选择的建议。这种信息源的多样化，使得消费者能够更自信地做出选择，不再盲目追随大众化的时尚潮流，而是根据自己的兴趣、审美和价值观做出购买决策。

第二节 从"面子"到"自我"的消费心态

一、面子文化与消费行为

在中国,面子文化自古以来便深刻地影响着人们的消费行为。面子,作为中国社会文化中的重要元素,指的是个人或群体在社会交往中所获得的尊重、认可和荣誉。它不仅仅关乎个人的形象和社会地位,也直接影响到与他人交往时的社会表现和身份认同。在这一文化背景下,消费者的购买决策往往不仅仅为了满足个人需求,还要考虑到外部的评价和社会认同。尤其是在高端消费品和奢侈品牌的选择上,面子文化的影响尤为明显,这些品牌往往被视为社会地位、财富以及成功的象征。

中国的传统文化深受集体主义的影响,个人的社会认同在很大程度上依赖于群体的评价和接受。这使得消费者在选择消费品,尤其是奢侈品牌时,往往关注品牌的社会认可度和其在群体中的地位影响力。在这种背景下,奢侈品牌、名牌商品和高端消费品成为外界对个人社会地位认同的显著标志,消费者购买这些商品的主要目的之一便是在社交场合中获得他人的关注、尊重和认可。

例如,购买一件奢侈品牌的服装、手袋或配饰,并不仅仅是为了自身的喜好或功能性需求,更多地是为了利用这些商品来展示自己在社会中的地位和财富。消费者在选择这些商品时,往往关注品牌背后所代表的身份象征和社会认同,而不只看商品本身的质量、设计或使用价值。在许多场合,奢侈品牌的标志性设计、显眼的品牌标识不仅仅是一种美学或实用性的体现,更是一种社会文化符号,代表着消费者的社会阶层、成功和经济实力。

这一消费行为的背后，体现的是社会层次、财富和成功的象征。面子文化使得中国消费者往往更加关注他人对自己消费行为的评价，而不是单纯基于个人兴趣或需求做出选择。尤其是在社交圈子中，拥有奢侈品牌的商品往往被视为一种身份认同，消费者通过购买这些商品，向周围人展示自己的生活方式、社会地位以及经济能力。

这种"面子消费"行为在传统中国社会中有着深厚的文化根基。在过去的几十年里，尤其是改革开放之后，随着经济的发展，越来越多的人开始有了购买奢侈品的能力。然而，尽管社会经济状况发生了显著变化，面子文化对消费行为的影响依然深远。很多消费者仍然将奢侈品的购买视为一种社会地位的展示手段，尤其是在一些中产阶级和上层阶级的社交圈子中，奢侈品牌几乎成了身份的象征。

然而，随着中国经济的飞速发展和社会文化的不断变革，尤其是年轻一代的崛起，面子文化在消费行为中的主导地位开始发生变化。年轻一代，尤其是90后和00后，经历了信息全球化的冲击，他们的消费观念和价值观逐渐向更加个性化、自由和自我认同的方向转变。相比于老一代人追求社会认同和群体归属感，年轻人更倾向于选择那些能够表达自己独特个性和价值观的品牌。这一代消费者逐渐不再依赖"面子消费"来提升自己的社会地位，而是更注重品牌是否与自己的生活方式、理念和兴趣相契合，追逐时尚逐渐成为自我表达和独立思考的工具。

在这种变化中，消费者对品牌的期望和要求也发生了转变。他们不再单纯关注品牌的知名度和市场影响力，而是越来越重视品牌的文化内涵、社会责任和个性化特点。消费者愿意为那些能够表达他们独特个性、符合他们价值观的品牌付出更多，反映出消费行为的多样化和受情感驱动。奢侈品牌和高端商品不再仅仅是为了展示外在的社会地位和财富，更多的消费者开始追求内心的认同和个性化的表达。

二、自我意识的觉醒与"悦己"消费的崛起

随着中国社会经济的快速发展和文化观念的逐步更新,特别是在互联网普及和信息流通加速的情况下,中国消费者,尤其是年轻一代,逐渐意识到自身消费行为的多样性和自由度。这一变化标志着中国消费者在购买决策过程中,逐渐摆脱了长期以来由面子文化所主导的外部评价影响,转向了更加注重内心满足和自我认同的消费模式。消费者的消费动机从最初的为了迎合社会认同、展示社会地位的"炫耀消费"逐步转变为更加关注个人需求和情感认同的"悦己消费"。

"悦己消费"的兴起不仅仅是简单的消费心理变化,更是自我意识觉醒的体现。随着社会现代化进程的加快和生活水平的提高,尤其是在互联网文化和全球信息的不断涌入下,消费者开始对自身的消费行为产生更多反思。过去,消费者的购买决策往往受到外部压力和社会比较的影响,很多时候他们的选择是为了迎合社会的期待,获得群体的认同。高端品牌、奢侈品和流行款式成了许多人展示财富和社会地位的工具。然而,现代中国消费者,特别是崛起的年轻一代,逐渐摆脱了这种"外向型"的消费心理,转向了更为个性化和内向型的消费方式。

如今的消费者更加注重通过参与时尚消费表达个人独特的风格、品位和价值观,而不再仅仅是为了追求他人的认同。这一转变,部分源于经济水平的提升,但更重要的是文化观念的变化和自我意识的觉醒。随着全球化进程的加速,消费者接触到更多元的文化、思想和审美观念,他们不再仅仅依赖外部评价来定义自己的价值和身份,而是开始从内心去寻找真正符合自我个性和精神需求的商品。在这种背景下,品牌的文化内涵、设计理念及其是否契合个人品位和生活方式,成为消费者选择商品时的重要考量因素。

尤其是在奢侈品消费中,这一趋势表现得尤为明显。传统上,奢侈品牌是地位和财富的象征,消费者购买奢侈品往往是为了满足外部评价和社会认同。然而,现代消费者购买奢侈品的动机逐渐发生了变化,他们更关注品牌是否符合自己的审美观念、生活哲学及其背后的文化内涵。例如,一些消费者购买奢侈品并非仅仅为了展示财富或身份,而是因为品牌代表了某种他们认同的价值观,如环保、可持续性、社会责任感等。这种转变不仅反映了消费者的审美观念变化,更体现了他们对精神层面的追求和对自我认同的重视。

"悦己消费"的兴起与社会发展和消费者生活方式的变化密切相关。现代社会的年轻一代,尤其是90后和00后,深受全球化、多元文化和数字化信息流通的影响,他们在面对时尚消费时,更注重自我情感的表达和个人价值的实现。时尚不再仅仅是为了迎合外界的期望或趋势,而是成为个体情感的表达和生活态度的体现。对于这一代消费者来说,时尚消费不仅仅是物质的满足,更多地是情感和精神需求的满足。

此外,随着"悦己消费"趋势的兴起,消费者对品牌的期待也发生了变化。越来越多的消费者不再盲目追随大品牌或流行趋势,而是更愿意选择那些能够传达其个人态度和生活理念的品牌。他们愿意为能够带来情感共鸣、符合自己精神需求的品牌支付溢价。这一现象不仅体现在奢侈品消费中,也在大众品牌的选择中得到了体现。例如,越来越多的消费者倾向于选择那些支持环保、倡导可持续发展、注重社会责任的品牌,而不仅仅是出于价格和外观的考虑。这一趋势反映了中国消费者对品牌价值观和精神层面需求的日益重视,品牌的社会责任感、文化理念和环保承诺成了消费者选择的重要因素。

随着中国社会文化的变革和消费者自我意识的觉醒,时尚消费逐渐从"炫耀消费"转向了"悦己消费"。消费者不再仅仅是为了迎合社会认同而购买商品，而是更多地去寻找符合自我价值观、个性和生活方式的品牌和商品。这一转变不仅体现了消费者从物质消费逐渐向精神消费转变，也为品牌提出了新的挑战和机遇，品牌需要更加注重与消费者精神层面的契合，并通过符合其价值观的产品和服务来满足他们日益多样化的需求。

三、品牌社会责任感与个性化特征的购买影响

随着中国消费者自我意识的觉醒和对个性化需求的增强，品牌的社会责任感和个性化特征逐渐成为消费者购买决策中不可忽视的因素。过去，消费者的购买决策往往依赖于品牌的知名度、广告的影响以及价格的因素，而如今，消费者越来越关注品牌在环保、可持续性和社会责任等方面的表现。尤其是年轻一代，他们通过选择具有社会责任感的品牌来表达自己的立场、态度以及对社会和环境问题的关注。

这一转变反映了消费者对自身情感需求和精神层面需求的重视，尤其是在全球气候变化、环保问题和社会公平的议题越来越受到关注的今天。消费者不仅在购买商品时考虑其物质价值，还开始考虑商品对社会和环境的影响。例如，许多消费者愿意为那些承诺使用可再生材料、减少碳排放或参与公益活动的品牌支付溢价。这些消费者不仅获得了物质层面的满足，同时也通过这一选择表达了他们对环保、可持续性和社会责任的认同。

这一趋势的背后，是现代社会消费者价值观的改变。在过去，许多人购买奢侈品牌或名牌商品更多是为了展示自己的财富和地位，而如今，越来越多的消费者开始关注这些品牌背后的价值观和文化。例如，时尚品牌如果能够展示出对环境问题的关注，采取环保生产工艺，使用可再

生或有机材料，甚至参与贫困地区的教育或社会公益事业，那么它就能够获得更多消费者的支持。这种消费行为不仅仅是追求物质满足，更是对品牌社会责任感的一种认同和对其社会价值的支持。

在此过程中，个性化需求也成为影响购买决策的另一重要因素。消费者不再满足于市场上统一化、大众化的产品，而是越来越倾向于寻找那些能够展现自己独特品位和个性特征的商品。个性化定制、限量版设计、定制化服务等已经成为许多时尚品牌吸引消费者的重要方式。现代消费者对产品的需求不仅仅停留在"实用"或"美观"层面，还希望能够在购买中融入自我表达的元素，这种需求推动了个性化产品和服务的兴起。

许多时尚品牌已经开始提供定制化服务，让消费者根据个人喜好选择商品的款式、颜色、尺寸、材料等。例如，个性化定制的鞋履、服装或配饰可以根据消费者的具体需求进行设计，从而让每一位消费者都能拥有独特的商品。这样的服务不仅满足了消费者对商品的功能性需求，还在精神层面提供了自我表达的机会。消费者通过这些定制化的商品，展示了他们的个性、品位和独特的生活方式。

这种趋势促进了品牌发展，同时也推动品牌营销战略的转型。如今，许多品牌不再仅仅注重产品的外观设计和质量，而是更加注重品牌所代表的文化价值和社会责任。在市场营销中，品牌的核心价值观和社会责任感已经成为吸引消费者的重要因素，尤其是对于年轻消费者群体来说，他们更愿意为与自己价值观相契合的品牌支付溢价。例如，环保、可持续性、公平贸易等理念已经成为时尚品牌竞争的关键要素，许多品牌通过宣传其社会责任项目、环保工艺或公益活动来增强与消费者的情感联系。

此外，品牌的个性化特征也开始成为品牌差异化的核心竞争力之一。

通过将个性化定制和社会责任相结合，品牌不仅能够满足消费者日益增长的个性化需求，还能通过强调品牌背后的社会责任感，赢得消费者的忠诚和信任。这一转变标志着消费者对品牌的期待已经从单纯的商品功能转向了更为综合的品牌体验和价值认同。品牌不仅要为消费者提供物质上的享受，更需要在精神和文化层面为消费者提供价值和认同感。

第三节　时尚品牌与消费者价值观的对接

一、环保性与可持续性在中国时尚消费中的重要性

随着中国经济的不断发展和消费者环保意识的加强,环保和可持续性问题在中国时尚消费中逐渐占据了重要位置。尤其是在年轻消费者群体中,环境保护已成为他们购买决策中的关键因素之一。过去,消费者购买时尚商品时的主要考虑因素通常是品牌的知名度、设计风格、价格以及流行程度。然而,随着环保的日益重要和消费者环保意识的觉醒,越来越多的消费者,特别是90后和00后,开始倾向于选择那些关注环保和可持续生产的品牌,而不仅仅依赖品牌的市场影响力或广告宣传。

这一趋势与中国日益严峻的环境问题密切相关。在过去的几十年里,快速的工业化和城市化进程导致中国在许多环境问题上面临巨大的挑战,包括空气污染、塑料垃圾的堆积、自然资源的过度消耗以及水污染等。随着环境问题的恶化,消费者对品牌环保责任的关注度不断提高。越来越多的消费者,尤其是年轻消费者,开始关注他们所购买的商品是否在生产过程中采取了环保措施,并且是否支持绿色生产。对于这些消费者来说,消费不仅仅是为了满足个人的物质需求,还成为他们对社会、对未来的一种责任担当。

在时尚行业中,消费者越来越关注品牌在产品设计、生产和供应链管理过程中所采取的环保措施。例如,许多消费者开始倾向于选择那些使用可再生材料、低碳排放、减少污染和推动绿色生产的品牌。与之相关的,环保包装和有机材料的使用也成为许多消费者购买决策的重要考虑因素。对这些消费者来说,选择环保品牌不仅是出于对时尚需求的考

虑，也是出于对全球环保问题的关注和支持。消费者在购买过程中逐渐认识到，自己的消费行为不仅影响个人生活方式，也对整个社会和环境产生影响。

这一环保趋势的兴起，也与中国近年来环境保护政策的加速实施和绿色消费倡导的推广密切相关。中国政府在近年来陆续出台了一系列关于环保和可持续发展的政策，鼓励企业提高环保标准，减少生产过程中对环境造成的负担。消费者对品牌环保承诺的认可，往往与政府政策的宣传和引导密切相关。当品牌在其生产过程中采取绿色创新，采用环保生产工艺，或参与到公益环保活动中时，消费者会更加青睐这些品牌。这些品牌在市场上不仅能获得更高的市场份额，也能树立起正面的社会责任形象，赢得消费者的信任和忠诚。

在实际操作中，许多时尚品牌通过推出环保系列产品来迎合市场的需求，这些环保系列产品通常会强调使用可再生材料、可回收包装、低碳排放等环保特征。通过在广告和产品宣传中强调这些绿色属性，品牌能够吸引更多关注环保的消费者。例如，一些品牌推出了使用有机棉、天然染料和可降解材料的服装系列，这些系列不仅符合消费者对绿色消费的需求，还能够提升品牌在市场中的竞争力。在消费者对时尚和环保双重需求的推动下，这些环保系列产品在市场中受到了广泛的关注和喜爱。

此外，品牌在中国市场的环保承诺不仅限于产品本身，很多品牌还通过参与环境保护活动和推动绿色产业发展进一步深化其环保形象。品牌如果能够积极参与到环保事业中，支持减少污染、节约能源等社会责任项目，将会得到消费者更多的认同。例如，一些品牌通过捐赠一部分利润给环保组织、倡导环保公益活动、支持绿色创新项目等方式，来向消费者展示他们对环境保护的关注。消费者不仅仅关注产品本身的绿色特点，也越来越看重品牌在社会责任和环保方面的长远行动。这些品牌的责任感和诚信精神无疑会成为消费者选择的关键因素。

二、社会责任与文化多样性：年轻消费者的选择驱动

在现代中国，体现社会责任和包容文化多样性已经成为时尚品牌能够长期吸引年轻消费者的重要因素之一。随着全球化进程的加速，特别是互联网和社交媒体的普及，年轻一代消费者接触到的社会问题和文化差异变得更加多元，他们的消费行为逐渐与社会责任、劳工权益、性别平等、文化多样性等价值紧密相连。这一转变，尤其在中国市场，反映了年轻人日益崛起的自我意识和对社会公正的关注，他们希望通过自己的消费行为支持那些能够代表社会进步和文化多样性的品牌。品牌是否能够展现出积极的社会参与性和文化包容性，已成为影响年轻消费者选择的重要因素之一。

中国的年轻消费者，尤其是90后和00后，相比于上一代人，越来越倾向于选择那些能够与他们的个人价值观相契合的品牌。过去，消费者在购买时尚商品时，更多关注的是产品本身的设计、品牌的知名度以及价格等因素，而如今，社会责任成了他们决定购买的一个重要驱动力。年轻消费者越来越关注品牌是否积极参与社会公益活动，是否关注社会公正、劳工权益、贫困地区的教育发展、女性权益等问题。例如，一些品牌通过捐款支持贫困地区的教育，反对童工劳动，支持女性在职场中的平等待遇，推动性别平等和多元文化的传播，这些品牌在年轻消费者中获得了较高的认同感。

此外，品牌的社会责任感不仅仅体现在公益捐赠或活动中，还包括品牌如何看待其经营过程中所涉及的劳工权益。许多年轻消费者已经开

始注意到品牌是否采用公平贸易的做法，是否确保其供应链中的劳工在工作环境中的安全和公正待遇。对于他们来说，选择一个具有社会责任感的品牌，不仅仅是购买产品，更是表达自己对社会公正、环境保护等议题的立场。品牌通过展现其对社会问题的关注，能够更好地吸引年轻一代，同时提升品牌的形象和社会责任感。

随着全球文化的融合与碰撞，文化多样性也逐渐成为影响中国年轻消费者购买决策的重要因素。年轻消费者越来越重视品牌是否能够在其营销和产品中体现多元文化的包容性，是否能够尊重并融入不同文化背景和价值观。这种文化敏感度和包容性不仅体现在品牌的产品设计上，还反映在品牌的广告宣传、市场定位和品牌传播中。例如，许多品牌通过在广告中展示不同种族、不同性别、不同文化背景的人物形象，传递出对多元文化的尊重和支持，进一步得到了年轻消费者的关注和支持。

品牌通过积极展示文化多样性，可以有效拓展其受众群体，尤其是在中国这样一个拥有丰富文化背景和多元化社会的市场中，能够在文化多样性上做出创新和突破的品牌，往往能够在年轻消费者中获得更多的共鸣。消费者越来越倾向于支持那些能够反映自己文化认同的品牌，他们希望自己的消费选择能够传达出对多元文化、包容性和全球化背景下的文化交流的认可。因此，品牌在塑造其文化形象时，必须更加注重文化包容性，不仅仅展示优势文化，还要尊重和融入少数民族、亚文化的元素。

对于现代中国年轻消费者而言，购买决策已经不仅仅是单纯的产品选择，更是对品牌文化、社会责任和价值观的认同。品牌的社会责任和文化多样性理念能够帮助品牌在竞争激烈的市场中脱颖而出，赢得消费者的忠诚。年轻消费者希望通过自己的消费行为表达立场，选择那些与他们的个人价值观和社会责任感相符的品牌。因此，品牌必须通过持续参与社会责任活动和文化多样性实践来与消费者建立深层次的情感连接。

例如，一些时尚品牌在倡导社会责任和文化多样性的同时，也通过与消费者的互动加强品牌与消费者之间的情感交流。品牌通过社交媒体平台与消费者互动，分享品牌参与的公益活动，宣传品牌对环境保护、社会公平的倡导和对多元文化的包容，这样不仅增强了消费者对品牌的认同感，还加深了品牌与消费者之间的情感联系。当品牌的价值观与消费者的个人价值观高度契合时，消费者会更加倾向于长期支持并忠诚于该品牌。

三、品牌价值观与消费者身份认同的紧密结合

在现代中国，品牌的价值观与消费者身份认同之间的紧密联系愈发显著，尤其是在年轻消费者群体中。随着社会的不断发展和个性化、自我表达及社会责任意识的不断增强，品牌不再是单纯的物质享受工具，而逐渐成为消费者身份认同的一部分。如今的消费者，特别是年轻一代，不仅通过品牌展示外在的身份和社会地位，更重要的是，通过品牌来传达内心的想法、社会立场和生活方式。消费者的购买行为不再仅仅是为了满足个人的物质需求，更多地是一种情感和价值观的表达。因此，品牌的价值观是否能够与消费者的身份认同和生活方式产生共鸣，成了影响购买决策的关键因素之一。

中国的年轻消费者，尤其是90后和00后，随着生活水平的提高和全球化的深入，逐渐形成了更加独立和多元包容的价值观。他们不再仅仅看重品牌的知名度、流行度和价格等传统消费因素，而是越来越倾向于通过品牌来展现自己的独特个性和价值观。品牌的社会责任、环保理

念、文化包容性以及对社会公正的承诺，成为他们在选择品牌时的重要标准。

在这种情况下，品牌逐渐成为消费者身份认同的延伸。许多消费者在选择某一品牌的时尚商品时，往往不仅仅关注商品的外观、价格或质量，还在这个过程中寻找与自己价值观相一致的品牌。例如，消费者可能选择支持那些注重环保的品牌，购买那些能体现性别平等和文化多样性、支持社会公益的品牌，因为他们希望通过这些购买表达自己对社会问题的关注，展示个人的社会责任感与文化认同。品牌的价值观与消费者的社会责任感、文化认同感和生活方式的契合程度，直接影响着消费者对品牌的忠诚度和购买决策。

随着消费者对品牌价值观的重视程度不断上升，许多时尚品牌已经开始通过多种方式与消费者的身份认同产生深度共鸣。品牌通过精准的市场定位和积极承担社会责任的表达，赢得了消费者的认可和情感共鸣。时尚品牌不仅仅是销售产品，更是在通过其产品和品牌传播某种生活态度、文化理念以及社会责任感。品牌通过在广告、宣传片、产品设计等方面传递其理念和文化价值，形成品牌与消费者之间的情感纽带。

例如，许多时尚品牌已经开始注重在广告宣传中强调品牌的社会责任感，展示品牌在环保、性别平等、文化多样性等方面的努力和承诺。品牌不仅仅停留在展示商品的功能和外观设计上，更通过其品牌的核心价值来吸引那些认同这些理念的消费者。例如，一些品牌通过推动环保项目、参与扶贫、反对性别歧视以及包容多元文化等方式，展现其积极的社会责任形象，这些行动不仅能够吸引那些与品牌价值观相契合的消费者，还能进一步提升消费者对品牌的忠诚度。

随着消费者对品牌背后价值观的逐渐认同，越来越多的品牌开始将社会责任融入营销策略中。例如，许多品牌推出的环保系列产品，不仅符合消费者对绿色消费的需求，也为品牌树立了正面的社会形象。品牌不仅要满足消费者的物质需求，更要在精神层面与消费者产生共鸣。通过传递品牌文化和社会责任，品牌可以有效地增强与消费者之间的情感连接，从而在市场上获得竞争优势。

在中国市场，随着社会和消费者需求的多元化，品牌的价值观已不再仅仅是产品质量和功能的延伸，还是与消费者个人生活方式、社会责任和文化认同紧密结合的一个重要部分。年轻消费者，特别是中国的"Z世代"，越来越倾向于选择那些能够代表他们价值观的品牌。在这一过程中，品牌不仅要通过产品质量和价格吸引消费者，更要通过产品背后的品牌价值观，展示其对社会责任、环境保护和文化多样性的关注。

随着中国市场逐步迈向消费升级，消费者的价值诉求也日益多元化。品牌必须适应这一变化，积极调整其营销战略，深入挖掘并体现社会责任感和文化包容性。通过推动公益事业、倡导社会正义、支持环保项目，品牌能够在激烈的市场竞争中脱颖而出，建立更加深厚的消费者忠诚度。例如，许多时尚品牌通过打造"绿色品牌"、推出包容多元文化的设计系列，以及参与社会公益项目等方式，向消费者传达其积极的社会价值观。

第四节　数字化与社交媒体对消费决策的影响

一、数字化与社交媒体对消费者信息获取的影响

随着数字化技术的不断进步和社交媒体的普及，消费者的购买决策已经发生了深刻的变化。尤其在中国，互联网和社交平台已经成为现代消费者获取信息和进行消费决策的重要途径。社交媒体不仅仅是消费者了解产品的渠道，更是品牌与消费者之间互动和沟通的主要平台。通过社交平台，消费者能够即时获取来自品牌、意见领袖（KOL）以及其他消费者的推荐和评价，这些信息来源的多样化为消费者提供了更全面的参考依据，使得他们能够更加理性和独立地做出购买决策。

社交媒体平台为消费者提供了丰富的信息源，使他们能够在购买决策前获取商品的实际效果、使用体验以及其他用户的评价。例如，消费者可以通过小红书、抖音、微博等平台上的用户评测、穿搭分享和产品体验等内容，了解其他消费者的实际使用情况。很多消费者会在小红书等平台上寻找与自己相似的消费者的评测，关注他们如何使用产品，是否适合自己的需求。这种基于真实用户体验的信息，往往比品牌本身的宣传更具可信度。消费者通过这些平台，获得了更多的消费参数，能够更全面地了解产品是否符合自己的需求。

社交媒体的普及使得消费者获取商品信息的途径更加多样化，不再局限于品牌的官方宣传。以前，品牌的宣传是信息的主要来源，消费者很大程度上依赖于广告中的产品展示、品牌形象和促销活动。然而，随着社交平台的崛起，消费者可以通过各种方式和渠道接触到更多的信息。这些信息往往来源于消费者自己发布的内容，如用户评价、穿搭推荐、

开箱视频和产品测评等，这些内容为潜在买家提供了更真实的反馈，帮助他们更好地了解产品的实际效果。尤其在小红书、抖音等平台上，许多用户发布自己的购物经验和使用心得，消费者通过对比这些真实的消费经验，能够做出更加理性和独立的决策。

此外，意见领袖（KOL）和网络红人在现代消费决策中的角色越来越重要，特别是在中国市场。随着直播和短视频平台的迅速发展，KOL和网红成了影响消费者购买决策的重要力量。消费者对KOL和网络红人的推荐具有较高的信任度，因为这些影响者通常会分享他们的真实体验和使用产品感受，这使得他们的推荐显得更加亲切和可信。例如，许多时尚博主和明星会通过直播或短视频的方式展示如何搭配某件商品，或者分享自己使用某品牌产品的心得，这种方式能够让消费者更加直观地了解产品的实际效果。

消费者不仅仅依赖品牌官方的宣传，他们更加看重KOL、网红以及其他消费者的真实反馈。这种信息来源的多样化，使得品牌在进行营销时必须更加注重透明度和真实性。品牌方逐渐意识到，消费者在购买决策中越来越倾向于通过社交平台与品牌进行互动，借助内容营销、社交广告等方式增加与消费者之间的互动，建立更加紧密的关系。通过社交平台，品牌能够更精准地传达自己的价值观和文化理念，同时通过消费者的评价和KOL的推荐提升品牌的可信度。品牌方也能够根据社交平台上的互动和反馈，及时调整自己的营销策略，以便更好地满足消费者的需求。

社交媒体的互动性使得消费者能够在购买决策前与其他消费者进行交流，从而获得更多的见解和参考。比如，消费者可以在评论区看到其他用户对产品的评价，了解他们的使用感受，这些反馈帮助消费者做出更加独立的决策。通过这种互动，消费者不仅获得了商品的信息，还能看到产品背后的品牌文化、价值观以及品牌方如何回应消费者的关切。这种直接的互动建立了消费者与品牌之间的情感连接，同时也提升了品牌的市场竞争力。

社交媒体的普及和数字化技术的发展为消费者的购买决策带来了深远影响。品牌方在这一环境下，需要更加精准地制定营销策略，通过互动性强的内容营销和社交平台广告，增强与消费者之间的联系和情感共鸣，以便在竞争日益激烈的市场中脱颖而出。

二、社交媒体互动性与品牌营销策略的变化

社交媒体的互动性对品牌营销策略产生了深远的影响，尤其在数字化时代，品牌与消费者之间的互动模式发生了显著变化。在过去，品牌营销的主要形式依赖于传统广告，如电视广告、户外广告、报纸广告等，品牌方通过这些渠道向消费者传递信息。这种传播方式是单向的，消费者在广告面前的角色主要是接收者，品牌和消费者之间的互动极为有限。然而，随着互联网和社交媒体的普及，品牌营销的格局发生了革命性的转变。社交媒体平台的出现使品牌方不再是单纯的信息发布者，而是能够通过社交平台与消费者建立双向互动的沟通桥梁。这种互动性不仅加深了品牌与消费者之间的联系，也使品牌方能够更精准地传达自己的理念，满足消费者的需求，并提升其忠诚度。

社交媒体使得品牌能够更加灵活地与消费者互动，构建品牌与用户之间的更加紧密的关系。通过平台如微博、微信、抖音和小红书等，品牌方不再依赖传统的广告渠道，而是通过多样化的内容营销与用户进行沟通。这种互动性增强了品牌的亲和力，品牌方不仅让消费者参与表达，还能够聆听消费者的声音，及时调整产品或服务以满足他们的需求。

例如，许多品牌方通过微博和抖音发布创意视频、用户生成内容（UGC）和参与式话题，来吸引消费者的注意，并通过互动内容与消费者建立情感连接。通过这些平台，品牌方不仅仅在推销产品，更通过传递品牌的价值观、故事，以及与消费者生活方式的契合来激发消费者的购买欲望和情感认同。

内容营销在社交媒体时代的崛起为品牌营销提供了全新的视角。品牌通过创意内容将其理念与消费者的情感需求紧密结合，不仅让消费者了解产品，还能让他们认同品牌的核心价值观和文化。例如，许多时尚品牌商通过小红书分享穿搭示范，通过抖音发布品牌故事，传递品牌背后的社会责任感和环保承诺。这种内容营销不仅增强了品牌的文化认同感，还让消费者感到自己是品牌故事的一部分，提升了他们对品牌的忠诚度。

社交媒体的互动性还为品牌方与消费者提供了全新的互动活动形式，品牌方可以通过在线直播、抽奖、问答、用户挑战等方式加强与消费者的互动。例如，越来越多的品牌商通过直播带货，直接对消费者进行产品展示、解说，并通过互动功能实时解答消费者的疑问，增强消费者的参与感和购买欲望。通过这些互动活动，消费者不仅仅是被动的观看者，他们有机会参与到品牌推广过程中，直接与品牌建立联系，分享个人体验，甚至成为品牌的代言人。这种参与感不仅提升了消费者对品牌的认同感，也让品牌方获得了更多的真实反馈和用户生成内容（UGC），这些内容可以进一步用于品牌传播，形成口碑效应。

此外，社交媒体的互动性使得品牌方能够实时获取市场反馈并做出灵活应对。过去，品牌方通过传统广告进行单向的宣传，消费者的反馈往往只能通过市场调查等形式间接获得。而在社交平台上，品牌方能够通过评论区、点赞、转发和分享等方式，实时了解消费者的看法、需求和偏好。品牌方可以根据消费者的反馈，及时调整营销策略、优化产品和服务，确保品牌始终与市场趋势和消费者需求保持一致。这种快速响应机制使得品牌在竞争激烈的市场中占据了更有利的地位。

　　社交媒体的互动性不仅使品牌营销变得更加精准和多元化，还增强了品牌与消费者之间的情感联系。在这个信息透明、沟通即时的时代，品牌营销策略需要充分利用社交平台的互动性，借助内容营销、互动活动、KOL推广等方式与消费者建立更深层次的关系。品牌方通过与消费者的互动，不仅提升了消费者的参与感和认同感，还能更好地了解市场需求，做出及时的调整，从而提升品牌的竞争力和市场份额。

三、意见领袖（KOL）与消费者决策的驱动

　　意见领袖（KOL）在现代消费者决策中的作用日益重要，尤其在中国市场。随着社交平台的蓬勃发展，KOL和网络红人凭借其庞大的粉丝基础、较高的信任度和强大的传播能力，逐渐成为消费者购买决策的重要驱动力。品牌方通过与这些KOL的合作，借助他们的影响力和推荐，吸引更多消费者的关注，激发他们的购买欲望。不同于传统广告，KOL不仅仅充当产品推广者的角色，他们通过分享个人的使用体验、生活方式和搭配建议，与粉丝建立深厚的情感联系，从而在潜移默化中影响粉丝的消费行为。

　　与传统广告的单向宣传不同，KOL的推荐通常比品牌商的宣传更具可信度和吸引力。社交媒体平台上，KOL与粉丝之间往往建立了较为紧密的信任关系。粉丝通常认为KOL的推荐更加真实、亲切和可信，尤其是在他们个人化内容的分享中，粉丝能够看到KOL日常生活中的使用心得和穿搭灵感，从而形成情感共鸣。这种基于信任的传播远比传统广告

效果更佳，因为 KOL 的生活方式和个人品位与粉丝的生活方式相契合，粉丝感到这些推荐不仅仅是为了推销产品，还是帮助他们发现符合个人风格的商品。

例如，KOL 通过视频或图文形式展示他们如何使用某款化妆品、搭配一件时尚单品，或是分享一些生活小窍门，粉丝不仅能够看到产品的实际效果，还能感受到 KOL 对这些产品的真实喜爱和推荐。这种展示方式远比传统的电视广告或平面广告更具说服力，因为消费者能感受到产品和品牌与他们个人品位的契合。因此，KOL 的推广不再只是宣传，更成了一种社交，KOL 的个人魅力和粉丝对其的信任促使粉丝更愿意尝试推荐的产品。

随着直播和短视频平台的崛起，KOL 的影响力得到了进一步增强，品牌通过这些平台能够与消费者进行更加即时、直接的互动。尤其是在直播中，KOL 能够通过实时的互动与粉丝建立更为紧密的联系，品牌经营者可以在直播中展示产品的使用效果，解答消费者的疑问，并通过互动进一步激发消费者的购买欲望。直播的即时性和互动性使消费者能够更直观地感受产品的实际效果，增强了消费者的信任感和购买欲望。

例如，许多时尚品牌和美妆品牌通过与知名 KOL 合作，在抖音、淘宝等平台直播进行产品推广。在直播过程中，KOL 会向观众介绍产品的特性，展示使用效果，并通过与观众的实时互动解答他们的疑问。消费者不仅能够在观看过程中体验到产品的实际效果，还能通过与 KOL 的互动，获得更多关于产品的个性化推荐和使用建议。这种形式不仅使品牌经营者能够迅速接触到大量潜在客户，还能够提升消费者对品牌的好感和忠诚度。

KOL 在短视频平台上的影响力也在不断扩大。通过短视频内容，KOL 短小精悍地展示商品的使用体验和穿搭，使消费者能够迅速获取足够的信息来决定是否购买。短视频内容更具娱乐性和观赏性，消费者在享受视频内容的同时也能被巧妙地引导进行购买决策，这种以娱乐为核心的购买决策过程，尤其受到年轻消费者群体的青睐。

随着数字化时代的到来，消费者的需求变得越来越个性化，品牌营销也必须更加注重精准性。KOL 的影响力已经成为品牌营销策略的重要组成部分。品牌方与 KOL 合作时，不仅仅是选择知名度较高的影响者，更要根据自身品牌定位和目标消费者群体，精准选择与品牌形象匹配的 KOL。通过与 KOL 的合作，品牌方可以直接接触到其目标受众，并通过 KOL 的个性化推荐，满足不同消费者的个性化需求。品牌方需要通过这种个性化合作来确保推广效果的最大化，并增强与消费者之间的情感连接。

随着社交平台的不断发展，品牌方与 KOL 的合作不仅限于单纯的产品推广，还能够通过联合活动、定制化内容、挑战赛等形式增强消费者的参与感。这种基于社交平台的互动推广方式，能够更好地激发消费者的购买欲望，同时建立品牌与消费者之间的情感纽带。消费者不仅仅是产品的购买者，更是品牌推广的一部分，他们通过分享和评论，与品牌和 KOL 共同创造和传播品牌故事和价值。

社交媒体和 KOL 的出现对消费者决策过程产生了深远的影响，尤其是在中国市场，KOL 的推荐和影响力已经成为品牌营销的重要组成部分。KOL 通过与粉丝建立信任关系，分享个人经验和使用心得，能够极大地激发消费者的购买欲望。同时，社交媒体平台的互动性使得品牌能够更精准地接触到目标受众，增加消费者的参与感，并通过即时互动增强对品牌的信任感和认同感。品牌方在与 KOL 合作时，必须注重合作的精准性和个性化，通过与合适的 KOL 合作，提升品牌的影响力和市场竞争力，满足消费者个性化需求并赢得他们的忠诚。

第 9 章

全球时尚消费的
发展趋势

第一节　数字化时代时尚消费和时尚产业的发展趋势

一、数字化转型对时尚消费的影响

数字化转型在过去的十年中深刻改变了时尚产业的消费模式。传统上，时尚消费主要依赖于实体店铺、电视广告、杂志和其他传统媒体渠道来接触消费者。然而，随着互联网技术、数字平台和社交媒体的崛起，在线购物和数字营销逐渐成为主流，彻底颠覆了传统的时尚消费方式。消费者不仅可以通过电商平台方便地购买商品，还能够借助社交媒体平台、时尚博主、网络红人等来影响自己的时尚选择。数字化平台的广泛应用，使得时尚消费变得更加便捷、快速，消费者不再受限于地理位置和时间，可以随时随地获取最新的时尚潮流，享受个性化的购物体验。

首先，电子商务的崛起使得时尚品牌突破了实体店铺的地域限制，能够面向全球市场进行拓展。过去，时尚品牌往往依赖于在特定城市或商场开设实体店来吸引消费者，这在很大程度上受到了地理位置和租金成本的限制。然而，电商平台的出现让时尚品牌能够直接面向全球消费者，扩大了市场规模。消费者通过手机、电脑或其他移动设备，能够全天候浏览并购买世界各地的时尚商品，从而打破了传统零售的时空限制。无论是在中国的城市，还是在遥远的欧洲乡村，消费者都可以轻松地通过数字平台进行购物，享受到全球化时尚潮流的便利。

其次，社交电商的兴起在时尚产业中产生了巨大影响，促使时尚品牌方与消费者之间的互动更加直接。社交电商结合了电商平台和社交媒体的功能，通过社交平台将品牌方与消费者的信息沟通从单向的广告传递转变为双向互动。品牌方不再仅仅通过电视广告或印刷广告向消费者传递信息，还通过社交平台上的互动、评论、分享等形式与消费者建立更紧密的联系。消费者在社交平台上看到时尚博主、明星和网络红人分享穿搭和购物经验，容易迅速激发购买欲望，商家通过这种个性化推荐和实时反馈机制，推动品牌方与消费者之间的紧密互动，促使品牌方能够更好地理解消费者的需求，提供量身定制的产品和服务。

第三，数字化时代时尚消费的个性化需求日益增强。通过大数据和人工智能技术，品牌方能够分析消费者的购买习惯、兴趣爱好、社交网络活动等数据，提供个性化的推荐服务。消费者的购物体验不再是千篇一律的，而是根据其个人偏好和历史记录量身定制的。无论是产品推荐、营销活动，还是广告投放，时尚品牌都能够精准地触达目标客户群体，从而提高了市场的反应速度和销售转化率。消费者可以在众多商品中轻松找到最符合自己风格和需求的产品，享受到定制化、差异化的购物体验。

数字化转型不仅提升了消费者的购物便捷性和更契合消费者的个性化需求，也让时尚产业面临前所未有的机遇和挑战。时尚品牌借助电商平台和社交媒体，与全球消费者建立了更直接、更高效的联系，拓展了市场份额。同时，数字化也让品牌方更加关注消费者的个性化需求，通过智能推荐和精准营销，推动了时尚消费的多样化和个性化发展。

二、社交媒体与时尚消费的互动

社交媒体在数字化时代对时尚产业的影响深远且广泛，成为品牌营销和消费者互动的核心平台。社交平台如 Instagram、TikTok、微博等，已经不再仅仅是社交互动的工具，更是时尚品牌和消费者之间建立联系、传递时尚潮流的重要阵地。社交媒体的独特形式——包括图像、视频和直播等，极大地提升了时尚信息的传播速度和可达性，让消费者能够在第一时间获取全球时尚动态。通过社交平台，时尚品牌不仅能够迅速推出新的时尚趋势，还能在瞬间传递给成千上万的受众。

社交媒体的影响力在时尚产业中的作用尤为重要，特别是通过意见领袖（KOL）、明星和时尚博主的影响力，时尚潮流被快速传播和接受。时尚博主和网络红人通过分享个人穿搭和推荐特定品牌或产品，已经成为时尚产业的核心推动者之一。这些影响力人物凭借庞大的粉丝群体和高互动性，能够将某一时尚趋势或商品推向市场的前沿。他们的穿搭分享不仅展示了最新的时尚风格，还直接影响着粉丝和消费者的购买决策。通过与品牌方的合作，这些意见领袖进一步加强了品牌传播的效果，成为时尚品牌营销不可或缺的部分。

不仅如此，社交媒体的互动性和即时性特点，使得时尚品牌能够实时监测并反馈消费者的需求与偏好。在传统营销模式中，品牌方通常依赖市场调研或销售数据来制定产品和营销策略，但社交媒体的出现改变了这一过程。品牌方可以通过社交平台的互动，直接了解消费者对不同产品的反馈，获取实时的市场趋势。例如，品牌方可以在 Instagram 或微博上发布新产品的预览，快速获取消费者的反应和评论，基于这些实时数据进行产品设计和营销策略的调整。这种互动使得品牌与消费者之间的距离更近，品牌经营能够更加灵活地响应市场需求，从而提高市场竞争力。

社交媒体平台上的用户生成内容（UGC）也是时尚产业中不可忽视的传播力量。随着社交平台的普及，越来越多的消费者开始在社交媒体上分享自己的穿搭照片、购买心得和使用体验。这些用户生成内容不仅为品牌提供了免费的广告资源，还增强了消费者的参与感和认同感。消费者的穿搭照片和评价，成了品牌的口碑传播工具，同时也为其他消费者提供了参考。在这种自发的推广中，品牌的可信度得到了提高，尤其是在年轻消费群体中，用户生成内容已成为他们做出购买决策的重要依据。

社交媒体也帮助品牌实现了个性化的营销。通过精准的广告投放和数据分析，品牌能够根据消费者的兴趣和历史行为进行个性化推荐。例如，Facebook 和 Instagram 的广告系统可以根据用户的浏览历史、点赞和评论记录，为其推送最相关的产品信息。这样的定制化营销不仅提升了品牌的转化率，也让消费者感到品牌更贴近他们的需求。

社交媒体在时尚消费中的作用是多维的，不仅加速了时尚潮流的传播，还提升了品牌方与消费者之间的互动和反馈效率。通过与意见领袖的合作、实时的消费者反馈、用户生成内容的传播以及精准的个性化推荐，时尚品牌方能够更好地理解消费者需求，优化营销策略，增加销售转化。同时，消费者也在社交媒体上获得了更多的时尚穿搭灵感和购买决策依据，时尚消费逐步变得更加个性化、互动性强和即时响应。这种全新的消费模式改变了时尚产业的格局，促进了品牌方与消费者之间更加紧密的联系。

三、可持续发展与数字化融合的趋势

在数字化时代，时尚产业不仅面临着消费者需求的快速变化，也在不断应对环境和社会责任的挑战。可持续发展成为现代时尚产业发展的重要方向，数字化技术为这一目标的实现提供了强有力的支持。品牌借助数字化工具，如 3D 设计、虚拟试衣和虚拟试穿等，能够减少对传统生产和消费模式的依赖，减少资源浪费和环境污染。

通过数字化技术，品牌能够在生产阶段就更精准地预测市场需求，减少过度生产和资源浪费。数字化工具还帮助品牌优化供应链管理，实现更高效的物流和库存管理，减少碳足迹和环境影响。此外，数字化时代使得消费者更加关注产品的可持续性，社交媒体和电商平台为消费者提供了更多可持续品牌的选择，推动了绿色消费的兴起。时尚品牌在追求创新的同时，也在寻求更加具有环保成分和社会责任感的业务模式，以适应数字化时代和消费者对可持续发展的日益关注。

　　在未来，时尚产业将继续深化数字化与可持续发展之间的融合。随着消费者对环保和社会责任的关注不断提高，时尚品牌将面临更加严格的社会和环境要求。数字化技术不仅有助于提升产业效率，还将为品牌实现可持续发展的目标提供更多创新的解决方案。

第二节　社交媒体与时尚消费的融合

一、社交媒体平台成为时尚品牌营销的重要阵地

社交媒体在数字化时代逐渐成为时尚品牌营销的核心阵地。过去，时尚品牌主要依赖传统的广告渠道，如电视广告、杂志广告和户外广告来传播品牌形象和推广商品。然而，随着社交媒体的兴起，品牌的营销策略已经发生了根本性变化。平台如 Instagram、Facebook、TikTok 和微博等，不仅是社交互动的空间，更成为品牌方与消费者之间直接联系的桥梁。

通过社交平台，时尚品牌能够向全球消费者展示其最新的产品、时尚趋势和品牌故事。社交媒体的即时性和互动性使得品牌方能够快速响应市场需求，并与消费者保持实时沟通。品牌方可以通过发布精美的图片、短视频、直播等内容，吸引消费者的注意力，并通过互动增强用户的品牌参与感和忠诚度。例如，时尚品牌通过 Instagram 发布产品预告和穿搭灵感，鼓励粉丝分享他们的穿搭方式，进一步激发消费者的购买欲望。相比传统广告，社交媒体能够提供更加个性化、富有创意的营销方式，使品牌能够更有效地与目标消费者建立情感联系。

不仅如此，社交媒体的影响力还得益于社交平台上的用户生成内容（UGC）。消费者在平台上分享自己的购物体验和穿搭照，成为品牌传播的重要组成部分。时尚品牌鼓励用户创作和分享内容，可以大大提高品牌的曝光率和可信度，这种自发的品牌传播方式，比传统的广告宣传更具影响力。社交媒体的这一特性，使得品牌方能够通过直接与消费者的互动，增强品牌的市场渗透力。

二、时尚博主与网络红人的推动作用

在社交媒体的环境中,时尚博主、网络红人以及意见领袖的出现,进一步加速了时尚品牌方与消费者之间的互动。时尚博主和网络红人通过社交媒体平台发布穿搭分享、产品推荐和品牌代言,成了时尚产业的重要推动者。这些意见领袖通过个人魅力和社交媒体的影响力,引导着消费者的购买决策。

时尚博主和网络红人通常会与品牌方进行合作,推广特定的产品或品牌。由于他们拥有大量的粉丝和较高的社交媒体互动率,这些推广活动能够快速将品牌信息传递给潜在消费者。与传统广告不同,时尚博主和网络红人的推荐更具可信度,粉丝会认为他们的推荐更符合自身的兴趣和需求,因此更容易产生购买行为。例如,在 Instagram 和 TikTok 平台上,许多时尚博主通过分享自己的穿搭心得和生活方式,间接影响粉丝的消费选择。品牌方与这些博主的合作,使品牌能够精准地触达目标消费者,提升品牌的知名度和市场份额。

时尚博主和网络红人的影响力远超传统媒体,尤其是在年轻人群体中,网络红人被视为时尚趋势的风向标。年轻消费者更加注重个性化和自我表达,而时尚博主和网络红人的内容正是迎合了这一需求。消费者通过模仿博主和网络红人的穿搭风格,获得了与潮流同步的时尚体验,也通过这种方式展示了自己的个性。因此,社交媒体的博主和网络红人在宣传时尚品牌和引导时尚消费中的作用不可忽视,他们不仅是品牌的代言人,更是消费趋势的引领者。

三、社交媒体的互动性与消费者行为的改变

社交媒体的互动性改变了消费者的购买决策过程。过去，消费者通常依赖传统广告中的信息来做出购买决策，而如今，社交媒体让消费者能够与品牌进行双向互动，直接参与到品牌的营销活动中。这种互动性改变了消费者与品牌之间的关系，使得消费者不仅是被动接受广告的受众，更是品牌传播的重要参与者。

通过社交平台，品牌方能够实时获取消费者对不同产品和营销活动的反馈，更加精准地调整产品策略和推广方式。例如，消费者在品牌的社交媒体账号上评论、点赞、分享和转发，直接影响着品牌的知名度和市场口碑。此外，品牌方还可以通过社交媒体举办活动和促销，如限时折扣、抽奖和互动话题等，鼓励消费者参与并与其他消费者互动。通过这种方式，品牌方可以激发消费者的购买欲望，并促使他们更积极地参与到品牌的活动中。

社交媒体的互动性还提升了消费者对品牌的忠诚度。当消费者与品牌方进行互动时，他们会感到自己在品牌的塑造过程中发挥了作用，从而增加对品牌的认同感。这种情感连接不仅促进了消费者的即时购买，还帮助品牌在长期内培养了忠实客户群体。品牌方通过与消费者的频繁互动，建立了长期的关系，使得消费者更愿意在未来再次购买该品牌的产品。

四、社交媒体推动时尚消费的个性化和全球化

随着社交媒体的发展，时尚消费的个性化和全球化趋势愈加显著。一方面，社交媒体平台通过大数据和人工智能技术，帮助时尚品牌实现

精准的个性化营销。品牌方能够根据消费者的浏览记录、点赞和评论等行为，推送最符合其兴趣和需求的时尚商品。这种个性化推荐不仅提升了消费者的购物体验，还提高了品牌的销售转化率。

另一方面，社交媒体也促进了时尚消费的全球化。过去，时尚潮流的传播主要受限于地域和文化，而社交媒体使得全球各地的消费者能够实时了解并参与到全球时尚潮流中。通过社交媒体，消费者可以轻松获得来自世界各地的时尚信息，无论他们身处何地，都能追逐全球的时尚趋势。这种全球化的时尚消费趋势，使得品牌能够跨越国界，进入更多的市场，吸引不同文化背景的消费者。

社交媒体的全球化特性也推动了跨文化时尚的交流和融合。不同国家和地区的消费者可以通过社交平台了解彼此的时尚风格和穿搭趋势，甚至通过网络平台购买外国品牌的商品，进一步促进全球时尚市场的互动与发展。品牌方能够通过社交媒体的全球化传播，将自己的产品推向世界各地，扩大市场份额，并建立更强大的国际影响力。

通过社交媒体的个性化推荐和全球化传播，时尚品牌在推动消费者个性化消费需求的同时，也拓展了全球市场，提升了品牌的全球竞争力。这种社交媒体的融合效应，不仅改变了时尚产业的格局，也为消费者提供了更加多样化和个性化的购物选择。

第三节　人工智能时代的时尚消费和设计

一、人工智能与个性化推荐的结合

人工智能（AI）在时尚消费中的应用，特别是在个性化推荐方面，已经成为提升消费者购物体验和品牌市场竞争力的重要工具。随着数据分析和机器学习技术的快速发展，时尚品牌能够通过 AI 技术为每个消费者提供量身定制的购物体验，极大地增强消费的个性化和精准度。个性化推荐系统不仅提高了消费者的购物效率，还提升了他们的购物体验，使品牌能够更好地与消费者建立长久的联系。

AI 的个性化推荐系统通过收集和分析消费者的购买历史、浏览记录、搜索行为、社交互动等数据，能够精准预测消费者的偏好，并基于这些预测实时推荐商品。例如，当消费者在电商平台上浏览某一款商品时，AI 系统会记录其兴趣点并在后续展示相似的商品、配饰或相关风格的推荐。基于过去的购买行为，系统还会推送用户可能感兴趣的新款式或促销活动，帮助消费者在众多商品中迅速找到符合个人品位的选择。这种推荐方式大大减少了消费者在烦琐的商品筛选过程中的时间和精力，使他们能够更快做出购买决策，同时提高了品牌的销售转化率。

社交媒体平台也利用 AI 进行个性化推荐，通过分析消费者在平台上的互动内容、点赞、评论和分享等行为，AI 可以推送与消费者兴趣高度相关的时尚内容。例如，当消费者点赞某个时尚博主的穿搭照片时，AI 系统会自动推送与该穿搭风格相似的商品或趋势。这种个性化的推荐让消费者能够轻松发现自己感兴趣的时尚商品，提升了品牌与消费者之间的互动性，并激发了消费者的购买欲望。

AI 的个性化推荐系统为时尚品牌提供了精准营销的强大工具。通过了解消费者的个人喜好和购物习惯，品牌方可以制定更加有效的营销策略。例如，时尚品牌可以基于 AI 的分析结果推送定制化的广告，针对不同消费者群体推出特别优惠、会员专享活动或个性化的购物建议。品牌方还可以根据消费者的购物行为，实时调整推荐的商品和广告内容，以确保消费者始终能够看到最符合其需求的产品，从而提升客户的满意度和忠诚度。

随着 AI 技术的不断进步，个性化推荐系统的智能化水平不断提高。如今，AI 不仅能够根据消费者的历史行为进行推荐，还能够通过深度学习进一步分析消费者的潜在需求和情感倾向。例如，AI 可以通过对消费者情绪变化的分析，推送更加符合其情感需求的商品，如根据节日、季节或消费者的心情状态调整推荐内容。此类智能化的推荐系统不仅提供了更加细致的购物体验，还提升了品牌的市场响应速度，使品牌能够迅速适应消费者需求的变化。

人工智能与个性化推荐的结合，使得时尚消费更加精准、智能和便捷。AI 通过分析大量的消费者数据，提供量身定制的购物建议，不仅提高了消费者的购买效率和满意度，还帮助时尚品牌更好地进行市场定位和营销。随着技术的进一步发展，个性化推荐系统将越来越智能化，进一步推动时尚产业向更加个性化和高效化的方向发展。

二、AI 在时尚设计中的应用

AI 在时尚设计中的应用正变得越来越重要，它不仅提高了设计过程的效率，还为创意提供了新的工具和灵感来源。传统的时尚设计过程依赖设计师的创意、灵感以及对潮流趋势的敏锐感知。然而，随着 AI 技术的引入，设计过程变得更加高效和精准，AI 能够通过分析大量的历史数据、潮流趋势和消费者反馈，提供关于未来时尚趋势的预测，帮助设计师在创作过程中做出更具前瞻性的决策。

AI 在时尚设计中的一个重要应用是通过数据分析预测未来的流行趋势。传统上，设计师往往依赖于市场调查、时尚秀和历史经验来预测下一季的流行趋势。而如今，AI 可以分析过去几季的时尚数据，识别出哪些元素或风格具有可能在未来受到欢迎的潜力。例如，通过机器学习算法，AI 可以从过去的季节性流行趋势中提取出特定的颜色、款式、面料和图案，预测这些元素将如何影响未来的时尚潮流。这种基于数据的趋势预测，帮助设计师在早期阶段就能把握市场脉搏，确保他们的设计能够迎合消费者的兴趣和需求。

除了趋势预测，AI 还通过深度学习和计算机视觉技术为时尚设计提供更多的创意灵感。AI 能够自动生成新的设计图案、款式和面料组合，甚至可以模拟不同颜色和面料的搭配效果，提供多样化的设计选择。例如，设计师可以利用 AI 生成多种风格的设计草图，从中选择最符合品牌定位或市场需求的方案。AI 的这一能力不仅加速了设计过程，还增强了设计的多样性和创新性，拓宽了设计师的创作视野。此外，AI 还可以通过模拟和渲染技术，让设计师在视觉上预见设计成果，提前了解设计的效果，这种快速迭代的设计模式帮助品牌更有效地适应市场需求的变化。

AI 在时尚设计中的应用还体现在实时调整设计方向和满足市场需求。设计师在创作过程中，常常需要根据市场反馈和消费者需求的变化对设计进行调整。AI 可以通过对市场数据、销售数据和消费者反馈的实时分析，帮助设计师迅速了解哪些款式和元素最受欢迎，哪些设计可能没有得到市场的认可。例如，当某一款式的销售数据表现不佳时，AI 可以立即提供调整建议，如优化款式、改进颜色搭配或面料选择，从而避免设计走向失败。这种基于数据的设计优化大大提高了时尚品牌的市场响应速度，使得品牌能够更快速地迎合消费者的偏好和需求。

随着 AI 技术的不断成熟，未来可能会出现更多智能化的设计工具，这些工具不仅能够提高设计效率，还能够提升创意的多样性。例如，AI 可能会实现自动化的个性化定制，消费者可以根据个人偏好与需求，选择设计元素并生成专属于自己的时尚款式。这将使时尚产业的设计变得更加个性化，并推动定制化消费的发展。

人工智能在时尚设计中的应用，不仅让设计过程更加高效和精准，还为设计师提供了更丰富的创作灵感和工具。通过数据分析、深度学习和实时反馈，AI 帮助设计师预测趋势、自动生成设计方案并优化产品，推动时尚产业进入一个更加智能和创新的时代。随着 AI 技术的持续进步，未来的时尚设计将更加注重个性化、精准性和市场适应性，进一步改变整个时尚行业的创作和消费模式。

三、AI 与虚拟试衣和增强现实的结合

AI 与虚拟试衣和增强现实（AR）技术的结合，正在革新时尚消费的方式，尤其是在提升线上购物的体验和准确性方面。传统的线上购物存在许多挑战，尤其是消费者难以准确判断衣物是否适合自己，因而产生了大量的退换货问题。然而，随着 AI 和 AR 技术的融合，虚拟试衣技术已经成为解决这一问题的重要工具，极大提升了消费者的购物体验。

通过人工智能技术，虚拟试衣系统能够根据消费者提供的照片、视频或 3D 扫描数据，准确重建消费者的虚拟形象。这一过程不仅能基于身高、体重、身形和尺寸等信息，为消费者推荐最适合他们体型的服饰，

还能模拟不同的穿搭效果。与传统的静态展示图片不同,虚拟试衣使消费者能够看到自己穿上衣物的动态效果,甚至可以在多个不同角度下查看服饰的穿着效果。这种精准的虚拟试衣体验大大减少了因尺寸不合适或款式不适合而引发的退换货问题,从而提高了品牌的销售转化率和消费者的购物满意度。

AI 与 AR 技术的结合,使虚拟试衣体验更加丰富和具有更强的互动性。AR 技术能够将虚拟服装投射到消费者的实时影像中,消费者不仅可以看到自己穿上衣物的效果,还可以通过触摸屏或手势操作与虚拟服饰互动。例如,消费者可以更换服装的颜色、查看不同款式的搭配效果,或者尝试不同的配饰组合。AR 技术赋予消费者更多的控制权,使他们在虚拟空间中与衣物进行个性化搭配,进而做出更加自信的购买决策。这种互动性和沉浸感让消费者在购物过程中能更深地参与,提升了整体的购物体验,也为品牌和零售商提供了一个更直观的销售和营销工具。

传统的线上购物体验通常以静态图片和产品描述为主,消费者在做出购买决策时只能依赖想象和对尺寸的判断。而 AI 与 AR 结合的虚拟试衣技术,打破了这种局限,为消费者提供了一种沉浸式的体验。消费者不仅可以实时试穿各种衣物,还能根据自己的需求进行个性化选择。这种技术的出现使得消费者更容易做出购买决策,尤其是当他们对虚拟试衣的效果感到满意时,购买的可能性大大增加。由于这种精准的虚拟试衣体验,消费者能够更加自信地选择合适的衣物,从而提高了购物效率并减少了不必要的退换货情况。

随着 AI 和 AR 技术的不断进步,虚拟试衣和 AR 购物的体验将进一步增强。未来,随着更加先进的面部识别、体型测量和虚拟现实技术的结合,消费者将能够享受到更加真实和个性化的购物体验。AI 可以通过不断学习消费者的购物行为和喜好,进一步优化推荐算法,为每个消费者提供更符合他们需求的个性化建议。与此同时，AR 技术的不断创新使得虚拟购物不仅仅限于试衣，还可能拓展到虚拟时尚秀、虚拟店铺等场景，进一步改变消费者的购物方式和品牌的营销策略。

AI 与虚拟试衣和增强现实的结合正在深刻改变时尚消费领域。它不仅为消费者提供了更加便捷、个性化和互动的购物体验，还为品牌方带来了更加精准的销售和营销工具。从个性化推荐到智能设计，再到虚拟试衣和 AR 购物，AI 技术正推动时尚产业的各个环节创新。随着技术的不断发展，未来的时尚消费将更加智能化、个性化，为消费者带来更加丰富、便捷的购物体验。

随着生成 AI 技术的进一步成熟，时尚行业的设计过程将发生深刻的变革。AI 不仅仅会成为设计师的工具，它可能还会推动整个时尚产业向更加智能化、个性化的方向发展。未来，时尚品牌可以通过 AI 更快速地适应市场需求，推出符合趋势的产品，并提高生产效率。同时，AI 的普及可能会改变设计师的角色，设计师将不再单纯是创意的发源地，而更多是与 AI 合作的指导者和优化者。这样的合作模式将使时尚产业在保持创意灵感的同时，更加高效、精准和个性化。

AI 生成正在为时尚设计带来前所未有的变革，它不仅提高了设计效率，还为品牌提供了更丰富的创意来源，推动了时尚产业向智能化和个性化的方向发展。然而，要充分发挥 AI 的潜力，时尚品牌还需要克服技术和人才上的挑战，确保 AI 能够真正为设计和创作过程增添价值。随着技术的不断进步，未来时尚设计将更加智能化、个性化，并为消费者带来更加丰富的购物体验。

第四节　可持续时尚与伦理消费

一、环保意识增强

近年来，消费者对时尚产业对环境的影响越来越关注。传统服装生产中，纺织染色、过度用水以及废弃物对环境的污染问题，使得公众开始质疑时尚行业的可持续性。尤其是千禧一代和"Z世代"的年轻人，他们更倾向于选择那些能够减少环境足迹的品牌。人们不仅在意服装的设计和价格，还关心它们在生产过程中的环境友好性。因此，许多品牌开始改变生产方式，减少水资源的使用、碳排放以及废弃物的产生，以迎合消费者对环保的需求。

环保意识增强的原因是多方面的，既有气候变化因素的推动，也有社交媒体对社会公众环保意识的积极影响，同时价值观变迁也是一个重要因素。

第一，全球气候变化带来的环境危机越来越严重，使得公众对环境保护问题的关注度大大提高。服装产业作为仅次于石油业的第二大污染产业，其高水资源消耗、化学污染物排放以及碳足迹问题，促使消费者开始反思时尚产业对环境的影响。各种媒体对污染问题的广泛报道，让消费者意识到时尚行业在气候危机中所扮演的角色，从而在消费时更倾向于选择对环境更友好的品牌。

第二，社交媒体在推动环保意识方面起到了重要作用。千禧一代和"Z世代"是社交媒体的主要用户，这些平台上关于可持续发展和环保行动的讨论，进一步影响了他们的消费选择。环保活动人士、时尚博主和环境组织通过社交媒体传递信息，揭露快时尚产业对环境的负面影响，使消费者对环保时尚产生了更多共鸣。这种信息的快速传播使得环保议题深入人心，并直接影响到人们的消费行为。

第三,千禧一代和"Z世代"对环保的重视程度显著高于以往的消费者群体。他们成长于一个更加开放、多元化的信息社会,注重社会责任和环境保护,愿意为他们认为对地球和社会有积极影响的品牌支付溢价。他们不仅关心产品的外观和功能,也在意产品的生产过程是否符合伦理和可持续标准。因此,环保与可持续性成为他们选择品牌时的重要考量因素。

第四,各国政府对环境问题的重视也在推动环保意识的增强。许多国家和地区制定了环保法规,限制工业污染,鼓励企业采取绿色生产方式。此外,行业内的一些组织和标准,如全球有机纺织品标准（GOTS）和碳信托标准（Carbon Trust）,也在规范时尚品牌的环保行为,迫使企业考虑其环境影响。

消费者环保意识的增加对时尚产业发展来说,既是一种挑战,迫使时尚产业做出调整,同时对于小众环保品牌而言,也是一种重要机遇。首先,消费者对环保的需求倒逼着时尚品牌改变其生产方式。许多品牌开始投资环保材料和绿色生产技术,例如采用低水耗染色技术、无毒化学染料,以及使用有机棉和再生聚酯等可持续材料。此外,一些品牌在生产过程中采用循环水处理和节能技术,以减少对环境的负面影响。这样的改变不仅提高了生产的环保性,也帮助品牌在市场竞争中脱颖而出。特别是对于快时尚品牌而言,因其快速、大量生产,往往被认为是高污染和不可持续发展的代表。随着公众环保意识的增强,这些品牌开始受到广泛批评,导致其市场份额逐渐受到挑战。其次,环保意识的增强还促使品牌提高供应链的透明度。消费者希望了解服装生产的每一个环节,包括原材料的来源、工厂的生产条件,以及工人是否得到了公平的对待等。因此，品牌开始通过认证、标签和追溯技术，向消费者展示其供应链的环保和伦理标准。这种供应链的透明化有助于增强消费者对品牌的信任，并提升品牌的市场声誉。

虽然环保意识增加给时尚产业发展带来了一定的挑战，但同时也为许多小众环保品牌创造了机遇。消费者更愿意支持那些拥有明确环保目标的小型品牌，这些品牌通常会采用本地生产、手工制作、低库存的生产模式，以减少浪费和环境负担。例如，Reformation、Everlane 和 Nudie Jeans 凭借其环保理念和透明的生产过程，赢得了众多忠实顾客。

二、快时尚的环境成本与社会责任问题

快时尚是一种以低价、快速生产和快速消费为特征的时尚商业模式，它通过快速捕捉流行趋势，迅速将设计概念转化为市场上的商品，从而在全球范围内吸引了大量消费者。然而，快时尚的成功背后也伴随着增加环境成本和忽视社会责任等严重的问题。

快时尚的环境成本体现在多个方面：（1）高污染和资源消耗。快时尚的生产过程高度依赖廉价原料和快速制造，这导致了巨大的资源消耗和环境污染。纺织行业是全球第二大污染产业，尤其是在染色和纺织过程中使用大量水资源和化学品。快时尚品牌为了压低成本，广泛使用廉价的化学染料，这些染料的生产和处理不仅消耗了大量的水资源，有的品牌方还会将未经处理的有害物质排放到河流中，对水质和周围环境造成严重的污染。此外，服装生产中的化学处理过程释放大量的温室气体，增加了全球碳排放。（2）服装浪费与废弃问题。快时尚品牌每年推出大量新品，促使消费者频繁购买和更换服装，这种"快速消费—快速丢弃"的模式导致了严重的服装浪费。根据联合国环境规划署的数据，每年约

有9200万吨服装被丢弃,大部分最终被送往垃圾填埋场,造成了巨大的环境负担。此外,合成纤维(如再生聚酯)在土壤中需要数百年才能分解,在分解过程中还会释放出对环境有害的微塑料,加剧了污染问题。(3)不可持续材料的使用。快时尚品牌普遍使用合成纤维,如涤纶和尼龙,这些材料不仅对石油资源依赖严重,而且难以自然降解。相比之下,有机棉和再生纤维等可持续材料的成本较高,快时尚品牌为追求低价和高利润,往往选择放弃更环保的材料,从而进一步加剧了资源的浪费和环境的压力。

除了环境成本方面的问题之外,人们对快时尚的诟病还体现在忽视社会责任方面:(1)劳工剥削与不公平的工作条件。快时尚品牌为了维持低价竞争优势,将生产外包给发展中国家的工厂,这些工厂普遍存在劳工剥削现象。工人们通常需要在恶劣的环境中工作,每天工作超过12个小时,但收入却非常微薄,远低于当地的生活标准。例如,孟加拉国和印度的许多纺织工厂因工人权益得不到保障而受到批评,工人们不仅缺乏基本的劳动保护和医疗福利,还面临着频繁的安全事故风险。2013年,孟加拉国拉纳广场工厂大楼的倒塌造成了超过1100人死亡,这一事件让全球意识到快时尚背后的劳动剥削问题。[1](2)供应链的透明度缺乏。快时尚的商业模式依赖于复杂且庞大的全球供应链,这使得品牌方难以有效监督其生产过程中的每一个环节,从而导致许多劳工权利和

---

[1] 2013年4月24日,孟加拉国一栋八层的服装厂大楼倒塌,导致1100多人丧生,2400多人受伤。这次事故是全球服装行业最可怕的悲剧之一,而这一切本来可以避免。在倒塌发生前24小时,墙壁已经出现裂缝,工人们本已被疏散离开大楼,但就在第二天,他们又被迫返回大楼继续工作。灾难发生后,包括四大快时尚品牌Zara、Uniqlo、H&M、Gap等公司都受到了媒体的广泛批评。拉纳广场事件发生后,英国活动家Carry Somers和意大利时尚设计师Orsola de Castro创立了时尚革命(Fashion Revolution)组织。这个组织通过开展研究、教育和宣讲,动员消费者、品牌方和政策制定者关注全球制衣工人的生存困境。

环境保护问题被忽视。由于对生产环节缺乏有效的控制和监测，快时尚品牌在供应链透明度方面存在严重缺陷，消费者难以了解他们购买的服装是如何生产的，以及生产过程中是否存在侵犯人权或环境污染的行为。

（3）健康和安全问题。在追求低成本和高效率的过程中，许多快时尚工厂忽视了对工人的健康和安全保障。工厂环境常常不符合基本的安全标准，缺乏防火设备、通风系统不完善，这些因素使得工人面临较高的职业健康风险。此外，使用有害化学品的染色和处理过程，对工人的身体健康造成了长期的损害。

快时尚的环境成本和社会责任问题已经引起了公众和媒体的广泛关注，尤其是在社交媒体的推动下，快时尚品牌的负面形象更加显著。消费者对时尚行业的可持续性和品牌责任要求越来越高，快时尚带来的过度消费和劳工剥削问题受到越来越多的批评。为了应对这些挑战，一些快时尚品牌开始推行更加透明和可持续的生产方式，但这些措施的效果仍需时间检验。

消费者态度的转变：随着环保意识的增强，越来越多的消费者开始质疑快时尚模式的合理性，尤其是千禧一代和"Z世代"更倾向于支持那些践行社会责任和环保承诺的品牌。这一趋势促使一些快时尚品牌不得不调整其生产和供应链策略，以满足市场对可持续时尚的需求。例如，H&M推出了"Conscious Collection"系列，承诺采用更多环保材料，并逐渐提高供应链透明度。然而，很多消费者依然对这些品牌的环保承诺持怀疑态度，认为这只是"漂绿"（greenwashing）行为。

快时尚应该如何应对环境和社会责任挑战呢？首先，快时尚品牌应该提高供应链透明度。快时尚品牌可以通过提高供应链的透明度来应对社会责任问题。通过公开工厂名单、供应商信息以及生产过程中的环境和社会影响评估，品牌经营者能够向消费者展示其在生产中的责任担当。

例如，Zara 母公司 Inditex 已经采取了供应链公开策略，向公众披露其全球供应商的详细信息，以提高生产的透明度和责任感。其次，快时尚品牌应大力推进循环经济。发展循环经济是应对快时尚环境成本的重要途径。快时尚品牌可以通过推出回收计划、二手服装再利用等举措来减少废弃物的产生。例如，H&M 在全球范围内推出了服装回收计划，鼓励消费者将旧衣物带回门店进行回收，以减少服装浪费并将旧衣物用于再生产。这种举措不仅有助于减少废弃物，还能在一定程度上改善品牌的环保形象。再次，可以大量采用可持续材料。快时尚品牌可以选择使用有机棉、再生聚酯以及其他环保纤维，以减少对自然资源的消耗。例如，Zara 宣布将在未来逐步增加有机棉和可再生材料的使用比例，以实现其可持续发展目标。此外，品牌还可以通过研发和应用新型环保纤维（如竹纤维、生物基材料等），降低对石化原料的依赖。

三、循环时尚与二手经济的崛起

随着全球环保意识的不断增强，循环时尚和二手经济迅速崛起，成为推动可持续发展和环保消费的重要力量。循环时尚强调对资源的合理利用，通过服装的重复使用和回收，减少浪费和污染；而二手经济则以将旧物重新投入市场为目标，最大限度地延长商品的生命周期。这种变化不仅改变了消费者的购物行为，也正在重塑时尚产业的面貌。

循环时尚是一种以减少浪费和资源消耗为目标的时尚模式，它鼓励服装的重复利用、再造和回收，旨在打破传统时尚行业"快速消费—快速丢弃"的线性模式。通过建立循环系统，服装可以在生命周期结束后被重新回收加工，再次转化为新的时尚产品。这不仅可以减少对原材料的需求，也能降低纺织废物对环境的负担。循环时尚的理念源自"循环经济"的概念,即通过减少、再利用和再循环来实现资源的最大化利用。与快时尚的"线性经济"模式不同,循环时尚的目标是在时尚产业中建立一个闭环系统,避免资源的过度消耗和浪费。

二手经济是一种基于环保理念的消费模式,通过将不再需要的物品再次投入市场,以延长它们的生命周期,减少对新物品的需求。在时尚领域,二手经济的兴起为消费者提供了一种更具可持续性的购物选择。近年来,二手时尚市场逐渐扩大,许多二手服装平台如 ThredUp、Vestiaire Collective 和 Depop 等迅速崛起。这些平台为消费者提供了购买和出售二手服装的机会,既满足了时尚需求,又帮助延长了服装的使用周期,减少了浪费。这种消费模式对环境非常友好,因为它减少了对原材料的消耗和废弃物的产生。

例如,ThredUp 是美国最大的在线二手服装交易平台之一,致力于通过回收和销售二手服装来减少时尚产业的碳足迹。该平台通过简单便捷的寄卖系统,使消费者能够将不再需要的衣物出售,或者以较低的价格购买到高质量的二手时尚产品。Vestiaire Collective 专注于奢侈品的二手市场,通过严格的鉴定和认证程序,确保买家可以购买到真正的名牌二手服装和配饰。这些平台的成功证明了消费者对可持续时尚的需求日益增加,同时也促使更多品牌重新思考其生产和消费模式。

循环时尚与二手经济之所以对消费者产生了巨大吸引力,首先是缘于经济实惠。二手经济的一个重要特点是价格实惠。对于许多消费者来说,购买二手服装不仅可以享受到高质量的商品,还能够节省大量资金。尤其是在奢侈品领域,二手平台为消费者提供了以更低价格获得奢侈品牌的机会,极大地提高了这些品牌的可及性。其次,二手服装市场提供了更多独特的选择。消费者可以在二手市场找到已经绝版的款式或经典设计,这种独特性和稀缺性增加了二手时尚的吸引力,尤其是对年轻一代消费者来说，他们追求与众不同和个性化的风格，因此更倾向于从二手市场寻找"独一无二"的物品。最后，循环时尚满足了消费者的环保需求和社会责任感。随着环保意识的提高，越来越多的消费者希望通过改变自己的购物行为来减少对环境的影响。购买二手服装不仅减少了对新资源的需求，还延长了产品的使用寿命，从而减少了废弃物的产生。这种环保消费行为不仅符合现代人的价值观，也让他们在购物时感受到自己对社会和环境的积极影响。

尽管循环时尚对于消费者来说提供了更加可持续的购物选择，但对于时尚品牌，尤其是以大规模生产和快速更新为特点的品牌而言，它也带来了一些潜在的负面影响。首先，时尚循环可能导致时尚品牌面临销售额和利润下降的压力。循环时尚和二手经济的发展意味着消费者在新衣物上的支出可能减少，这直接影响了品牌的销售额和利润。传统的快时尚品牌依赖于高销售量和消费者频繁的更换需求来实现盈利，而循环时尚鼓励消费者减少购物频率，更多地选择耐用的商品，或者通过二手市场购买。这对于依赖于快速消费、快速更换模式的品牌来说，可能会带来显著的利润下降。其次，二手经济的兴起让消费者的品牌忠诚度发生了变化。消费者可以通过二手平台购买其他品牌的产品，而不再局限于某个品牌的新品，这使得品牌面临更多的竞争压力。例如，消费者可以在二手市场以低于新款价格的成本购买到同样的高端品牌产品，这可能导致他们对品牌新品的需求降低。因此，品牌需要重新考虑如何保持并提升顾客的忠诚度。再次，影响品牌定位和产品销售周期。循环时尚鼓励人们减少不必要的购物和消费，这与传统的快时尚商业模式存在根本性的冲突。品牌方希望通过频繁地推出新款来刺激消费者不断购买，而循环时尚的崛起却在鼓励消费者多次使用旧衣物，减少购买频率。这意味着，品牌方推出的新品可能不会再像过去那样引发消费者的购买狂潮，从而影响销售周期和整体市场计划。最后，品牌形象与"高端性"受损。对于一些奢侈品牌而言，产品的独特性和稀缺性是其维持高端形象的重要组成部分。然而，二手市场的兴起使得奢侈品牌的产品可以被更多人以较低的价格获取，这可能会影响品牌的独特性和稀缺性，削弱其"高端"的品牌形象。此外，部分奢侈品牌对二手市场的态度并不积极，因为这可能会稀释其在消费者心目中的独特地位，并影响其在高端市场中的定位。

四、伦理时尚

伦理时尚是指在时尚产品的生产和消费过程中，尽可能减少对人类、动物和环境的伤害，并遵循社会道德和伦理标准。随着全球消费者对可持续发展和社会公平的关注日益增强，伦理时尚在时尚产业中的地位也愈发重要。它不仅要求品牌方在生产过程中对环境负责，还强调对工人和动物的权益保护。伦理时尚涵盖了多个方面，包括公平贸易、劳工权利和动物保护，以下将详细探讨这几个方面在时尚产业中的体现。

（一）公平贸易

公平贸易（Fair Trade）是伦理时尚的重要组成部分，它旨在改善发展中国家工人和生产者的生活条件，确保他们获得公平的报酬和合理的工作环境。通过推行公平贸易政策，时尚品牌能够为那些在供应链中最易受剥削的生产工人提供支持，提升他们的生活质量，并促进社会的公平与正义。

公平贸易在时尚产业中的应用，体现在多个方面，包括供应链的透明度、工人权益保障以及社会和环境责任。例如，People Tree 和 Patagonia，通过公平贸易认证与工厂合作，确保工人获得合理的工资和安全的工作环境。这种做法不仅增加了工人们的福利,还帮助品牌在消费者中建立了负责任的形象。

公平贸易的实施不仅限于物质条件的改善,还包括推动社区发展,帮助工人和生产者在经济和社会层面实现长期的正面影响。随着消费者对道德和可持续性的关注度不断提升,公平贸易已成为时尚产业中不可忽视的重要趋势,促进了更为人道和可持续的全球供应链生产出来。

(二)劳工权利

劳工权利(Labor Rights)是伦理时尚的另一个重要方面。它强调在生产过程中保护工人的基本权益,包括安全的工作环境、合理的工时、足够的薪酬和免受剥削的保障。时尚产业中,特别是快时尚行业,常常因劳工剥削问题而受到批评,尤其是在那些缺乏监管的生产国。因此,品牌方对劳工权利的重视是实现伦理时尚的重要标志。

许多时尚品牌开始采取措施改善供应链中工人的工作条件。例如,Everlane 是以"激进透明"著称的品牌,致力于让消费者了解其生产工厂的情况,包括工人的工作环境、薪资水平和安全保障等。Everlane 通过向消费者展示供应链的各个环节,确保工人拥有良好的工作环境,并向他们支付符合当地生活标准的工资。

2013年孟加拉国的拉纳广场工厂坍塌事件引发了全球对时尚产业和劳工安全问题的强烈关注。此后,许多品牌加入了"孟加拉国服装安全协议"(Accord on Fire and Building Safety in Bangladesh),以提高工厂的安全标准,确保工人的人身安全。品牌如 H&M 和 Zara 母公司 Inditex 都是该协议的签署方,通过采取严格的审查和整改措施,逐步提高生产工厂的安全水平,确保工人不再受到生命威胁。

(三)动物保护

动物保护(Animal Welfare)也是伦理时尚的核心部分之一,强调在时尚产业中尊重动物生命，避免对动物的残酷对待。传统时尚行业中，皮草、皮革和羽绒的使用涉及大量对动物的伤害，而伦理时尚倡导减少或不使用动物材料，并寻找更加人道和环保的替代品。

近年来，越来越多的品牌宣布停止使用动物皮草。例如，Gucci、Versace 和 Prada 都已加入"无皮草"运动，停止使用真实的动物皮毛，并通过创新材料来保持产品的奢华质感。无皮草时尚不仅符合伦理要求，还赢得了大量环保和动物权益支持者的青睐。

可持续替代材料：Stella McCartney 是最早在时尚界倡导动物保护的设计师之一，其品牌以"不使用皮草、不使用皮革"著称。Stella McCartney 采用了许多创新的环保材料，如人造皮草、人造皮革等，来代替动物制品。这些材料不仅符合道德标准，还通过技术手段实现了类似于动物皮革的触感和耐用性，从而保持时尚的同时减少对动物的伤害。

在羽绒和羊毛的使用方面，品牌方也在寻找更加人道的替代方案。例如，The North Face 和 Patagonia 使用经过认证的"责任羽绒标准"（RDS）羽绒，以确保羽绒的获取不会伤害动物。此外，Veja 作为环保运动鞋品牌，采用了环保棉和无害化合成材料来替代传统的皮革材料，从而减少对动物的依赖和伤害。

（四）伦理时尚对消费者和时尚产业的影响

伦理时尚对消费者的消费行为具有一定的影响，主要体现在：(1) 增强消费者的社会责任感。随着社会对伦理和环境问题的关注不断增加，消费者越来越重视自己的购买行为对社会和环境的影响。伦理时尚让消费者有机会通过选择支持公平贸易、保障劳工权利和提倡动物保护的品牌来表达他们的社会责任感和道德立场。这种购买行为不仅满足了他们对时尚的需求，还让他们在消费中产生积极的社会影响。(2) 推动可持续消费习惯形成。伦理时尚鼓励消费者进行更加审慎和可持续的消费决策。例如，消费者可能更倾向于购买使用环保材料、采用可持续生产方法和致力于公平贸易的品牌产品。这种改变促使人们减少快时尚的冲动购物行为，转而选择数量更少但更优质、更耐用的产品，从而推动可持续消费模式的流行。(3)提高品牌忠诚度。关注伦理的品牌吸引了越来越多注重价值观一致性的消费者。对于那些积极推行伦理时尚政策的品牌，消费者通常更愿意建立长期的品牌关系，从而提高品牌的忠诚度。例如，Patagonia 和 Everlane 通过其透明的生产链和对社会责任的承诺赢得了大批忠实顾客。

伦理时尚对于时尚产业而言也是一种推动变革的力量。首先，伦理时尚推动时尚产业重新思考其生产和供应链管理。品牌方需要在生产过程中采用更高标准的劳动保障和环保措施，这促使行业在技术和设计方面进行创新。为了符合伦理要求和实现可持续目标，时尚公司探索使用新的环保材料和节能技术，如再生纤维、生物基材料和无毒染料等。其次，伦理时尚促使品牌提高供应链的透明度，以满足消费者对产品来源和生产条件的关注。品牌方开始公开其生产工厂的位置、员工待遇、工作环境等信息，以展示其对伦理实践和可持续发展的承诺。这种透明度不仅能增强消费者对品牌的信任，还能成为企业竞争中的一大优势。

不过，采用伦理时尚的品牌也往往面临更高的运营成本。确保公平贸易、支付更高的工人工资、采用环保材料和技术等措施都需要额外的资金投入。这对小型品牌和初创企业尤其具有挑战性，迫使它们寻找创新方法以平衡伦理实践与商业可持续性之间的关系。

第五节　时尚产业的全球化与本地化

一、全球品牌的本地化策略

全球品牌在扩展市场的过程中，采取本地化策略是非常重要的，因为可以更好地适应各地消费者的需求和文化差异。

Zara 以其敏捷的供应链闻名，可以在几周内完成从设计到上架的全过程。通过本地市场的反馈，Zara 能够快速调整其产品。例如，在阿拉伯国家，Zara 针对当地文化的保守服饰要求，提供更长的袖子、更高的领口和长款的裙装，以符合当地的服饰规范。在印度，Zara 的产品线包含了更多的传统服饰元素，例如融合了纱丽风格的长裙，以更好地迎合印度消费者的审美。与此同时，在欧洲市场，Zara 更倾向于发布更具潮流性和大胆风格的服饰，以迎合对个性化时尚要求较高的消费者。

H&M 的本地化策略体现在多方面。H&M 会根据不同市场的季节和文化背景进行设计调整。例如，在日本，H&M 提供尺寸更为小巧的服装，以更符合当地人的体型特点。在美国市场，H&M 则推出更多适合户外休闲和运动的服饰，以满足美国消费者对户外活动服装的需求。此外，H&M 还在价格策略上进行了本地化调整。在一些发展中国家，H&M 会根据消费者的购买力推出更具竞争力的价格，从而吸引更多的客户群体。

Nike 作为全球最大的运动品牌之一，其本地化策略尤为成功。Nike 通过与不同国家和地区的体育明星和团队合作，成功融入当地市场。例如，在中国，Nike 赞助了许多本土体育活动，并推出了结合中国文化特色的特别版球鞋，以吸引年轻消费者的关注。此外，Nike 还通过中文社交媒体平台，如微信和小红书等，进行本地化营销，直接与中国消费者互动，从而建立更紧密的品牌联系。

虽然麦当劳是食品行业的例子，但它的本地化策略在全球品牌中是最为经典的。麦当劳根据每个国家的饮食文化和偏好调整其菜单。例如，在印度，由于文化和宗教的原因，麦当劳提供素食汉堡和不含牛肉的食品，如著名的"麦香薯堡"（McAloo Tikki）。在日本，麦当劳则会根据季节推出寿司口味的食品或结合本地特色的"照烧汉堡"。这种基于当地需求的菜单变化帮助麦当劳赢得了全球消费者的喜爱。

星巴克在扩展国际市场时，也极为注重本地化。星巴克在不同国家的门店设计风格与菜单会融入当地文化。例如，在中国，星巴克会设计更多适合家庭和朋友聚会的大空间，并推出符合中国消费者口味的茶饮品。星巴克甚至推出了"茶瓦纳"（Teavana）系列，以迎合中国消费者对茶文化的偏好。在中东市场，星巴克门店的设计更注重私密性，以符合当地对公共空间的文化需求。

二、本土时尚品牌的国际化发展

随着全球化的深入，越来越多的本土时尚品牌在国际舞台上崭露头角，通过自身独特的文化和设计风格，获得了全球消费者的认可。中国的李宁和日本的优衣库是两个成功实现国际化发展的典型案例。

李宁作为中国体育用品行业的代表，近年来成功地将自身品牌推向国际市场，并在全球时尚界引起了广泛关注。李宁品牌的国际化策略主要包括以下几个方面：

李宁通过品牌重塑，将中国传统文化与现代时尚相结合，使其在全球市场中脱颖而出。2018年，李宁首次亮相纽约时装周，以其独特的"中国风"设计迅速吸引了国际时尚界的目光。李宁的设计中融合了中国传统元素，如汉字、经典的红色和金色配色，以及具有东方韵味的剪裁，令品牌获得了国外年轻消费者的青睐。通过这种文化融合的方式，李宁不仅打破了国际市场对"中国制造"的刻板印象，还展现了中国文化的自信与时尚创新。

李宁在国际化的过程中，注重讲好品牌故事，突出民族自豪感。例如，李宁通过品牌广告和设计，强调创始人李宁的体操运动员背景以及"让改变发生"的品牌口号，激发了消费者的情感共鸣。民族认同感的塑造使得李宁在国际市场特别是华人消费者中赢得了支持与认可，帮助品牌快速扩大了在海外的影响力。

李宁通过多渠道营销和与国际知名设计师、潮流品牌的跨界合作，进一步推动品牌的国际化。例如，李宁与美国潮流品牌 Staple 合作推出了联名款，在国际市场上获得了很高的曝光度。此外，李宁在社交媒体上的精准营销，也让品牌在海外的年轻群体中赢得了大量粉丝。这些措施不仅提高了品牌的时尚感知度，还巩固了其在运动和潮流领域的地位。

优衣库作为日本最大的服装零售商，其国际化发展策略则更多依赖于实用性、简约设计和高性价比的理念。优衣库的成功不仅体现在全球各地门店的扩展，还在于其对消费者需求的精准把握和产品定位的清晰。

优衣库的"LifeWear"理念强调服装的舒适性、功能性和日常适用性，这一理念在全球范围内得到了广泛的认可。优衣库通过提供基本款、经典款服装，满足了消费者对高质量、实用性和合理价格的需求，赢得了全球各地不同年龄段消费者的喜爱。通过保持产品的实用性和高性价比，优衣库成功地在竞争激烈的国际市场中占据了一席之地。

优衣库通过与世界知名设计师和品牌的联名合作，不断提升其品牌价值。例如，优衣库与设计师 Jil Sander 合作推出了"+J"系列，这一系列结合了高端设计与优衣库的实用理念，成为时尚界的热门话题。此外，优衣库与艺术家村上隆和漫威等文化符号的合作，也帮助品牌吸引了大量年轻消费者。跨界合作不仅让优衣库的产品更具多样性，还大大优化了品牌的时尚形象和提升了国际影响力。

优衣库拥有强大的全球供应链体系，这使得其能够有效控制成本，并根据不同地区市场的需求进行灵活调整。例如，优衣库在欧洲推出了更多秋冬季服装以适应寒冷气候，而在东南亚市场则侧重于轻便、透气的服装材料，以适应当地的热带气候。通过精准的市场研究和高效的供应链管理，优衣库能够快速适应各个市场的需求变化，保持强劲的销售表现。

除了李宁和优衣库，其他本土品牌如中国的安踏和日本的Onitsuka Tiger也通过不同的策略在国际市场中取得了成功。安踏通过收购国际品牌（如斐乐FILA），成功扩大了其国际影响力，并将自己定位为全球体育用品市场的主要参与者之一。这种兼并收购的方式不仅帮助安踏获得了国际市场的认可，也提升了品牌的整体价值。作为日本经典运动品牌之一，Onitsuka Tiger通过复古风和日本特色的设计在全球范围内收获了大量追随者。该品牌注重保留日本手工艺的精髓，同时融合现代时尚元素，吸引了国际时尚爱好者。

尽管本土品牌在国际化过程中取得了一些成功，但它们也面临诸多挑战。首先，在进入国际市场时，如何在保持品牌文化认同的同时，适应本地市场的需求是一个重要课题。其次，面对国际品牌的激烈竞争，本土品牌需要不断创新，提高品牌知名度和产品质量，以赢得国际消费者的青睐。

三、全球化趋势下的文化挪用与文化尊重问题

在时尚产业全球化的趋势下，文化挪用与文化尊重问题逐渐成为备受关注的议题。随着不同文化间的相互影响，设计师和品牌经营者越来越频繁地从多样的文化中获取灵感，这一过程中如何平衡创意与尊重便成为至关重要的挑战。

文化挪用（Cultural Appropriation）指的是在不尊重、不理解或未经许可的情况下使用他人文化的元素，通常由主流群体对边缘化或少数族裔文化的"借用"所构成。在时尚产业中，文化挪用的表现通常体现在服装、配饰、纹样和象征性符号的使用上，这些元素可能被设计师用作潮流符号，却忽略了其深厚的文化背景和重要意义。

例如，某些西方品牌在设计中使用美洲原住民的头饰或图腾符号，将这些具有宗教和文化意义的物品变成了时尚饰品，受到了广泛的批评。这些文化元素往往被简化和商品化，而未能体现其背后的历史和文化价值，这不仅使得原住民感受到文化不被尊重，还加剧了文化的不平等。

时尚界中存在着许多因文化挪用而引发争议的案例。例如，2015年，Valentino的一场时装秀将非洲部落的服饰、发型和面具等元素融入其设计，但秀场上却主要使用了白人模特。这种缺乏多样性和背景理解的设计被认为是对非洲文化的不尊重。同样，Gucci在一次时装秀中使用了源于锡克教徒的头巾元素，而未给予适当的文化背景说明，这也引发了社区的不满。

这些案例之所以引发争议，是因为品牌在使用这些文化元素时缺乏对原文化的尊重与理解，未能考虑到文化持有者的感受和历史背景。这种挪用行为常被认为是主流文化对少数族裔文化的"殖民"，是一种不平等的表现。

文化尊重（Cultural Respect）在全球化背景下显得尤为重要，尤其是对于全球范围内相互影响和借鉴的时尚行业而言。尊重不同文化的表达，意味着对其符号和图腾不能停留在简单引用上，还应包括对文化背景、历史和价值观的深入理解。通过合作和授权，品牌可以在借用文化元素的同时尊重原有文化的持有者，并为其提供相应的回报。

例如，Dior 与非洲艺术家合作推出的特别系列便是一个相对成功的案例。在推出系列产品之前，Dior 与当地艺术家进行深入交流，共同创作并分享收益，这种合作模式不仅使设计更具文化深度，还帮助支持了当地的艺术社区。这种合作的方式，确保了文化持有者在创作中的话语权和经济利益，减少了文化挪用所带来的负面影响。

为避免文化滥用，时尚品牌在设计过程中需要采取更为谨慎和尊重的态度。以下是一些实践建议：(1) 深入调研与学习：品牌在使用某些文化元素时，应深入了解这些元素的历史背景及其在原文化中的重要性，而非将其简单地作为"美学"元素应用于设计中。(2) 与文化持有者合作：与文化持有者合作是避免文化挪用的有效方式。这种合作可以确保文化元素被正确地呈现，并使文化持有者受益。例如，与当地社区的工匠合作，设计并制造某些具有文化特色的产品，不仅可以尊重原文化，还可以为这些社区创造经济效益。(3) 多样性与包容性：在展示涉及某一文化元素的时装时，确保使用该文化背景的模特，是体现尊重的方式之一。例如，如果一场时装秀的设计大量借用了非洲文化元素，那么选择非洲模特进行展示，不仅体现了设计的原汁原味，还能避免文化错位带来的争议。(4) 透明沟通：品牌在发布具有特定文化元素的产品时，应通过社交媒体和广告宣传，明确说明这些元素的来源和文化背景，并表达对这些文化的敬意和感谢。这种透明度有助于减少文化挪用的负面反应。

在全球化背景下，不同文化之间的交流与碰撞是不可避免的。时尚作为文化的一种表达，天然地从多种文化中汲取灵感。因此，平衡文化挪用与文化尊重的关系，是时尚行业在全球化过程中面临的重要挑战。

一方面，文化的交融是创新的源泉，时尚设计师从不同文化中获得灵感，能够创作出更多样化的作品；但另一方面，品牌设计师必须意识到文化差异的重要性，并在创作中体现对文化的尊重，避免将他人的文化符号化和商品化。

对文化的尊重不仅可以增强品牌的声誉，还可以推动文化的真正融合和相互理解，使全球时尚产业成为促进多样性和包容性的积极力量。通过理解和合作，时尚产业可以找到在文化挪用和文化尊重之间的平衡，创造出既富有创意又负责任的作品。

四、不同文化背景下的时尚表达

在全球化的背景下，时尚产业逐渐呈现出多元化、融合化的发展趋势，不同文化背景下的时尚风格在不断碰撞与交流中融合，形成了丰富多样的全球时尚景观。欧美、亚洲与非洲风格各具特色，其融合过程推动了时尚创新，并带来了更多元的审美表达。

欧美时尚一直是全球时尚产业的引领者，尤其是巴黎、米兰、伦敦和纽约等时尚之都，代表着高端奢华、前卫创意和自由表达的潮流。欧美时尚具有强烈的个性化和创新精神，设计师们常常突破传统边界，探索新材质、新剪裁以及对性别、身份等议题的深度表达。例如，Gucci的设计融合了复古与现代、性别流动与个性表达，而 Balenciaga 则以其前卫化、戏剧化的设计语言挑战着人们对时尚的认知。

欧美时尚的独特魅力还体现在其对多种风格的包容性上，从精致的高级定制（Haute Couture）到充满反叛精神的街头时尚（Streetwear），欧美时尚强调的是个性解放和大胆创新。这种多样性使其在全球时尚产业中长期处于领导地位，并不断吸引着来自其他文化的灵感和元素。

亚洲时尚产业在过去的几十年里逐渐崛起，尤其是日本、韩国和中国在时尚产业中取得了重要地位。亚洲时尚风格以其细腻的设计、美学的平衡以及对传统与现代的融合著称。

日本的时尚风格深受"解构主义"和"前卫风格"的影响，设计师如川久保玲（Rei Kawakubo）和山本耀司（Yohji Yamamoto）通过打破传统的西方服装结构，将解构主义引入时尚界，创作出具有独特艺术性的服装。他们的设计常常以宽松、不对称的剪裁和极简的色调著称，注重服装与身体之间的空间感，反映出一种深思熟虑的审美理念。

韩国的时尚风格则受到韩流文化的推动，展现出简洁、精致和青春活力的特质。K-Fashion（韩流时尚）注重细节、配色的和谐以及潮流元素的快速更新。韩国设计师和品牌如 Juun.J 和 Gentle Monster 等，以其大胆而不失优雅的设计风格，赢得了全球年轻消费者的喜爱。韩国的街头风和"K-pop"偶像的造型也深刻影响了全球时尚，特别是在亚洲和欧美的年轻群体中引发了一股时尚潮流。

中国的时尚则逐渐在现代化与传统元素的结合中找到自己的独特表达。许多中国设计师，如郭培（Guo Pei）和马可（Ma Ke），通过在设计中融入中国传统刺绣、龙凤图案等文化符号，将中华文化带入国际时尚舞台。同时，李宁和安踏等品牌通过结合街头风和体育风格的设计，吸引了年轻一代消费者，并在国际市场上取得了成功。

非洲的时尚风格以其丰富的色彩、独特的图案和手工技艺而著称，展示了非洲大陆多样的文化和深厚的艺术传统。非洲设计师们通过大胆的色彩搭配和富有文化意义的图案，传递出对自然和生命的热爱，同时也彰显了强烈的民族自豪感。例如,南非的设计师 Laduma Ngxokolo 创立的品牌 Maxhosa Africa,通过将南非部落的编织技艺与现代设计相结合,展现了独特的非洲风情。尼日利亚的设计师 Lisa Folawiyo 则以其精致的手工珠饰和现代剪裁,使得非洲传统面料充满现代感和奢华感。非洲时尚不仅在当地受到追捧,也逐渐吸引了国际时尚界的注意,成为全球时尚的重要组成部分。

在全球化的推动下,欧美、亚洲与非洲的时尚风格不断相互影响并融合,创造出新的时尚趋势。这种风格的碰撞与融合通过以下几个方面体现:

第一,跨文化设计与联名合作。越来越多的设计师和品牌通过跨文化合作,推动不同文化间的时尚融合。例如,日本的优衣库与美国设计师 Jil Sander 合作推出了"+J"系列,将简约主义与日本的实用性相结合,创造了具有全球吸引力的产品。Gucci 也多次从非洲文化中汲取灵感,与非洲的艺术家合作,将传统与现代相结合,展现出多元文化的时尚魅力。

第二,街头文化的全球流行。街头时尚的全球流行是不同文化风格融合的典型体现。欧美街头文化与日本、韩国的潮流相结合,形成了多元化的街头风格。例如,Supreme 与日本品牌 Comme des Garçons 合作,将美式街头风格与日本的前卫设计结合在一起,创造出具有跨文化吸引力的服饰。类似地,韩国的街头风通过"K-pop"文化迅速传播至欧美和非洲,成为时尚界不可忽视的潮流力量。

第三,传统与现代的再创造。许多设计师将传统元素与现代设计相结合,创造出新的时尚表达。例如,非洲的蜡染布被越来越多的欧美设计师采用,在现代服饰中注入了非洲的文化符号。这样的再创造不仅丰富了设计的层次感,也彰显了对多样文化的尊重与融合。

在全球化背景下，不同文化风格的碰撞与融合不仅带来了丰富的设计灵感，也提出了对文化尊重的要求。设计师在借用其他文化元素时，需要深入理解这些文化的背景和意义，确保设计的包容性和尊重性，避免文化挪用。通过与来自不同文化的设计师合作，以及在创作中融入文化持有者的声音，时尚界能够更好地实现文化的融合与创新，使得每种文化都能在全球舞台上得到尊重与展现。

欧美、亚洲与非洲风格的碰撞与融合，使得全球时尚变得更加丰富和多元。不同文化的设计元素在相互交织中，创造出新的审美和表达方式，推动了时尚产业的不断创新。在这一过程中，如何实现对文化的尊重与包容，将是全球时尚界需要长期思考和实践的重要课题。通过真正理解并尊重不同文化背景的独特性，时尚产业可以为全球消费者提供更加包容和多样化的选择，成为促进文化交流与理解的重要平台。